시민적 공화주의

시민대집회와 광화문 일기

이 도서의 국립중앙도서관 출판예정도서목록(CIP)은 서지정보유통지원시스템 홈페이지(http://seoji.nl.go.kr)와 국가자료공동목록시스템(http://www.nl.go.kr/kolisnet)에서 이용하실 수 있습니다.(CIP제어번호: CIP2017010903)

시민적 공화주의

Civic Republicanism

시민대집회와 광화문 일기

Great Assembly and Gwanghwamun Laudatio

임채원 지음

한울
아카데미

차례

새로운 대한민국, 새로운 100년

나는 광화문 시민대집회에서 무엇을 보았는가? 내가 본 것은 서구의 공화적 에토스에서 분출했던 공공성인가, 아니면 동아시아의 사유에서 기원한 민심과 천심이 어우러져 용트림하면서 하늘로 올라가는 운룡희주(雲龍喜珠)인가? 2017년 시민대집회는 2008년 촛불집회와 달리 공동체뿐만 아니라 개인의 재발견, '내가 나를 대표'하는 일상민주주의로 진화해가고 있다. 밀레니얼스는 그들의 정치적 권리를 제도 정치권에 위임하거나 대표하게 하지 않고, 스스로 새천년의 주체로 나서고 있다.

2016년 10월 29일부터 2017년 3월 11일까지 134일 동안 세계사에서 달리 유례를 찾을 수 없는 아름다운 대서사시의 파노라마를 보았다. 제1차 시민대집회에서 2만 명이 모인 이후 매주 100만 명 정도의 시민이 광화문과 전국의 광장으로 나와 '대한민국은 민주공화국'임을 스스로 느꼈다. 광장의 시민대집회에서 시민들은 대한민국이 하나의 공동체임을 자각했다. 막연하게 느끼고 있던 민주공화국을 광장에서 직접 체험했다.

이런 경이로운 경험은 세계민주주의 역사에서 아주 이례적인 일이다. 우리가 교과서에서 배우는 몇몇 성공적인 사례에 비견할 수 있다. 고전 고대의 그리스와 로마의 공화정치, 15~16세기 이탈리아의 도시공화정, 17~18세기 영국과 미국의 대서양 양안에서 있었던 근대 공화정, 2008년과 2016~2017년에 대한민국의 광장에서 일어난 시민적 공화주의가 세계 공화주의 역사에서 성공한 사례라고 할 수 있다. 2017년 한국에서 피어난 시민적 공화주의는 세계민주주의 역사에서 광장과 제도권 정치 간의 가장 아름답고 절묘한 결합이었다.

1688년 명예혁명을 두고 피를 흘리지 않고 이루어진 가장 아름다운 혁명의 역사라고 이야기한다. 하지만 2017년 한국의 시민공화주의야말로 정치 엘리트가 주도한 시민혁명이 아니라, 진정으로 시민의 자각과 시민 스스로가 정치권을 견인한 시민행동이었다. 그리고 무엇보다 그 과정에서 정치 세력 간의 무력 충돌이나 유혈 사태 없이, 의회와 헌법재판소라는 제도의 틀 안에서 완성되었다는 데 의미가 있다.

광장에 나온 시민들의 손에는 촛불이 들려 있었다. 1894년 호남 고부에서 일어났던 동학혁명의 농민군은 손에 죽창을 들고 있었고, 1987년 민주화를 요구하며 거리로 나온 학생과 시민은 손에 화염병과 짱돌을 들고 있었다. 기존 세력과 제도를 갈아엎는 혁명에 폭력이 수반되는 것은 불가피한 일로 생각되었다. 그런데 2017년의 시민대집회는 이런 통념을 일거에 날려버렸다. 공화주의적 에토스가 광장에서 폭발했음에도 무력시위나 유혈 사태 없이 헌법과 법률이

정한 절차대로 시민의 힘으로, 사익에 매몰되어 공익을 내팽개친 대통령을 권좌에서 몰아냈다.

1919년 4월 13일 대한민국 임시정부는 '대한민국 임시헌장' 제1조에서 '대한민국은 민주공화제로 함'이라고 선언했다. 그 뒤 2017년 시민대집회까지 한국에서 민주주의와 공화주의가 만개하는 데 100여 년의 시간이 필요했다. 대한제국의 군주제에서 대한민국의 공화제로 이행한 지 100년 만에 시민혁명이 완성되는 세계사적인 사건을 우리는 체험하고 있다. 공화주의의 세계사적 사건들도 100년 이상의 시간을 필요로 했다. 대한민국에서 100년 만에 민주주의가 완성 단계로 향하고 있지만, 이는 결코 긴 시간이 아니다. 이제부터 오히려 새로운 대한민국, 새로운 100년으로 향하는 세계의 그 어느 나라도 가보지 않은 길에 우리는 들어섰다.

예컨대 17~18세기 대서양 양안의 영국과 미국의 공화주의도 성숙하는 데 150년이라는 장구한 시간이 필요했다. 1628년의 권리청원을 시작으로 1660년의 청교도혁명, 1688년의 명예혁명, 1776년 미국의 독립선언까지 2세기에 걸친 치열한 공화주의 논쟁과 실천을 거친 뒤에야 군주제가 아닌 근대적인 공화정체가 역사에 등장했다. 15~16세기 이탈리아 피렌체의 도시공화정도 100년 이상의 긴 호흡으로 공화주의 역사를 아로새겼다. 1399년에서 1402년까지 피렌체 시민들은 인문주의적인 교양을 넘어 자신들의 도시가 하나의 정치적 공동체임을 깨닫게 되었다. 근대 공화주의가 역사상 처음으로 폭발했다. 레오나르도 부르니(Leonardo Brun)는 『피렌체 찬가』를 지어 자신의 공화국에 자긍심을 불어넣었다. 그리고 100년이 지난 뒤에 다시

1494년에 '자유'를 외치는 시민혁명이 폭발했다. 15세기(quattrocento)에서 16세기(cinquecento)에 걸친 두 세기에 걸친 공화주의의 시간이었다. 고대 로마에서 왕정에서 공화정으로 넘어올 때 일어난 성산(Monte Sacro)사건도 네 차례에 걸쳐 200년 이상의 시간이 필요했다.

2017년 대한민국의 근대적 공화주의도 동학혁명으로부터 출발했다고 본다면, 120여 년의 시간이 걸린 것이다. 봉건적 질서에 저항한 농민군에서 개인의 발견과 자유를 외치는 광화문광장의 시민으로 주체가 변화에 변화를 거듭했다. 유혈 충돌이나 폭력 시위가 아니라, 주말 저녁마다 가족과 함께 촛불을 들고 참가하는 이런 평화 시위를 무엇이라 해야 할까? 세계민주주의 역사에서 이보다 더 성숙한 정치적 참여의 다른 선례는 없다. 무엇보다 시민대집회는 국회를 견인해 탄핵소추를 결의하고, 시민대집회가 지켜보는 가운데 대통령의 권한이 정지되고, 합법적 절차를 밟아 헌법재판소가 8 대 0의 전원 일치 결정으로 대통령을 탄핵했다. 이 기간 동안 단 한 발의 총성도 없었고, 단 한 번의 최루탄도 터지지 않았다. 시민들의 정치적 시위가 이보다 더 위대할 수 없다. 시민대집회는 인류사에 전무후무한 기록을 남겼다. 살아 있는 권력을 합법 절차에 따라 권좌에서 끌어내린 세계민주주의에서 가장 값진 성취였다.

20번의 토요일 동안 20차례의 시민대집회가 열렸다. 예외가 없었던 것은 아니었다. 1월 28일 토요일은 설 연휴로 시민대집회가 열리지 않았던 반면, 3월 1일 삼일절은 수요일 평일인데도 삼일절을 기념하는 시민대집회가 열렸다. 그래서 결과적으로 매주 한 번꼴로 시민대집회가 열려서 빠짐없이 스무 번의 시민대집회가 개최되었다. 시민대집회의 초기에 보였던 흥분과 열정은 시간이 지나면서 조금씩 바뀌었는데, 그렇게 2017년 시민대집회는 2008년의 촛불집회나 1987년의 6월항쟁과는 다른 요소들이 보이기 시작했다.

우선 2008년 촛불집회에서는 잘 드러나지 않았던 '개인의 재발견' 현상을 들 수 있다. 초기 시민대집회에서는 '대한민국은 민주공화국'이라고 규정한 헌법 제1조가 누구에게나 큰 공감을 불러일으켰다. 광화문광장의 시민들은 크게 운집한 하나의 공화적 에토스의 덩어리로 보였다. 공동체의 공공성이 거대하게 물결쳐 흘렀다. 그래서 15세기 피렌체 공화정을 해석했던 한스 바론(Hans Baron)의 말처럼 시민적 휴머니즘으로 이해되었다. 관상적 삶(vita contemplativa)보다 행동적 삶(vita activa)을 추구하는 시민적 삶(vivere civile)으로서 집단의식과 집단지성으로 시민대집회가 보였다. 그런데 시간이 지나자 그 속에 있는 각각의 개인이 보이기 시작했다.

특히 1980년대에서 2000년대 사이에 태어난 밀레니얼스는 이전의 민주화 세대와는 확연히 다른 특성을 보여주었다. 내가 나를 대표하는 시민의 출현이었다. 대의민주주의에서 나를 대표하거나 위임받은 정치인을 선출하는 것이 아니라, 내가 직접 정치 과정에 참여해 나 스스로를 대표하기를 원하는 세대다. 일상생활 속의 일상민주주의가 시민들 사이에서 생성되고 있다. 진정한 르네상스의 시작이다. 이탈리아 르네상스의 대표적인 화가인 보티첼리가 그린 진주조개에서 태어나는 비너스처럼 시민대집회에서 비로소 개인이 출현하기 시작했다. 르네상스가 본래 '재생'이라는 의미이듯, 시민대집회는 생성과 창조의 역동적인 새로운 공간으로 진화해가고 있다.

2017년 시민대집회를 통해 '위대한 개인'들이 출현하고 있다. 이들 개인이 한국 정치와 문화의 미래가 될 것이다.

15세기 피렌체의 시민대집회를 보고 듣고 자란 피렌체의 아이들이 훗날 성장해 다빈치, 미켈란젤로, 라파엘로와 같은 르네상스 문화의 빅뱅으로 폭발했다. 그렇듯이 광화문 등 시민대집회에 참가한 우리의 밀레니얼스도 한 세대가 가기 전에 성장해서 시민들의 역량 속에서 새로운 문명의 빅뱅을 만들지 않을까? 그래서 시민대집회의 후반으로 갈수록 바론의 시민적 휴머니즘이 비판했던 야코프 부르크하르트(Jacob Burckhardt)의 『이탈리아 르네상스의 문화(Die Kultur der Renaissance in Italien)』와 그의 인문주의에 다시 눈을 돌리게 되었다.

다른 하나는 대한민국의 정체성과 관련된 더 근본적인 것이다. 시민대집회가 중반으로 접어들면서 매주 외치고 있는 '대통령 탄핵'이라는 요구가 서구 공화주의에서 말하는 공공성에 기초한 것인지, 아니면 동아시아의 민심과 천심에 대한 요구인지 헷갈리기 시작했다. 동아시아적 국정 운영에 관한 사유가 실려 있는 공자 시대의 『시경』이나 남송의 『대학연의』에는 '천명은 정해진 것이 없고 천명을 보전하는 것이 쉽지 않음'을 누누이 강조하고 있다. 대통령이 공익이 아닌 사익을 추구하며 천명을 어기자 민심이 성난 파도처럼 배를 뒤집은 것이 2017년 시민대집회의 본질적인 원인이 아닐까?

공공성과 천심에 대한 이해가 서양과 동아시아가 다르듯이 민주공화정체의 원리도 다를 수 있지 않을까 하는 의문이 자연스럽게 일어났다. 서구 공화정의 제도적 원리는 아리스토텔레스의 혼합 정체다. 서구의 이론은 1인 군주, 소수 귀족, 다수의 평민이 모두 국정에 참여하는 혼합 정체가 공화정의 정치 원리라고 주장한다. 그런 반면에 동아시아의 제도들은 『주례』의 총재제를 가장 이상적인 국정 운영의 원리로 밝히고 있다. 동아시아적 사유는 군주와 재상의 합의정치를 가장 좋은 정치로 상정하고 있다. 세종과 황희처럼 군왕과 재상이 함께하는 정치가 이상적인 정치라고 보았다. 이를 보상의 국정 원리라고 한다. 우리 헌법은 대한민국 임시정부의 임시헌법에서 제헌헌법을 거쳐 현행 헌법에 이르기까지 대통령과 국무총리로 보상형 국정 운영을 제도화해두었다. '국무총리의 국정통할권', '국무회의의 심의권'을 제도적으로 발전시켜가는 것이 다음 헌법의 개정 방향은 아닐까?

시민대집회가 진행된 134일 동안 처음에는 공화적 에토스에 대한 열정으로 흥분해 있었지만, 차츰 시민대집회에서 시민들의 구체적인 요구가 무엇인지 다시 한번 되짚어보게 되었다. 분화되지 않은 무정형의 거대한 공화적 에토스의 화염 속에서 개인과 자유를 발견하게 되었고, 수많은 개인들의 관계 속에서 설정되는 공공성에 주목하게 되었다. 그리고 공공성이라는 서구 이론이 아니라 민심과 천심이라는 동아시아적 사유로 되짚어보는 일도 가능하게 되었다.

이제 대통령 선거를 치르고 새로운 정부가 들어섰다. 본격적으로 새로운 대한민국, 새로운 100년을 위한 헌법 개정 논쟁이 시작될 것이다. 새로운 100년은 지금까지와는 다른 방식으로 전개될 것이다. 헌법 개정도 지금까지의 개헌처럼 정치 엘리트들 간의 합의로 개헌안이 만들어지고, 국민들은 거수기처럼 투표만 하는 방식으로는 더는 가능하지 않을 것이다. 2010년 이후 헌법 개정이 일어났던 나라는 아일랜드, 아이슬란드, 루마니아, 네덜란드가 있다. 이 나라들에서 개헌은 모두 시민참여형 개헌으로 일어났다. 새로운 100년의 정초(foudation) 헌법이 될 새 헌법은 시민참여형으로 진화해갈 것이다. 그리고 이 책이 미력하지만 새로운 대한민국, 새로운 100년을 준비하는 데, 조금이나마 도움이 되었으면 하는 바람이다.

이번에 출간하는 『시민적 공화주의』에서 1장 시민적 공화주의는 참여연대 참여사회연구소의 연구비를 지원받아 진행한 논문의 일부를 실었다. 그리고 2장 공화주의적 인식과 역사, 3장 공화주의의 내용, 4장 베네치아 공화주의는 2008년에 출간되었던 『공화주의적 국정운영』에 실렸던 내용이다. 처음에는 2008년의 개정판을 내려고 수정을 진행하다가 오히려 새로운 책으로 낼 것을 권유받아 신간으로 출간하게 되었다. 그리고 5장 동아시아적 헌정의 철학적 기초는 서울대학교 행정대학원 ≪행정논총≫에 게재를 신청 중인 논문의 초고다. 6장 동아시아적 헌정으로서 '보상형' 대통령제는 2017년 한국정책학회의 춘계학술대회에서 발표했던 글이다. ≪한국행정학회보≫에 게재하기 위해 수정 작업을 거치고 있는 논문의 초고다.

거친 형태지만 이번에 『시민적 공화주의』를 내는 데는 서울대학교 국가리더십연구센터의 교수님과 후배들의 많은 도움이 있었다. 국가리더십과 국정 운영에 대해 진지하게 생각하고 연구할 수 있는 인생에서 다시없는 기회가 되었다. 특히 센터장으로 계시는 김병섭 교수님께 감사드린다. 『대학연의』를 번역하고 토론하는 과정에서 동아시아적 사유를 연구하는 데 보여주신 애정과 도움에 다시 감사드린다. 김동욱 교수님께도 감사드린다. 박동서 교수님과 인연을 맞은 이래 받아온 많은 애정과 조언에 감사드린다. 무엇보다 아내 은주가 고마울 뿐이다. 『시경』은 처음에 「관저(關雎)」로 시작하고 있다. 옛 시 속의 호수 물수리처럼 살아갈 수 있었으면 싶다. 딸 서현과 아들 세훈도 늘 감사하고 고맙다.

2017년 5월

임채원

1부

시민적 공화주의와 고전적 공화주의

1장

시민적 공화주의

1. 2016~2017년 시민대집회

2016년 겨울부터 2017년 봄까지 광화문광장에서 진행된 시민대집회와 제도권 정치는 밀레니엄 시대의 새로운 정치를 글로벌 수준에서 보여주었다. '새로운 대한민국'과 '새로운 민주공화국'은 시민대집회에서 터져 나온 가장 중요한 물음이었다. 그리스와 로마 시대 이후 공화주의 역사에서 광장의 시민대집회와 함께 국회, 헌법재판소, 경찰과 검찰, 군대는 가장 완벽한 형태로 민주공화정의 교과서적 전형을 보여주었다. 고전 시대의 그리스와 로마의 민주공화정, 15~16세기 이탈리아 피렌체(Firenze)와 베네치아(Venetia)의 도시공화정, 17~18세기 대서양 양안의 영국과 미국의 공화정이 그동안 인류사에서 모범적인 공화정치로 평가되었다. 그러나 2008년 촛불집회와 2016~2017년까지의 시민대집회는 세계 공화주의의 그 어떤 역사보다 찬연한 불꽃을 발했다. 어쩌면 앞으로 인류사에서 이토록 완벽한 공화정치는 다시 볼 수 없을지 모른다. 2016년 10월 29일 제1차 시민대집회에서 2017년 3월 11일 제20차 시민대집회에 이르기까지 광장의 시민들과 제도권 정치는 함께 호흡하며 민주공화정치의 가장 아름다운 성취를 이루어냈다.

134일 동안 시민대집회와 제도권 정치의 역사는 새로운 밀레니엄 시대 세계 정치의 가능성을 열어놓았다. 2016년 10월 29일 대통령 하야를 요구하는 제1차 시민대집회에 2만 명이 참가했다. 그로부터 매주 토요일에 광화문을 비롯한 전국의 광장에서 시민대집회가 열렸다. 2017년 1월 28일 설날 한 번을 제외하고 매주 시민대집회에는 때로는 수십만 명에서 때로는 200만 명이 넘는 시민들이 참가했다. 광장의 시민정치는 대통령 탄핵 과정에서 제도권 정치를 견인했다. 제도권 정치가 '질서 있는 퇴진'이나 '제3지대론' 등으로 우왕좌왕할 때도 시민대집회는 일관되게 대통령 하야와 탄핵을 향해 조금의 흐트러짐도 없이 한 발 한 발 나아가며 제도권 정치의 길잡이가 되었다.

2016년 12월 2일 오후 2시에 야권 3당은 공동으로 대통령 탄핵소추안을 발의했다. 12월 9일 오후 4시 8분 대통령 탄핵소추안은 찬성 234표, 반대 56표, 기권 2표, 무효 7표로 국회에서 가결되었다. 같은 날 오후 4시 35분에 탄핵결의서 정본이 국회 법제사법위원장에게 전달되었고, 오후 5시 57분에 법제사법위원장은 헌법재판소에 탄핵결의서 2부 중 1부를 제출했다. 오후 7시 3분에 탄핵결의서의 나머지 1부가 청와대에 접수되었다. 이 시각부터 대통령의 직무가

정지되었다. 그리고 다음 해 2017년 3월 10일 오전 10시 21분에 헌법재판소의 헌법재판관 여덟 명은 만장일치로 대통령 탄핵심판을 인용했다.

제도권 정치가 탄핵심판을 위한 법적 절차를 진행하는 동안 광장에서 134일 동안 시민대집회는 한국 정치 자체를 전혀 다른 질적 차원으로 승화시켰다. 한국 정치는 2017년 시민대집회 이전과 이후로 구분될 것이다. 이 집단적인 경험이 앞으로 한국 정치의 가장 중요한 동력이 될 것이다.

2. 마키아벨리적 계기

시민대집회를 통해 공동체의 시민들이 자각해서 시민의식이 질적으로 고양되는 시기를 공화주의 이론가 존 포콕(John Pocock)은 마키아벨리적 계기(Machiavellian Moment)라고 규정했다. 역사적으로 마키아벨리적 계기가 폭발한 대표적인 사례는 1399년에서 1402년까지 피렌체에서 있었던 시민대집회와 시민들의 자각이었다. 이 기간 동안 피렌체는 이전에 경험하지 못했던 새로운 시민의식과 시민행동을 경험했다.

1399년 이전 피렌체는 도시공화정으로 자연스럽게 자유시민들의 공동체(commune)가 형성되어 있었다. 하지만 시민들 스스로는 자신들의 정치적 의식이나 시민의식을 체험적으로 느끼지 못하고 있었다. 고대 로마로부터 이어져 온 공화주의적 전통이 이탈리아 지역에는 중세를 거치면서도 남아 있었고 관행적으로 공화정치와 시민적 자유를 누리고 있었을 뿐이다. 그런데 피렌체 도시공화정은 규모가 작고 인구도 많지 않아 때때로 위쪽에 있는 더 큰 밀라노(Milano)공국의 간섭을 받고 있었다. 당시 밀라노에는 비스콘티(Visconti) 가문이 군주제의 형태로 집권하던 중이었고 군주 잔 갈레아초 비스콘티(Gian Galeazzo Visconti)가 피렌체를 고립시키고 군사적, 정치적으로 위협을 가해왔다. 이 일을 계기로 피렌체 시민들은 자신들이 하나의 공동체임을 강하고 극적으로 자각하게 되었다. 피렌체가 공화주의적 제도와 가치(republican institution and values)에 기초한 국가라는 것을 깨달았다.

1402년 자신들을 위협하던 밀라노 공국의 군주가 갑작스럽게 죽으면서 피렌체의 위기는 끝났지만, 2년간의 시련을 겪으며 피렌체 시민과 공동체는 전혀 다른 공동체가 되어 있었다. 피렌체는 이 위기를 통해 애국주의와 공화주의적 자각이 격렬하게 발화했고 역사 속에서 자기정체성을 확립했다. 그리고 이 속에서 시민의식의 혁명이 일어났다. 위기를 거치면서 피렌체 시민들이 시민의식과 공동체의 자각이 일어났다는 것이 그 유명한 '바론 테제(Baron Thesis)'다.

한스 바론은 한 걸음 더 나아가 피렌체 시민들이 위기를 통해 느낀 공동체에 대한 자각, 또는 공화정에 대한 자각을 이전의 고전적 휴머니즘과 구분해 시민적 휴머니즘(civic humanism)이라고 명명했다. 고전적 휴머니즘이 인문주의자의 자유와 문학예술에 대한 이해에 머물러 있었다면, 시민적 휴머니즘은 도시공화정에서 정치적 삶에 대한 재발견이었다. 이는 시민들이 공론의 장으로서 도시 광장에 대해 새롭게 이해했음을 의미하기도 했다.

1399년에서 1402년 동안 피렌체 시민들 사이에서 일어났던 시민의식의 고양과 공동체에 대한 자각이 2016~2017년 사이에 한국에서도 공화주의적 에토스의 분출에 따라 일어났다. 이 순간을 한국에서 '마키아벨리적 계기'의 폭발이라고 할 수 있다.

마키아벨리적 계기를 명명했던 포콕은 이런 일이 연속해서 일어나지 않고 간헐적이며 주기적으로 일어날 수 있는 것에 주목했다. 그리고 바론은 역사는 공화주의적 계기(republican moments)와 암흑의 막간극(interludes of darkness)으로 양분된다고 지적하고 있다. 한국의 짧은 공화주의적 역사 속에서도 2008년 촛불집회 이후 10여 년의 잠복기를 거쳐서 2017년에 다시 공화주의적 계기가 발화했다. 피렌체의 경우에는 훨씬 더 긴 시간이 걸렸다. 1399년에서 거의 100년이 지난 1494년에 이르러서야 지롤라모 사보나롤라(Girolamo Savonarola)에 의해 시민혁명의 모습으로 다시금 나타났다. 피렌체는 100년간의 암흑기를 경험한 셈이다.

한국의 경우에는 2008년 공화주의적 계기가 폭발한 뒤 공화적 에토스는 잠복하고 있다가 10년 만에 다시 분출했다. 그리고 2008년에는 제도 변화까지 크게 이어지지 못하고 사그라들었다면 2017년 시민대집회는 대통령 탄핵이라는 구체적인 정치적 성과와 새 정부 출범 이후 헌법 개정이라는 제도적 변화까지 예고되어 있는 상태다. 굳이 공화주의적 계기와 제도 변화를 연관해서 살펴본다면 2008년 촛불집회로 인해 2년 후 2010년 지방선거에서 다수의 새로운 광역자치단체장과 기초자치단체장이 선출되었고 지방의회의 구성이 크게 변화했다는 점을 지적할 수 있겠다. 2008년 촛불집회는 제도의 변화가 아니라, 그보다는 좀 더 온건한 형태로 지방정부의 인적 구성이 바뀌는 레짐 변화(regime change)를 가져왔다고 볼 수 있다. 이에 반해 2017년 시민대집회는 한국 정치의 거대한 변화까지 가능하게 하는 질적 전환의 계기를 맞고 있다.

3. 시민적 공화주의의 등장

공화적 에토스가 분출한 2016년 10월 말부터 2017년 3월 초까지 주말마다 거의 100만 명의 인파가 광장에 모여 직접적인 시민행동에 참여했다. 시민행동의 직접 원인은 권력자의 부패 때문이었다. 대통령과 그 주변 인물들은 사익(self-interest)을 추구하기 위해 공적 가치(public value)를 훼손했다. '공공의 것(res publica)'이 권력자의 '사적인 것(res privata)'에 종속되었다.

고전적 공화주의(classic republicanism)에서 시민의 자유를 지키기 위해 가장 경계하는 것이 외부로부터의 간섭과 내부에서 출현하는 독재자(despot)다. 그리고 그 권력자가 부패(corruption)할 때는 시민적으로 저항하는 것이 공동선(common good)을 지키는 시민의 의무라고 생각했다. 2017년 시민대집회에 참여한 시민들의 적극적 행동은 새로운 민주공화국을 요구했다. 시민행동을 촉발한 근본적인 동인은 사익을 위해 헌법을 심각하게 침해하고 권력 자체가 회복 불능 수준의 부패에 빠졌기 때문이다.

매주 시민대집회에 나온 100만 명과 이들을 지지하고 공동체적인 일치감과 시민의식을 자각한 흐름을 한마디로 압축한다면, 시민적 공화주의(civic republicanism)라고 할 수 있다. 시민적 공화주의는 개인주의적 자유주의나 소유적 개인주의(possessive individualism)에 대비되는 개념으로 공공성(the public)을 기반으로 개인이 사적으로 누려야 할 권리의 확보보다는 시민으로서 갖추어야 할 덕성(virtues)의 고양을 강조하는 정치적 아이디어다.

매주 시민 100만 명이 시민대집회에 참여한 이유는 민주공화국의 근간인 공공성이 권력자로부터 심각하게 침해받고 있고, 이를 지키기 위해서는 시민행동을 실천해야 한다는 사회적 책임성을 느꼈기 때문이다. 이러한 시민적 책임성을 시민적 공화주의에서는 시민적 덕성(civic virtues)이라고 부른다. 사적 이해관계를 떠나 공동체의 일에 헌신함으로써 인간은 자아를 실현할 수 있다는 믿음이 시민적 덕성에 전제되어 있다. 시민적 공화주의자들은 시민이란 아리스토텔레스가 말한 정치적 동물(zoon politikon)로서의 개인보다는, 정치공동체인 폴리스(polis)에 헌신하고 봉사하는 시민적 책임을 다하는 존재로 믿고 있다. 주말마다 광장으로 나온 시민적 힘의 원천은 이러한 시민적 덕성이 분출된 것이라고 할 수 있다.

광화문광장에서 볼 수 있는 시민대집회는 영미식의 자유주의적인 흐름이라기보다는 오히려 유럽의 근대 시민정치에 더 친숙하다. 시민적 공화주의는 바론과 한나 아렌트(Hannah Arendt)에 의해 민주공화정을 해석하고 실천하는 정책 아이디어로 자리 잡았다. 이들은 독일 출신으로 제1차 세계대전 이후 등장한 바이미르 공화국의 시민정치에 뿌리를 두고 있었다. 1920년대부터 독일에서는 제1차 세계대전 전에 지배계층이던 토지귀족인 융커(Junker) 계급을 대신해서 근대적 자유주의자들이 공화국의 주축을 형성해가고 있었다. 이들은 나치의 제3제국이 성립하자 망명해 주로 미국에서 영미식의 자유주의와는 결이 다른 방식으로 사회를 이해하고 있었다.

바론은 나치를 피해 미국으로 망명하기 전부터 15세기 피렌체의 도시공화정에 대한 연구에 몰두해 있었다. 이미 독일에서 근대 도시공화정이 발화하던 피렌체의 시민정치를 시민적 휴머니즘으로 부르며 독일 학계에서 상당한 연구를 진척시키고 있었다. 당시 독일 자유주의자들이 주도한 바이마르 공화국의 새로운 사회적 흐름이 바론의 연구에 많은 자극을 주었다. 어떤 정치적 아이디어를 연구하거나 개발하는 사람도 그 시대의 분위기와 맥락 속에서 생각이 진화한다. 특히 공화주의 연구는 어떤 정치사상보다도 사회적인 맥락과 언어 속의 맥락인 화맥주의(linguistic contextualism)에 주목한다.

바론은 자유주의적인 미국에서도 15세기 이탈리아 도시공화정인 피렌체의 정치를 독일에서와 같은 시각으로 시민적 휴머니즘으로 보며 이론적으로 발전시켜나갔다. 바론이 역사적인 시각에서 시민적 공화주의를 연구했다면 아렌트는 철학적 사유로 시민적 공화주의를 풀어냈다. 아렌트도 바론과 마찬가지로 나치 독일을 피해 프랑스로 이주했고 최종적으로는 미국에 정착했다. 아렌트는 시민적 공화주의를 '행동적인 삶(vita activa)'으로 소개했다.

2017년에 일어난 한국의 시민대집회도 미국의 로크적인 자유주의보다는 15세기 이탈리아 피렌체나 20세기 초반 독일 바이마르 공화국의 시민혁명과 더 많은 친근함을 품고 있는 것이 아니냐 하는 논쟁이 앞으로 본격적으로 제기될 수 있다.

4. 1987년 자유주의적 민주주의와 2017년 시민적 공화주의

2017년 시민적 공화주의를 살펴보기 전에 시민대집회는 1987년 민주화운동과 어떤 차별성이 있는지 먼저 생각해보자. 30년의 시차를 두고 일어나 광화문과 전국의 시민광장에서 일어난 시민행동은 형식에서 많은 유사성이 반면에 내용에서는 질적인 차이를 보이고 있다. 1987년 민주화운동이 자유주의적인 시민민주주의의 내용으로 채워졌다면, 2017년 시민대집회는 30년 전과는 다양한 차이를 보이고 있다.

1987년 민주화운동의 직접적인 요구는 '독재 타도', '호헌 철폐', '대통령 직선제 쟁취'였다. 당시 6월항쟁을 이끈 국민운동본부는 민중적인 사회·경제적 요구를 담고 있기는 했지만 제도 정치권과 연계했고, 직접적인 정치적 요구는 자유주의적 민주주의에 대한 요구로 압축되었다. 직선제 요구를 당시 정권이 받아들였고 1987년 헌법 개정이 이루어졌다. 이 헌법 개정은 1987년 민주화 이후의 정치적 요구를 담아내는 작업이었고, 그 내용의 대부분은 자유주의적 민주주의 이상을 넘어서지 못했다. 경제민주화 조항이 헌법 조문에 포함되기는 했지만, 선언적인 성격에 그친 수준이었다. 그 후 30년이 경과하도록 실질적인 제도 변화를 끌어내지 못하고 정치적 구호에 그치고 있는 것도 1987년 민주화의 자유주의적 성격을 부각시키는 하나의 해석이 되고 있다. 무엇보다 전체 헌법 개정의 내용이 대통령 선거 방식을 7년 단임제 간접선거에서 5년 단임제 직접선거로 바꾼 것 외에는 획기적인 헌법적 변화를 찾기 쉽지 않다.

1987년 민주화의 자유주의적 성격은 이후 들어선 정권들의 기본적 성격과 정책 내용에서도 지속적으로 확인되고 있다. 1988년 제13대 국회의원 선거에서 등장한 여소야대 4당 체제는 1960년대 3공화국 이후 최초의 분점정부(divided government)였지만, 4당 모두 보수주의적이거나 아니면 자유주의적인 정당이었다. 1987년 민주화 이후 한국 정치의 성격은 보수주의와 자유주의가 추동해왔고 이후 진보정당이 제도권으로 들어왔지만 원내교섭단체를 구성하지는 못하고 있다.

1987년 대통령 선거로 등장한 노태우 정부의 보수주의적 성격은 말할 것도 없고, 1992년 선거로 들어선 김영삼 정부부터 보수주의와 자유주의적 경향이 본격화되었다. 김영삼의 문민정부는 1980년대부터 세계적 조류로 등장한 대처리즘과 레이거노믹스의 신자유주의를 국정 운영의 원리로 삼아 본격적으로 정책 분야에서 적용한 첫 번째 정권이라 할 수 있다. 작은 정부, 민영화, 감축 관리, 경쟁과 효율성이 국정지표로 본격화되었다. OECD에 가입하기 위해 1994년 호주 시드니에서 발표했던 '세계화 선언'은 한국이 전 세계적인 신자유주의적 세계화 대열에 합류했음을 의미했다. 문민정부의 신자유주의적 성격은 사회복지 예산이 노태우 정부보다 오히려 감소한 것에서도 적나라하게 나타났다.

그 후 1997년 선거로 등장한 국민의 정부도 IMF 외환위기라는 외부적인 요인이 작용했지만 자유주의적인 기본 성격에서 벗어나지 못했다. 민주주의와 시장경제의 병행 발전이라는 국정 목표가 있었지만 IMF가 강제한 공공 부문, 노동 부문 등 4대 개혁은 신자유주의적인 정책을 가속화했다. IMF 위기에 따라 확대되는 양극화 등의 문제에 대한 대처로 '생산적 복지'가 앤서니 기든스(Anthony Giddens)의 '제3의 길' 방식의 정책적 대응으로 나타났지만 자유주의적 성격의 정책 기조는 변하지 않았다. 한 가지 주목할 점은 1999년 김대중 대통령이 지방을 순회하던 도중 울산에서 '기초생활보장법' 제정 방침을 밝힌 이른바 '울산 발언' 이후 기초생활보장제도가 법제화된 것은 신자유주의를 넘어서는 큰 정책적 진전이라고 평가받고 있다.

2002년 선거로 등장한 참여정부의 정책적 관심은 '국가균형발전정책'이었다. 한국에서 최초로 실질적인 지방분권이 중앙정부에 의해 제대로 추진되었다. 행정수도 이전 정책이 헌법재판소에 의해 헌법불합치 결정을 받는 등 우여곡절이 있었지만 세종시를 행정복합도시로 조성하고 공기업을 지방으로 이전해 전국적으로 여러 개의 혁신도시를 건설했다. 지방자치를 국가 발전 전략으로 제시하고 실천했지만, 이 정책 역시 자유주의적인 큰 틀에서 벗어나는 것은 아니었다. 집권 4년 차인 2006년에 사회투자국가에 대한 비전이 제시되었고 2030년까지 복지정책을 위한 재정계획이 분석되기도 했지만, 국민의 정부와 마찬가지로 기든스의 제3의 길 노선에서 크게 벗어나지 않았다.

이후 등장한 이명박 정부와 박근혜 정부는 정치적 보수주의에 따라 오히려 진보적인 정책들과 민주주의에서 후퇴한 것으로 평가되고 있다. 2008년 글로벌 금융위기 이후 전 세계에서 신자유주의적 정책에 대한 반성이 일어나고 있지만 한국의 보수 정부들이 새로운 정책적 모색을 추구한 사례를 찾기는 힘들다. 박근혜 정부는 대통령 선거 기간 동안 경제민주화와 복지국가에 대해 관심을 보였지만 집권한 뒤에 이 정책들은 사문화되었다.

1987년 민주화 이후 지난 30년 동안 한국 사회는 자유주의적 민주주의가 국정 운영과 정책의 중심적인 흐름으로 자리 잡았다고 평가할 수 있다. 2017년 광화문광장의 시민대집회는 대통령의 탄핵 요구라는 직접적인 정치적 원인에 따라 추동되었지만, 더 근본적으로는 자유주의를 넘어서는 공화주의적 요구가 있었다고 할 수 있다. 지금 시민들은 새로운 대한민국과 새로운 민주공화국을 묻고 있다. 이들은 적어도 지난 30년간의 자유주의적 국정 운영과는 다른 방식의 국가 운영을 요구하고 있다.

2017년 시민대집회를 거치면서 대통령이 탄핵되고 그 후 60일 이내에 새로운 대통령이 선출된다. 그리고 유력한 대권 주자들은 선거 공약으로 2018년 6월에 있을 지방선거에서 새로운 헌법 개정안을 국민투표에 붙이겠다고 약속하고 있다. 이번 헌법 개정에서 시민대집회는 1987년 헌법과는 다른 개정 방식을 요구할 것이다. 1987년 헌법 개정안은 제도권 정당들의 밀실 담합으로 만들어져 졸속으로 국민투표에 붙여졌다. 2017년 헌법 개정은 시민들의 적극적인 참여 열기에 따라 시민참여형 헌법 개정이 일어날 것이다. 이것이 2017년 시민대집회에서 보여주고 있는 시민적 덕성이다. 그리고 헌법 개정의 내용은 자유주의를 넘어서 공공성이 더욱 강조되는 시민적 공화주의로 진화할 것이다.

5. 자유주의와 공화주의의 논쟁

2017년 시민대집회는 대통령을 탄핵하고 헌법 개정이 예정되어 있을 만큼 엄청난 사회적 파장을 몰고 왔다. 앞으로 시민대집회의 성격이 자유주의적인지 아니면 공화주의적인지에 따라 더욱 큰 논쟁이 기대된다. 집회에서 많은 시민들은 새로운 대한민국과 새로운 민주공화국을 외쳤다. 그 내용이 영미식의 로크적인 자유주의냐, 아니면 말 그대로 공화주의냐 하는 것은 한국 정치에서 중요한 쟁점이 될 것이다.

1970년대에 미국을 건국한 정치적 아이디어가 자유주의냐 공화주의냐의 논쟁이 20여 년간 치열하게 이어졌다. 이 논쟁을 촉발한 이론가가 1975년 『마키아벨리언 모멘트(The Machiavellian moment)』를 발표한 존 포콕이다. 그전에는 미국의 건국이념이 존 로크(John Loke)의 자유주의라는 것에 별다른 이론이 없었다. 그런데 포콕이 1975년에 이 책을 쓰면서 자유주의가 아니라, 공화주의에 의해 미국이 건국되었다는 다른 해석을 내놓았다. 그는 미국 건국의 정치철학적 이념이 산업화 이전부터 17~18세기 대서양 양안에서 논쟁을 벌였던 시민적 공화주의에 근거해 있다는 새로운 해석을 제기했다. 토지에 근거한 봉건적 귀족 계급을 대신해 자본주의적인 부르주아 계급이 봉건적 질서를 극복하고 자유주의적인 성장을 했다는 로크 이래의 전통적인 영미식 견해가 수정되어야 한다고 주장했다.

2017년 한국의 시민대집회에서 공화주의가 주목받는 이유는 김영삼 정부 이후 추진되어온 신자유주의에 반대하며 공공성과 시민적 덕성에 근거해 시민 참여의 확대를 바라는 시민적 요구 때문이다. 더 근본적으로는 한국 사회의 자유주의 흐름에 대한 반작용으로서 사회적 공동선에 대한 시민적 요구라고 할 수 있다. 1980년대까지 거의 30년 동안 한국 사회를 지탱했던 평생직장의 개념은 무너졌고 개인의 실패는 나태하거나 무능한 각자의 책임이며 경쟁과 효율성이 모든 가치를 판단하는 첫 번째 기준이 되었다. 2017년 시민대집회는 직접적으로는 부패한 권력을 심판한 것이지만 지난 30년간의 신자유주의적인 흐름에 대한 근본적인 반성을 요구하고 있다.

세계 곳곳에서 기성의 주류 정치를 뒤엎는 반체제(anti-establishment) 정치가 중심적인 흐름으로 자리 잡아가고 있다. 2016년에 영국에서는 브렉시트(Brexit)가 일어났고, 미국에서는 모두의 예상을 깨고 비주류 정치인인 도널드 트럼프(Donald Trump)가 당선되었다. 이런 반체제적인 흐름은 2008년 글로벌 금융위기 이후 지속적으로 증가하고 있다. 2008년 위기는 지난 30년간 세계 경제를 주도해온 신자유주의와 세계화가 더는 지속 가능하지 않음을 보여주었다. 그동안 포용적 성장(inclusive growth), 포용적 자본주의(inclusive capitalism), 소득주도성장(income-led growth) 등 대안적 모색이 있었다. 하지만 신자유주의적인 그늘을 벗어나지 못하는 이 흐름에 거대한 반격을 가하고 있는 것이 반체제 정치의 역동성이다.

한국에서 신자유주의에 대한 반작용은 주말마다 촛불집회라는 시민적 공화주의의 흐름으로 나타나고 있다. 신자유주의 정치인의 원조라고 할 수 있는 영국의 마거릿 대처(Margaret Thatcher) 총리는 "애당초 공동체 같은 것은 없다. 오직 개인과 가족이 있을 뿐이다"라는 극단적인 선언을 했다. 개인은 자기 책임하에 남의 간섭을 받지 않고 자기 운명을 개척하는 존재이며, 이를 도와주거나 협력할 기반을 주는 공동체는 허상에 지나지 않는다는 것이 신자유주의자들의 생각이다. 이러한 신자유주의를 대표하는 지식인이 프리드리히 하이에크(Friedrich Hayek)와 이사야 벌린(Isaiah Berlin)이었다. 자유를 적극적 자유와 소극적 자유로 나누고, 오직 소극적 자유만이 진정한 자유라는 것이다. 공동체를 통한 자아의 실현이라는 적극적 자유는 개인의 사적 영역을 무시하는 허구적 수사에 불과하며, 개인의 자유는 타인으로부터 간섭의 배제 이상도 이하도 아니라는 것이다.

시민적 공화주의는 정부 정책과 기업 윤리로서의 신자유주의를 넘어서 근본적으로 한국 사회에서 자유주의적인 것이 아닌 다른 대안을 묻고 있다. 자유주의는 근대의 주인공이었던 부르주아 계급의 철학적 기초였다. 봉건적인 신분제의 사슬을 끊고 모든 인간이 자연권의 소유자로서 인간은 본질적으로 사적 개인이라는 것이다. 자유주의에서 정치는 반드시 개인적 자유와 개인의 재산을 보호하는 역할에 그쳐야 한다. 자유주의는 개인이 사적 이익을 추구할 때 그 재산권을 보호하고 재산 소유를 정당화하는 소유적 개인주의다. 자유주의자들은 공익을 허구라고 보았다. 세상의 이익은 개인들의 사적 이익을 총합한 것에 불과하며 개인을 넘어선 공적 이익이라는 것은 있을 수 없다고 본 것이다.

이러한 자유주의 이론의 기초가 로크의 정치철학이다. 로크는 사적인 것이 공적인 것에 대해 도덕적으로나 정치적으로나 우위에 있으며 공적 영역은 개인의 재산을 보호하기 위한 최소한에 그쳐야 한다고 보았다. 이것은 서구 사회에서도 당시에는 혁명적인 아이디어였다. 서양에서는 아리스토텔레스 이후 공적 영역과 사적 영역이라는 이분법이 자연스럽게 받아들여지고 있었다. 아리스토텔레스는 인간의 활동 영역을 공적 영역으로서의 폴리스와 사적 영역으로서의 가족(oikos)으로 구분했다. 폴리스는 시민들이 공동선을 추구하면서 인간의 목적을 실현해가는 본질적인 장인 데 비해, 가족은 개인들이 단순히 먹고사는 것을 해결하기 위한 수단의 장이라는 것이다. 아리스토텔레스는 공적 영역인 폴리스가 사적 영역인 가족보다 우선한다고 보았다. 반면 로크는 사적 영역이 자연권인 개인의 권리를 보호하고 자기 소유권과 자기 결정권을 행사하며 개인은 행복을 추구할 권리를 가진다고 했다. 그는 공적 영역은 사적 영역을 더 안전하게 보장하기 위해 개인들이 동의할 때 만들어지는 영역일 뿐이라고 보았다. 로크적인 자유주의는 공적 영역인 폴리스가 개인에 선행한다는 아리스토텔레스의 명제에 대한 반명제라고 할 수 있다. 이러한 로크적인 생각은 알게 모르게 지난 30년 동안 한국 사회를 지배해왔다.

그러나 사적 영역의 강조로 공적 영역이 무시되었을 때 일어날 수 있는 인간의 피폐화에 대한 한국 사회의 자기반성이 광화문 촛불집회에서 시작되고 있다. 대통령 탄핵이라는 공적 문제를 두고 시민들이 적극적으로 참여하는 모습이 현실로 나타나고 있다. 공적 영역의 중요성을 강조하면서 로크적인 자유주의에 대해 반성을 시작할 때 첫 번째로 주목할 인물이 한나 아렌트다. 아렌트는 나치 독일의 전체주의라는 악몽을 겪었지만 로크의 개인주의적 자유주의의 폐해를 누구보다 냉철하게 지적하고 있다. 아렌트는 전체주의의 악몽에서 벗어나는 길을 인간의 공적 영역에 대한 적극적 참여에서 찾으려고 했다. 아렌트는 아리스토텔레스적인 고대 폴리스 정신의 회복이 절실하다고 보았다. 나치 독일 같은 전체주의가 세력을 얻을 수 있는 것은 개인주의적 자유주의가 원인을 제공하기 때문이라고 했다. 개인적 자유주의가 전체주의의 대척점에 있는 것이 아니라 반대로 전체주의가 발호할 수 있는 원인 제공자라는 것이다.

아렌트는 아리스토텔레스의 폴리스적인 인간을 사회적 동물이 아니라 정치적 동물로 해석하면서 공적 영역을 부활시키고 있다. 인간이 정치적 동물이라는 것은 가족이라는 사적 영역을 벗어나, 공적 세계로 진입하는 것을 의미한다. 즉, 인간이 공적 영역에 자신을 등장시키는 것을 말한다. 아렌트는 공적 영역의 본질적인 특징을 자유라고 주장했다. 고대 그리스의 폴리스는 힘과 폭력이 아니라 시민들 간의 말과 설득을 통해 정책이 결정되었다. 즉, 폴리스는 인간이 자신을 출현시키고 행위와 언행을 통해 스스로의 관심사를 토의하고 결정하고 따르는 공간이었다.

근대 부르주아 자유주의 사회에 들어와서 이런 공적 영역의 우월성이 사라졌다는 것이 아렌트의 생각이다. 그리고 공적인 것과 사적인 것의 의미도 변했다고 보았다. 공적 영역의 상실은 곧 인간성의 파괴로 이어졌다고 아렌트는 비판했다. 적극적이고 자유로운 행위와 말이 없는 삶은 인간이길 포기하는 것과 같기 때문이다. 그는 사람들 사이에 함께 살지 않은 삶은 의미가 없는 삶이라고 여겼다.

2017년 시민대집회는 아렌트적인 공적 영역의 부활이라고 할 수 있다. 시민들은 가족과 보내던 주말생활이 아니라 광장에서 적극적으로 그들의 공민(公民)으로서 의무와 책임을 자발적으로 수행하기 시작했다. 시민대집회의 정치적 의미는 대통령 탄핵이라는 소극적인 의미에서 벗어나 사적 영역을 넘어서는 공적 영역에 대한 적극적 참여로 해석되어야 한다.

6. 시민적 휴머니즘과 고전적 공화주의

한나 아렌트에 영향을 받은 존 포콕의 공화주의는 1970년대에 미국에서 공화주의와 자유주의 논쟁을 불러일으켰고, 1980년대에는 그의 영향을 받아 공동체주의에 새로운 영감을 불어넣었다. 공동체주의자들이 공화주의에 환호한 이유는 포콕의 공화주의의 핵심 개념에 덕성이 자리 잡고 있었기 때문이다. 공동체주의자들의 주장의 핵심은 인간이 공동체 안에서 함께 추구해야 할 좋은 삶이 존재한다는 것이다. 좋은 삶을 위해서는 공동체에서 시민적 덕을 실천하는 일이 필수적이고 중심적인 요소라고 그들은 보았다. 더구나 시민적 덕성이란 서양 지성사에서 변방에 있던 것이 아니며, 이탈리아 공화주의 전통뿐만 아니라 17~18세기 대서양 양안의 영국과 미국의 주류 정치의 핵심이라는 점을 포콕이 확인시켜주었다고 공동체주의자들은 열광했다.

그러나 이러한 포콕과 아렌트의 공화주의는 2세대 공화주의자들의 비판을 받았다. 그 중심에 퀜틴 스키너(Quentin Skinner)와 필립 페팃(Philip Pettit)이 있다. 그들은 서구인들이 공화주의와 공동체주의를 동일시하는 흐름을 탐탁하게 여기지 않는다는 현실을 재빨리 포착해냈다. 공동선과 이를 실현하기 위한 참여로서의 덕성에 대한 강조는 서구인들이 좋아하는 다원주의적인 세계관을 부정하고 일원론적인 세계관을 강요하는 것처럼 보일 수 있다. 그래서 2세대 공화주의자들은 공화주의의 핵심 주제로 덕과 참여 대신 자유를 내세운다. 자유는 좀 더 보편적인 용어로 그 자체가 해방적인 의미가 있기 때문이다.

페팃은 공화주의자들의 화두는 포콕이 말하는 덕이 아니라 자유의 본질에 대한 질문과 자유가 어떻게 유지될 수 있느냐는 자유론의 문제라고 주장한다. 그래서 그는 시민적 덕성보다는 자유의 문제에 천착했고 공화주의적 자유를 '비지배(non-domination)'라고 규정했다. 이는 '간섭의 부재(non-interference)'라는 자유주의적 자유와 공화주의적 자유를 대비하고 있다. 스키너의 공화주의는 페팃의 공화주의와 마찬가지로 먼저 자유공동체가 존재해야 그 안에서 개인들이 자유로우며 권리를 주장할 수 있다고 보았다. 스키너는 공화주의 자유론의 핵심적 전제로 자유를 누리기 위해서는 자유공동체가 먼저 존재해야 한다고 주장한다. 그래서 스키너는 자유공동체를 지키기 위해서는 시민적 의무가 개인의 권리에 우선해야 한다고 강조한다. 그는 시민들이 각자의 목적을 실현할 수 있는 개인의 선택권을 보장받으려면 먼저 그것을 보장해주는 자유공화국이 존재해야 하고 이를 위해 언제나 시민적 덕성이 발휘되어야 한다고 주장한다.

이러한 2세대 공화주의자가 공동체주의와 공화주의를 구분하면서 이론을 전개하자, 반대로 공화주의와 자유주의가 다른 것인지에 대한 의문이 일어나게 되었다. 공화주의가 시민적 덕성이나 참여보다는 자유를 중심 개념으로 생각한다면 궁극적으로 공화주의와 자유주의는 차이가 없는 것이 아닌가 하는 의문이다. 자유주의, 공동체주의, 공화주의의 차이에 관한 이론적인 지점을 지적한 것은 존 롤스(John Rawls)였다. 그는 공화주의를 시민적 휴머니즘과 고전적 공화주의로 구분하면서 자신의 의견을 제시했다. 포콕의 공화주의를 15세기 도시국가 피렌체 등에서 일어났던 시민적 휴머니즘으로 보고, 이 공화정치의 형태가 개인의 권리보다는 공동체의 공동선을 강조하는 공동체주의의 기초가 되었다고 비판했다. 그는 공동체주의에 대해 부정적인 입장을 갖고 있으면서, 시민적 덕성보다 자유를 중심으로 보는 페팃과 스키너의 주장을 고전적 공화주의라고 불렀다. 그리고 그리스와 로마의 고전적 공화주의가 자신의 철학과 멀지 않다고 평가했다. 그는 현대와 같은 다원주의 사회에서 모든 것을 포괄하는 공공선과 같은 주장은 용납되지 않고, 어떤 주의나 주장이든 한 가지만을 절대선으로 주장하는 것은 옳지 않다고 하면서 시민적 휴머니즘을 공동체주의 중에서도 극단적인 사례와 동일시했다.

그러나 정작 스키너나 페팃은 롤스의 이러한 구분에 동의하지 않았다. 역사적으로 시민적 휴머니즘은 로마의 고전적 공화주의의 맥을 잇고 있었고 시민적 휴머니즘에서도 시민적 자유는 어떤 가치보다 앞선 것이었다. 우선 1494년 피렌체 도시공화정의 시민혁명 중에 광장에서 외친 정치적 구호가 '자유(liberta)'였다. 시민적 휴머니즘도 개인의 자유와 공동체의 공동선을 모두 함축하고 있는 개념이다. 오히려 시민적 휴머니즘과 고전적 공화주의를 개념적으로 통일해서 시민적 공화주의로 재해석하는 것이 2017년 시민대집회 이후 한국 정치를 설명하는 데 이론적으로 정합할 것이다. 2017년 시민대집회에서 광장의 시민들이 원하는 정치적 방향도 개인의 자유와 공동체의 공동선 사이에 적절한 균형을 이루는 것이다.

시민적 휴머니즘을 15세기 이탈리아 도시공화정에 관한 이론으로, 고전적 공화주의를 그리스와 로마의 고전 고대 공화주의로 분리해서 설명하려는 시도들이 미국에서 있다. 하지만 이는 한국의 공화주의를 설명하는 데는 맞지 않으며, 오히려 우리는 양자를 통합하려는 시도가 필요하다. 시민적 휴머니즘에서 휴머니즘은 인문학이 아닌 정치 현실을 설명하는 데는 개념적인 취약성이 있다. 인문주의로는 정당 등 제도와 제도권 정치를 설명하는 데 한계가 있다. 그리고 고전적 공화주의에서 고전적이라는 시대는 현대와 일치할 수 없다. '고전적'이라는 의미는 역사를 설명할 수는 있어도 현대를 설명할 수는 없다. 시민적 휴머니즘과 고전적 공화주의가 모두 개인의 자유와 공동체의 공동선을 결합한 것이라고 한다면, 이 두 개념을 합해 시민적 공화주의로 개념화하는 것이 오늘날의 시민들에게 더 설득력이 있을 것이다.

7. 공화주의적 덕과 자치로서 자유

존 포콕의 시민적 휴머니즘을 계승해서 존 롤스의 비판이나 공화주의의 핵심개념을 자유로 보는 필립 페팃과는 달리 자유주의와 구분되는 공화주의를 현대적으로 체계화한 이가 마이클 샌델(Michael

Sandel)이다. 그는 포콕의 공화주의를 받아들였다. 그는 현대 미국 사회에서 시들하지만 자신들의 전통 안에 명백히 존재하는 '시민적 공화주의'를 부활시켜야 한다고 주장했다. 개념적으로 시민적 공화주의라는 말을 샌델은 직접적으로 사용했다.

샌델에 따르면 시민적 공화주의는 공화주의적 덕과 자치로서 자유가 결합한 개념이다. 자치로서 자유의 개념과 대비되는 것이 자유주의자들의 '무연고적 자아(unencumbered self)'다. 샌델에 의하면 자아는 공동체적 유대의 산물이다. 자유주의는 인간들이 공동체를 자의에 따라 선택할 수 있다고 보지만 공화주의는 공동체가 인간에게 자아형성의 구성적 요소로 존재한다고 본다. 자유주의는 자아를 공동체와 상관없는 개인적인 특성으로 보고 있고, 그래서 자신이 속한 공동체와도 연고가 없다고 한다. 이렇게 자유주의적 관점에서 보는 자아를 샌델은 무연고적 자아라고 한다.

이에 반해 시민적 공화주의에서 자유는 자치로서의 자유다. 자유는 공동체의 자치 행위에 자기 몫을 제대로 행사할 수 있느냐에 초점을 맞추는 적극적 개념이다. 동료 시민들과 함께 공동선을 심의하고 정치적 공동체의 운명을 결정하는 데 자기 역할을 제대로 할 때 비로소 개인은 자유로워진다고 본다. 즉, 자유는 곧 자치라는 것이다. 샌델은 토크빌을 인용해 미국의 읍민회가 자유의 산실이라고 보았다. 이런 점에서 자유를 공동체에 참여를 통한 적극적 자유를 의미한다고 본 공화주의의 자유론은 자유주의적 공화주의의 '비지배'나 '간섭의 배재'와 같은 소극적 자유와는 구별된다.

공화주의적 덕은 시민적 덕을 의미하며 개인적 자유를 뒷받침한다. 개인이 적극적 의미의 자유를 향유하기 위해서는 공공의 일에 대해 지식과 관심을 갖고 참여해야 한다고 시민적 덕성은 말한다. 이 사회적 덕은 공동체에 소속감을 갖고 부분보다는 전체에 관심을 두며 사회적 약자들과도 도덕적 유대감을 가지는 것이 중요하다고 강조한다.

2017년 시민대집회에 참여하거나 그 실천을 동의하고 지지하는 시민들은 시민적 덕성을 바탕으로 적극적인 자유로서 광장에 참여하고 있다고 볼 수 있다. 광장의 시민들을 시민적 공화주의보다 더 잘 설명할 수 있는 이론을 달리 찾을 수 없다. 광장의 시민행동은 15~16세기 피렌체 시민들의 정치 참여와 유사한 양상을 보이고 있다. 1399년부터 1402년까지 2년 동안, 1494년에서 1512년까지 8년 동안 피렌체 시민들은 공화정치에 참여하기 위해 광장으로 모여들었다. 이들이 주기적이고 계속적으로 2년간, 그리고 8년간 광장에 참여했듯이 2017년의 시민대집회에서 시민행동은 시민적 공화주의로 해석할 수 있다.

8. 개인의 재발견과 적극적 자유

2017년 시민대집회가 1960년 4·19나 1987년 민주화운동과 가장 확연히 다른 점은 개인의 재발견이다. 이전의 시민행동에서는 국가에 대한 저항이나 공동체적인 요구는 있었지만 개인이 자기 주체성을 드러내면서 개성을 나타내지는 않았다. 개인의 중요성에도 불구하고 거대한 정치 담론에 묻혀 개개인의 특성을 발휘하기 힘들었다.

그러나 이번 시민대집회에 참여하는 사람들은 무엇보다 개인의 자아를 드러내고 있다.

대표적으로 어떤 정치지도자나 특정 단체가 자신들을 대표하려는 움직임을 거부한다. '리더 없는 리더십'이 새로운 사회운동의 흐름으로 나타나고 있다. 오히려 '내가 대표하는 나'가 많은 시민들로부터 공감을 얻고 있다. '내가 꿈꾸는 나라' 등 우리가 아니라 내가 중심이 된 사회운동과 정치활동을 선호한다. 해방 이후 한국 정치사에서 거대한 전환이다. 2017년 시민대집회의 가장 중요한 특징이 개인의 재발견이 되고 있다.

이런 개인의 재발견은 16세기 이탈리아 르네상스의 가장 큰 특징이기도 하다. 지금 시민광장의 공화주의에서 발현되고 있는 개인의 발견은 르네상스 시기의 자아의 발견에 비견될 수 있다. 시민대집회는 16세기 이탈리아 르네상스와 같은 창조와 생성의 공간으로 진화할 수 있다. 15~16세기 시민대집회를 지켜본 피렌체의 아이들이 도시공화정의 자유정신과 자유로운 공기를 마시고 자라나 르네상스 문화의 거장들로 성장했다. 다빈치, 미켈란젤로, 라파엘로 등이 대표적인 예술가들이다. 르네상스(renaissance)가 원래 재생(rebirth)으로 생성을 의미하는 것처럼, 중세적인 인공물로서 국가에 앞서는 개인을 재발견한 것이 시민대집회가 남긴 가장 큰 사회적 영향이었다. 지금 한국의 시민대집회도 새로운 생성과 창조의 용광로가 될 수 있다. 그리고 그 원천은 국가라는 거대 조직에 묻혀 있던 자유롭고 창조적인 개인의 발견이고 이들이 추구하는 것은 공화주의적인 적극적 자유라고 말할 수 있다.

2017년 시민대집회에 참가하는 밀레니얼스(millennials: 밀레니엄 세대)들은 자의식이 강하고, 집단에 앞서는 개인을 중요하게 생각하는 세대다. 1980~2000년 사이에 태어난 세대들은 글로벌 네트워크와 SNS에 익숙하다. 이들은 내가 대표하는 나를 중심으로 사유하고 대리와 위임이 아닌 자유로운 개인들이 모여 시민으로서 정책에 대해 공동 결정, 공동 생산하는 것을 선호한다.

인간의 존엄과 권리의 주체로서 개인의 중요성이 광장에서 인식되고 있다. 비지배나 간섭의 배제로서의 소극적 자유가 아니라 공동체에 적극적으로 참여하는 적극적 자유가 시민대집회에서 발화하고 있다.

9. 사회정의를 넘어선 능동적 평등

시민대집회의 시민들은 적극적 자유만큼이나 능동적 평등(active equality)을 원하고 있다. 시민들은 '불평등'의 개선에 대해서 2008년 전에는 볼 수 없었던 적극적인 자세를 보여주고 있다. 유럽의 진보정치가 주장하는 능동적 평등이 중요한 참고가 될 수 있다. 이들은 정책의 기본 목표를 지난 100년 동안 유럽 진보를 끌어왔던 정책 목표인 '사회정의(social justice)'에서 '능동적 평등(active equality)'으로 바꾸었다.

사실 1960년대 말에 존 롤스가 국가정책의 기준으로 제시한 사회정의는 자유와 평등 사이의 절충적 개념이었다. 사회정의는 1960년대 말의 미국 사회의 진보적 운동을 뒷받침하는 이론적 토대로 제공된 측면이 있다. 이 절충적 개념을 유럽의 진보들은 '능동적'이라는 수식어가 붙기는 하지만 '평등'으로 전화하겠다는 움직임을 보이고 있다. 그만큼 '불평등'은 2008년 금융위기 이후 전 세계적으로 시급히 해결해야 할 최우선 과제가 된 것이다. 그리고 그 대안으로 사회정의보다 훨씬 적극적인 개념인 능동적 평등으로 설정되고 있다.

능동적 평등은 기초생활보호자 등에 대한 기본적인 소득이전뿐만 아니라 적극적 노동시장 정책과 활성화(activation) 정책에 역점을 둔다. 능동적 평등을 실현하기 위해서 중요한 정책 영역은 10가지 정도로 볼 수 있다. 이 정책들은 한국에서만 문제되는 것이 아니라 전 세계적으로 관심을 모으고 있는 대상들이다. 10가지 정책 영역을 예시하면 가족 붕괴, 출산·보육, 교육 붕괴, 가계 부채, 청년 실업, 근로 빈곤, 주거 불안, 노후 불안, 안전과 범죄, 다문화 정책이다.

10. 일상민주주의

새로운 대한민국은 대의제 민주주의와 직접민주주의가 결합하는 '일상민주주의(everyday democracy)'를 제기하고 있다. 스마트폰과 새로운 SNS 환경에서 '내 손안의 민주주의'라고 할 수도 있다.

일상민주주의는 거창한 정치적 민주주의가 아니라 보통 시민들이 일상의 삶(daily life) 속에서 공적 공간(common space)의 공론 형성 과정에 참여하고, 직장 경험(workplace experience)에서 더 많은 권한을 위임받아 협력적으로 일하며, '100세 사회'의 복지 체계를 내다보는 공적 서비스(public services)를 향유하는 민주주의를 의미한다.

그동안 국가와 시장이 소홀히 해왔던 일상(everyday life) 속에서 민주주의를 찾는 것이 그 방법이다. 사람들은 민주주의를 대의제 민주주의의 거대한 정치제도로만 생각해왔기 때문에 정치는 여의도 국회나 청와대와 같은 거대한 공식 제도에서만 작동하는 것이고 우리 일상생활과는 동떨어진 것으로 여기기 쉽다. 정치는 대통령 선거, 국회의원 선거 등 거대한 국가적인 선거제도를 통해 실현되는 것으로 간주하는 경향이 있다.

그러나 일상민주주의는 얼굴과 얼굴을 맞대는 대면적인 것이든, 온라인과 같은 가상공간의 것이든 관계(relationship) 안에서 발견된다. 관계는 서로 다른 배경과 경험, 이해관계가 있는 사람들이 스스로 하나의 집합적 단위(collective unit)를 만들어 공동의 행동(common action)을 할 수 있게 한다.

특히 이해관계가 서로 다른 사람들이 관계를 맺으며 공동의 이익(common interest)을 끌어낼 때 민주주의적 가치는 더욱 성숙하게 된다. 민주적 관계(democratic relationships)는 개인적 이익을 넘어서 공동선을 가치 있게 만드는 관계다. 이러한 민주적 관계는 우리의 일상생활(everyday settings) 속에서 실현될 수 있다. 민주적 관계는 공적 공간, 직장(workplace), 공적 사회복지 영역에서 공동의 이해와 공동의 행동으로 만들어질 수 있다.

'일상민주주의' 관계의 형성 공간: 대면공간과 가상공간

① 공적 공간: 광장, 대중교통(지하철 등), 온라인 커뮤니티 등

② 직장: 사무실, 휴게실, 회사통신망 등

③ 복지 체계와 공공 서비스(welfare system & public services)

일상민주주의는 공유된 목표(shared goal)가 형성되고 공동의 행동이 일어날 때 작동한다고 할 수 있다. 일상민주주의가 작동하는 데 가장 기초적인 것은 관계 속에서 공적 가치가 공유되고 소통되고 서로 감동을 나누는 것이다. 시민들이 공적 공간과 직장, 공공 사회복지 서비스에서 공적 가치로 공감하고 공유된 목표를 향해 공동의 행동을 같이할 때 제대로 작동하기 시작한다. 공적 가치가 형성되고 공유될 수 있는 중요한 범주로는 선거와 절차의 민주주의, 시민행동주의와 시민 참여, 숙고와 열정, 가족 민주주의, 민주적 공공 서비스, 민주적 직장 등 크게 여섯 가지 지표로 나눠볼 수 있다.

일상민주주의 지표(everyday democracy index)

① 선거와 절차의 민주주의(electoral and procedural democracy)

② 시민행동주의와 시민 참여(activism and civic participation)

③ 숙고와 열정(deliberation and aspiration)

④ 가족 민주주의(family democracy)

⑤ 민주적 공공 서비스(democratic public services)

⑥ 민주적 직장(democratic workplace)

일상민주주의의 이런 관계는 오프라인만이 아니라 온라인 가상공간에서도 형성될 수 있다. SNS와 온라인 커뮤니티는 공적 가치가 소통되고 공감되는 데 중요한 일상민주주의의 실현 공간이 되고 있다. 일상생활 속에서의 작은 단위에서도 공적 가치는 합리적이고 이성적 판단과 감정적이고 정서적인 공감을 불러올 수 있다. 각 부문에서 공적 가치가 형성되고 소통되는 것에서 일상민주주의는 새로운 전환을 일으킬 수 있다.

일상민주주의는 일상생활을 형성하는 공식적·비공식적 제도에 공적 참여(public participation)가 증가하는 것을 의미한다. 정부나 시장이 정책 과제를 해결하는 데는 한계가 있기에 시민 참여는 필수적이다. 사람들은 공동선에 기여하는 방법을 스스로 선택할 수 있어야 한다. 공적 참여를 통한 민주주의 혁신은 연금 개혁처럼 사회가 직면한 주요 문제를 해결하는 집합적 능력을 증가시킨다. 대부분의 문제는 우리의 일상을 변화시키는 것과 밀접하게 연관되어 있다.

11. 시민적 공화주의의 특성

2017년 시민적 공화주의를 1997년 IMF 외환위기 당시 금 모으기 운동부터 그 기원을 찾아가면 몇 가지 특징을 살펴볼 수 있다. 금 모으기 운동에서부터 공화적 에토스가 축적되어 2008년 촛불집회와 2017년 시민대집회로 진화했다고 할 수 있다.

첫째는 애국주의(patriotism)의 내면화다. 애국주의가 표면화된 사례들은 한국의 공화적 에토스를 이해하기 쉽게 드러내고 있다. 예컨대 1997년의 금 모으기 운동은 애국주의가 외부로 표출된 최초의 대표적 사례다. 나라를 구해야 한다는 거국일치의 단결은 모든 시민을 하나로 묶어 세웠다. 돌 반지에서 금괴까지 내핍과 헌신이 나라 구하기의 정서에서 출발되었다. 2002년 월드컵 응원 역시 마찬가지다. 그 전까지 엄숙하기만 했던 태극기가 이때 축제의 공간에서 대중적 상징으로 재탄생했다. 그 전의 민족주의(nationalism)와는 다른 차원에서 조국(patria)에 대한 사랑이 표출되기 시작했다. 민족이 혈연과 지연을 바탕으로 한 것이라면, 애국주의는 공공선을 공유하는 공동체의 구성원으로서 느끼는 조국에 대한 애정이다. 맹목적인 국익우선주의가 아니라 공동체의 구성원이 함께 향유하고 헌신하는 보다 자발적인 참여가 강조된 애국이 바로 공화적 애국주의다.

2002년 미선·효순 사건으로 발화한 촛불집회 역시 공화적 애국주의를 밑바탕에 깔고 있다. 미선·효순 사건에 대한 반발로 나타난 2002년 촛불집회는 단순히 반미 감정을 자극한 안티성 집회가 아니었다. 상대가 미군이냐 아니냐가 중요한 것이 아니라 우리의 공화국 안에서 우리의 시민을 우리가 지켜야 한다는 국민적 공감에서 태동한 움직임이었다. 한미 관계를 원점에서 다시 생각해보고 일방적 한미동맹이 아니라 공동체와 구성원의 자위와 자강을 바탕으로 하는 새로운 애국주의를 출발점으로 해서 대등한 동맹을 추구하자는 것으로 민주화 이후의 요구가 대중적으로 표출된 사례다. 한미동맹은 중요하다. 그렇지만 그 전에 공동체의 애국주의를 밑바탕에 깔고 좀 더 대등한 동맹 관계로 진전하자는 요구의 표출이었다.

애국주의는 한국의 공화적 에토스의 첫 번째 덕목이 되었다. 애국주의는 국제적 스포츠 경쟁에서, 한미 관계의 국제정치에서, 세계화 시대의 통상 마찰에서, 동아시아에서의 연대에서, 새로운 남북 관계에서 지속적으로 등장할 것이다.

둘째는 공동체의 연대(solidarity)다. 대표적인 사례로 1997년의 금 모으기 운동과 2007년 태안 기름유출 사건 이후 자원봉사 활동을 들 수 있다. 특히 태안에 모인 자원봉사자들의 자발적인 참여는 공동체의 연대 외에 설명할 수 있는 방법이 없다. 태안으로 모여든 봉사자들의 특징은 지역, 연령, 직업에 상관없이 전 국민적인 차원에서 봉사가 진행되었다는 것이다. 지역주의와 가족중심주의가 여전히 위력을 발휘하는 우리 사회에서 이는 새로운 흐름이다. 연대는 동질감에서부터 출발하는데, 일체감이나 동질감은 예전에는 지연이나 혈연을 중심으로 작동했다. 그리고 그 범위는 상당히 제한적인 일차 집단적인 성격을 띠고 있었다. 그러나 태안의 자원봉사는 이러한 범위를 뛰어넘는 새로운 연대의 가능성을 보여주었다. 대한민국을 하나의 공동체로 인식하는 경향성이 생겨난 것이다. 지역주의와 연고주의를 뛰어넘어 새로운 연대의 단초가 생성되고 있다.

여기서 한 가지 짚고 넘어가야 할 것은 연대의 반대로서 사회적 배제(social exclusion)가 서구에서 중요한 사회적 쟁점으로 등장했다는 점이다. 특히 1990년대 이래 앤서니 기든스에 의해 이 개념은 현대 사회가 해결해야 할 가장 근본적인 사회문제로 진단되고 있다.

그러나 한국 사회에서는 아직 서구 사회에서 나타나는 정도의 사회적 배제가 일어나는 것은 아니라고 본다. 양극화가 진행되고 있지만 여전히 공동체의 구성원으로서 동질감을 형성하고 있고 지역공동체에서도 서구와 같은 극심한 지역적 갈등이 집단화하고 있지는 않다고 볼 수 있다. 그러나 현재의 상태가 방치된다면 우리도 머지않은 장래에 서구처럼 사회적 배제가 문제될 수 있을 것이다.

현재의 상태를 놓고 볼 때 아직 한국의 공동체 연대 의식은 서구보다 나은 토양을 가졌다고 할 수 있다. 연고주의를 넘어서는 공동체 의식이 생겨나는 가운데 사회적 배제 역시 빠르게 진행되고 있다. 어느 방향으로 가느냐는 결국 우리가 선택할 문제가 될 것이다.

셋째는 자유시민의 자발적인 참여다. 동원되지 않는 대중운동은 공화주의의 근간이다. 베네치아에서도 성 마르코 광장에 시민들이 모여 원수 선출과 같은 주요한 입법 과정에서 참정권을 행사했다. 이보다 더 중요하게 전문 직종의 조합인 길드에서 다양한 자치적인 참여가 일어났다. 각 집단의 정치적 욕구는 자발적인 참여를 통해 해소되었으며 이 조직들은 또한 축제와 연결되어 있어 시민들이 일체감을 형성하는 데 기초가 되기도 했다.

1997년 금 모으기 운동 이래 공화적 에토스의 표출은 언제나 시민들의 자발적이고 적극적인 참여를 통해 이루어졌다. 동원되지 않은 시민대집회라는 참여 형식이 새롭게 자리를 잡아가고 있다. 민주화 이전의 정권들은 다양한 수단으로 대중을 동원했다. 민주화운동 세력 역시 조직을 이용해 대중 참여를 유도했음은 부인할 수 없는 사실이다. 그러나 공화적 시민대집회에서는 동원보다는 자발적 참여가 더 큰 위력을 발휘하고 있다. 이러한 참여의 자발성은 집회를 발랄한 축제의 공간으로 만들고 있다.

넷째는 간섭의 배제와 법의 공정이다. 공화주의에서 '자유는 간섭의 배제'다. 촛불집회에 참여하는 시민들은 독립적이고 자립적인 주권자들이다. 공화주의가 가장 경계하는 것은 권력자의 부패다. 자의적으로 권력을 사용하기에 권력형 부패가 발생한다. 민주화 이후 시민들이 가장 분노하는 것은 권력형 부패다. 대형 부패 사건은 시민들을 거리로 불러냈다. 시민들은 권력도 국민과 마찬가지로 법 앞에서 평등할 것을 요구하고 있다. '법 앞의 평등(isonomia)'은 공화적 정의(justice)의 근간이라 할 수 있다. 시민들은 법이 모든 인간에게 동등할 것을 요구한다. 그리고 공화적 정의는 정치적인 것에 그치지 않고 경제적인 평등까지 지향한다.

시민들은 부당한 간섭을 받지 않기를 원하며 법의 공정을 당연한 권리로 강조한다. 이에 대해 부당한 침해가 일어났다고 믿는 순간 또 다른 시민대집회로 이어질 것이다.

다섯째는 자유(liberty)와 공공선의 적절한 균형이다. 지난 20년 동안 자유가 너무 강조된 나머지 정치는 공공선에 대한 요구를 담아내지 못하고 있다. 신자유주의는 도그마가 되어 공공선을 미신에 불과한 것으로 힐난하고 있다. 그러나 건강한 사회는 자유와 공공선이 균형을 이룬 사회다. 우리 사회는 건국 이후 한 번도 본격적으로 공공선에 대해 진지한 모색을 한 예가 없다. 그러나 시민들은 공공선에 대해 진지한 요구를 하고 있다.

12. 2017년 시민적 공화주의의 새로운 양상

그러나 2017년 시민적 공화주의는 15~16세기의 시민적 휴머니즘과는 뚜렷하게 구별되는 몇 가지 고려 사항이 있다. 이는 근대 초기와 현대라는 시간적인 차이, 서양과 동양이라는 공간적인 차이뿐만 아니라 온라인과 같은 과학기술의 변화에도 영향을 받고 있기 때문이다.

첫째는 애국주의와 세계시민주의다. 16세기 이탈리아의 도시공화정은 작은 공동체에서 외부의 간섭이나 침략에 대항해 애국주의가 공동체 의식의 자각과 함께 일어났다. 그러나 글로벌 시대에 개방성이 강조되는 오늘날과 같은 세상에서 애국주의는 필요하지만 이에 못지않게 보편적인 세계시민주의도 필수적이다. 특히 개발도상국에서는 인구가 지속적으로 증가하는 데 비해, 한국을 비롯한 선진국에서는 저출산과 고령화로 노동인구가 줄고 고령인구를 부양하는 데 따른 사회적 부담이 증가할 것으로 예상되고 있다. 글로벌 시대에 이민(immigration)의 증가는 비가역적인 추세가 되고 있다. 지나친 애국주의보다는 보편적인 세계시민주의가 더 요청되는 시대적 조건을 무시할 수 없다.

둘째는 2017년 시민대집회에 나온 시민들이 요구하는 것이 서양 공화주의 이론에서 근간이 되는 공공성이나 공동성에 대한 요구인지, 동아시아적 전통 속에 있는 천심(天心)과 민심(民心)으로 집권자의 부정과 부패에 저항하는 것인지 의구심을 가질 수 있다. 시민대집회에서의 요구를 맹자의 역성혁명으로 이해하는 것이 정서적으로 동아시아에서는 더 친근할 수 있다. 공공성과 민심에 대해 동아시아적 맥락에서 이해하는 것은 앞으로의 시민적 공화주의 연구에 중요한 과제를 남기고 있다.

셋째는 온라인과 SNS라는 공론장이 활성화되는 것이 근대 초기 도시의 광장에서 진행된 의견 수렴 과정과 질적으로 차이가 있는지에 대한 검토가 필요하다. 16세기 피렌체는 인구가 10만 명 정도인 도시국가였고 시민들 누구나 한두 시간만 걸으면 자신이 일하는 공방에서 도심의 광장까지 닿을 수 있었다. 그곳에서 친숙한 얼굴들과 함께 잡담을 나누거나 정치적인 토론을 했다. 그런데 2017년 인구 1000만 명이 사는 한국의 수도권 지역에서 페이스북, 트위터, 대형 커뮤니티 등의 SNS를 통해 급속한 속도로 여론이 형성되는 모습이 목격되고 있다. 이 두 가지 경향을 성격상 동일한 것으로 보아야 하는지, 질적으로 차이가 있는 것으로 보아야 하는지 앞으로의 연구 과제다.

넷째는 시민대집회에 참여하는 밀레니얼스가 2017년 시민적 공화주의를 어떻게 계승하고 진화시켜갈지 궁금하다. 주말마다 거의 100만 명의 인파가 모이는 시민대집회는 50대 이후의 기성세대도 있지만 대부분은 1980~2000년대에 출생한 밀레니얼스가 중요한 역할을 담당하고 있다. 이 세대는 세계적으로 일어나고 있는 반체제 정치의 핵심적인 세대로 이전 세대와는 다른 변모를 보이고 있다. 온라인과 인터넷 등 새로운 과학기술 문명에 익숙하고 그들 간의 글로벌 네트워크도 형성하고 있다. 이들이 자신과 같은 세대의 다른 나라 밀레니얼스와 어떤 연대와 협력을 하는지에 따라 시민적 공화주의는 한국을 넘어 전 지구적인 정치 변화를 불러올 수도 있다. 이들이 세계민주주의의 새로운 역사를 만들 수도 있다.

2장

공화주의적 인식과 역사•

1. 시민혁명기의 고민

우리만의 문제일까? 다른 나라에서는 시민혁명기의 고민을 어떻게 해결했을까? 역사로 눈길을 돌리면 이것은 우리만의 특수한 경험이 아니라 17~18세기 시민혁명기에 많은 개혁사상가들이 가졌던 일반적인 고민이라는 것을 알 수 있다. 루이 16세를 단두대로 보냈던 프랑스 혁명가들의 고민은 무엇인가? 국왕을 처형하고 집권한 올리버 크롬웰(Oliver Cromwell)의 국정 운영술에 대한 무엇인가? 이 국가들은 그 전에는 한 번도 경험해보지 못했던 초유의 정치적 상황에 봉착했다. 절대군주와 봉건적 신권이 만들어놓은 질서를 시민혁

• 임채원, 『공화주의적 국정운영』(파주: 한울엠플러스, 2008), 39~68쪽의 내용을 수정·보완했다.

명으로 해체하고 난 뒤 국정 운영에 새로운 틀이 필요하게 되었다. 구질서를 해체한 뒤 새로운 정치적 건설과 안정을 위해서는 새로운 상상과 창조력이 필요하게 되었다.

시민혁명가들은 새로운 것을 창안하기 전에 과거의 역사와 주변국에 눈을 돌려 그들 사회에 적합하게 변용하려고 했다. 이들의 눈에 확연히 들어온 것은 두 개의 공화국이었다. 우선 그들에게 베네치아 1000년 공화국은 하나의 경이로 다가왔다. 첫 번째 경이로움은 세월의 무게였다. 비슷하게 출발한 다른 도시국가들이 왕정으로 회귀하거나 주변 강대국의 속국으로 전락하는 동안 1000년간 공화정체를 유지한 비결이 무엇일까 하는 지적 호기심이 발동했다. 두 번째 경이로움은 정치적 안정성이었다. 1000년 동안 공화제라는 특정 개인이 아닌 다수의 합의에 따른 정치를 해오면서도 이례적으로 반란이 거의 없었다는 안정성이다. 베네치아는 절대군주를 몰아내고 공화정체를 만들려고 하던 유럽의 시민혁명가들에게 하나의 교과서가 되었다. 그런 관계로 베네치아 정치의 모델이 되었고 유럽인들에게 영원한 마음의 고향인 로마가 당연하게도 주목받게 된다. 중세를 뛰어넘어 로마 정체를 연구해 로마의 영광을 자신들의 공화국에서 재현해보고자 하는 욕구를 품게 된다.

2. 고전적 마키아벨리적 계기

이런 시민혁명기에 로마와 베네치아에 주목한 가장 선구적인 연구자가 영국의 제임스 해링턴(James Harrington)이었다. 절대군주제에 대한 공화주의적 대안을 제시한 해링턴의 저작들은 다음 세기인 18세기 내내 영국 저항정신의 중심인 지방파(Country)의 지적 스승이 되었다. 이러한 공화주의적 흐름은 대서양을 건너가 미국 건국의 아버지들의 지적 뿌리가 되었고 미국 연방헌법의 정신적 근간이 되었다. 18세기 미국 지성사에서 가장 쉽게 발견할 수 있는 공공선(public good)은 로마의 '공적인 것'의 다른 표현이었다.

현대 공화주의 연구의 주요 학자인 존 포콕은 새로운 질서가 필요하고 국정 운영의 안정성(stability)이 요구되는 시점에서 공화주의적 대안이 모색되는 역사적 순간들을 가리켜 마키아벨리적 계기라 칭했다. 우리는 역사적인 순간에 나타났던 공화주의적 모색에 관심을 맞출 것이다. 공화주의에 관한 역사적 경험이 한국의 민주화 이후 국정 운영에 많은 정치적·정책적 함의를 가져다줄 것이기 때문이다.

마키아벨리적 계기는 해링턴 이전과 이후로 나누어볼 수 있다. 해링턴 이전의 고전적 공화주의는 그리스와 로마에서 나타났던 공화주의와 니콜로 마키아벨리(Niccoló Machiavelli)가 활동하고 베네치아가 건재했던 16세기 이탈리아가 대표적인 사례다. 로마에서는 카이사르(Caesar)가 1인 지배를 시작하기 전으로, 공화주의자들에게 영원한 이상이 되어버린 공화정으로 폴리비오스(Polybios)가 혼합 정체(mikte)의 원형으로 본 시기가 전형적인 마키아벨리적 계기다.

우리가 가장 주목해야 할 고전적 공화주의의 전형은 베네치아공화국이다. 베네치아는 로마와 달리 '노예 없는 공화국'이 어떻게 가능한지 가장 잘 보여주고 있다. 그리고 평민들이 독립된 개인으로 살 수 있도록 국가정책이 어떻게 뒷받침되어야 하는지를 보여주고 있다. 마키아벨리의 『군주론(Il Principe)』의 무대와 찬란한 르네상스의 꽃인 피렌체보다 베네치아가 더 강조되는 이유는 시오노 나나미(鹽野七生)가 평가했듯 르네상스의 정수가 베네치아이기 때문이다.

17~18세기에 고전적인 이탈리아 공화주의는 영국과 미국의 대서양 공화주의로 진화하게 된다. 시민혁명기에 공화주의적 사상이 영국과 미국의 저항정신으로 피어났다. 그리고 미국 연방헌법에서 공화주의가 만개한 것은 공화주의가 어느 특정 사회에 고유한 것이 아니라 민주화 이후 국정 운영에 대해 고민하는 다른 사회에도 적용될 수 있음을 보여주는 모범 사례다.

현대 공화주의는 산업화 이후 자유주의에 그 자리를 내어준 공화주의를 복원하며 다시 한번 주목받게 되었다. 자유주의에 대한 대항담론으로서 1960년대 이후 미국에서 공화주의 사상이 부활했다.

마키아벨리적 계기는 어느 특정 시기, 어느 특정 지역에서만 일어나는 구체성의 문제만은 아니다. 민주화 이후 국정 운영의 방법에 관한 보편적인 인식을 바탕에 깔고 있다. 기원전 3세기의 로마에서, 중세 1000년간 지속된 베네치아에서, 17~18세기 대서양 양안에서, 그리고 현대 미국에서 민주적 국정 운영으로서 공화주의가 가능하다면 민주화 이후 한국의 국정 운영 방법으로서도 역시 가능할 것이다. 로마의 폴리비오스에게, 16세기 피렌체의 마키아벨리에게, 17세기 영국의 해링턴에게, 18세기 영국의 신해링턴주의자들과 미국의 건국 아버지들이 보여준 정치적 상상과 창조는 1987년 이후 새로운 상상과 창조가 필요한 한국의 공화주의자들에게 역시 공공선에 대한 철학과 정책적 함의를 던져줄 것이다.

3. 오시아나 공화국

만약 시민혁명이 없었더라면 공화주의는 정치사상으로 살아남았을까? 역사적 가정은 우문이라지만 정치사상에 관해 공화주의처럼 이런 어리석은 질문을 던져보고 싶은 것도 없다. 다른 어떤 정치사상보다도 공화주의의 정치사상은 역사가 오래되었다. 중등교육 사회 교과서는 서두를 아리스토텔레스라는 이름과 "인간은 사회적 동물"이라는 명제로 시작하는 것이 상례다. 그만큼 공화의 기원과 뿌리는 공고하다. 서양 고전의 처음을 장식하는 것 역시 성경 다음으로는 플라톤과 아리스토텔레스다. 서양 역사에서 등장하는 폴리비오스, 리비우스, 키케로에 이어 근대 정치학의 아버지라는 마키아벨리에 이르기까지 서구 지성사는 고전적 공화주의자들의 징검다리처럼 보인다.

그러나 시민혁명가들의 고뇌와 탐색이 없었다면 이런 서양 고전들은 지성사에서 현재의 위치에서 밀려나 주변부 저작으로 기억되거나 영원히 잊힌 존재가 되었을 수도 있다. 그만큼 시민혁명가들이 탐색한 공화주의는 서구 근대 역사에서 첫 번째 비중을 차지하는 중요한 위치에 있는 것이다.

이 고전적 공화주의를 복원한 선구적 인물이 제임스 해링턴이다. 해링턴의 활동은 영국의 청교도혁명과 흐름을 같이한다. 시민혁명이 없었다면 공화주의의 부활도 없었을지 모른다는 추정만큼이나 청교도혁명이 없었다면 해링턴의 지적 탐구도 없었을 것이다. 해링턴은 17세기 영국에서 청교도혁명으로 공화정이 수립되었다가 다시 왕정으로 복귀하는 등 정치적 격변기에 살았던 인물이다. 이 역사적 과정 속에서 그는 영국이 공화국이 되기를 희망했고 그의 공화주의 사상을 담은 『오시아나 공화국(The commonwealth of Oceana)』을 집필했다.

청교도혁명은 영국 역사에서 아주 이례적인 사건이었다. 왕이 반역죄로 재판에 회부되었던 것이다. 군주정의 전통을 이어오던 영국에서 의회는 현직 국왕인 찰스 1세(Charles I)를 심리하기 위한 특별법정을 설치했다. 원래 군주정에서 반역죄는 오직 국왕만이 심리할 수 있는 것이었는데, 거꾸로 왕이 반역죄로 재판에 회부되었다. 이듬해 1649년 1월 30일 찰스는 '이 나라의 선량한 백성에 대한 압제자요, 배반자요, 살인자이자 공적'이라는 유죄 판결을 받고 그의 궁정 화이트홀(Whitehall) 앞에서 군중의 무거운 신음 속에서 단두대의 이슬로 사라졌다. 국왕 처형의 주도자들은 이제 돌아오지 못할 다리를 건넜다. 찰스를 처형한 잔여의회(Rump Parliament)는 아예 군주정을 폐지하고 공화정을 수립했으며, 귀족원과 국교회도 마저 폐지했다. 그러고는 국정을 이끌 기구로 약 40명으로 구성된 국무회의(Council of State)를 설치했다. 이 공화국(Commonwealth)은 형식상으로는 의회가 최고 권력기관이었지만 실권은 의회도 국무회의도 아닌 군대에, 그것도 사실상 올리버 크롬웰의 수중에 있었다.

영국의 정세 변화를 지켜보았던 해링턴은 새로운 국정 운영의 철학과 방법으로 공화주의를 탐색하게 된다. 해링턴의 문세의식은 군사적 의무를 지닌 종속적인 봉건적 토지 보유자들이 역사의 무대에서 사라진 뒤 어떻게 안정성을 지닌 정치 체제가 가능한가 하는 것이었다. 17세기까지 영국은 왕, 귀족, 상원으로 유지되는 일종의 혼합군주제였는데, 장미전쟁 이후 헨리 7세가 제후들을 제압하고 왕권을 강화하면서 귀족 계급의 세력이 약화되었고 헨리 8세가 수도원을 해체하면서 성직 귀족마저 약화되었다. 전 토지의 90퍼센트 정도가 대체로 인민의 손에 있었고 그 결과 왕, 귀족, 평민이 힘의 균형을 유지했다. 경제적으로 성장한 시민들은 무력을 지닐 수 있게 되었다. 왕과 귀족, 상원 체제로 구성된 힘의 균형에서 이제 평민층이 성장하며 계층 간 힘의 변화가 생겨났다. 이러한 힘의 변화에 따라 구체제는 붕괴 시기를 맞는다.

시대의 변화를 읽으며 새로운 체제에 적응하려는 방법으로 해링턴은 과거의 역사에서 치유책을 찾는다. 물론 그 역사는 전제 왕국의 역사가 아니라 과거의 번영을 상징하는 로마와 현존하는 1000년 공화국 베네치아의 역사가 모델이었다. 그렇게 1642년 찰스 1세 이래 내려온 세습 절대군주정이 아니라 왕, 귀족, 평민이 공존할 수 있는 정치 체제를 모색하게 된다. 이는 아리스토텔레스와 폴리비오스 이래 혼합정체론을 원용하는 배경이 된다. 다시 말해 1인(one), 소수(few), 다수(many)에 권력이 귀속되고 군주정, 귀족정, 민주정이 통합된 혼합 정체를 영국의 새로운 국정 운영 모델로 삼게 되었다.

해링턴은 영국의 정치가 안정적이고 지속가능성을 갖기 위해서는 군주의 1인 지배, 귀족의 소수 지배, 평민들에 의한 중우정치 중 어느 것이어도 안 된다고 생각했다. 해링턴은 영국이 청교도혁명과 같은 정치적 혼란을 겪게 된 이유를 고민하고 인간의 탐욕과 부패에도 흔들리지 않는 안정적 공화국을 꿈꾸었다. 혼합 정체는 군주정,

귀족정, 민주정의 세 가지 정부 요소가 혼합해 이루어진 정체로 세 요소가 서로 견제와 균형을 이루는 체제다. 해링턴은 귀족정 성격을 가진 상원이 법안을 제안하고 토론하며, 민주적 성격의 하원이 상원이 제안한 법률을 결정하고, 군주정 성격의 행정부가 법률을 집행하는 견제와 균형의 원리를 강조한다. 이에 덧붙여 상원은 고위 공직자를 선출할 권한을 갖고 하원은 하위 공직자 선출, 과세 및 선전포고에 대한 동의권과 재판권을 보유하며 행정부는 행정, 전쟁, 종교, 무역 등에 관한 권한이 있다. 이러면 세 기관 중에 어느 한 요소가 부패하더라도 다른 두 요소를 통해 견제할 수 있다는 것이 해링턴의 생각이었다.

해링턴이 영국의 새로운 모델로 이상향으로 삼았던 '오시아나 공화국'은 그의 사상을 집약한 것이다. 오시아나 공화국은 영국 문학에서 토머스 모어(Thomas More)의 『유토피아(Utopia)』와 프랜시스 베이컨(Francis Bacon)의 『새로운 아틀란티스(The New Atlantis)』와 함께 이상향에 관한 3부작으로 꼽힌다. 그러나 다른 두 저작에서 작가의 의도가 현실에서 가능하지 않은 상상의 세계를 그린다는 것에서 출발했다면, 해링턴은 영국의 국정을 변화시킬 만한 실질적 모델로 제시했던 것이다. 그의 영향은 17세기 내내 영국 저항정신의 근간이 되었다.

반면 그의 국정 운영의 모델을 이해하기 위해서는 로마와 베네치아 공화정으로 거슬러 올라가야 한다.

4. 폴리비오스의 혼합정체론

일반적으로 정치사상에서는 이상향으로 명시적이든 암묵적이든 영광의 시대를 가정하는 경우가 흔하다. 유교사상이 요순(堯舜) 시대를 이상으로 삼듯이 민주주의는 그리스의 페리클레스(Pericles) 시대를 그 원형으로 보려는 경향이 있다. 반면 공화주의의 전형은 폴리비오스의 공화정에서 찾으며 그가 공화정의 절정기로 보았던 시기는 과두정이 끝나는 기원전 449년에서 시작해 기원전 3세기 말 로마가 한니발(Hannibal)과 싸우는 시기까지로 보았다. 후세 사가들은 이 시기를 더 확대해서 삼두정치를 시작해 제정으로 넘어가기 전까지로 간주한다. 공화주의자들은 아리스토텔레스의 『정치학(Politika)』에 혼합정체론이 나타나기는 하지만 이론적 논의를 넘어 현실적인 영광의 시기를 이때로 보고 있다.

폴리비오스는 기원전 151년에 출간한 『역사(Historiae)』 제6권에서 로마의 정치 현실 속에서 공화정의 실체를 예리한 통찰력으로 분석했다. 폴리비오스는 제3차 마케도니아 전쟁이 끝난 뒤 볼모로 잡혀온 노예였지만 그리스 명문가 출신으로 학자이자 역사가였다. 로마 시대의 노예는 직책에 따라 상당한 지식인 역할을 했다. 그는 스키피오 장군 집에 머물면서 가정교사 일을 했다. 스토아학파 철학자 모임과 그리스 문화 애호가 모임에서 활동했다. 이 모임들의 주요 주제 중 하나는 키케로가 지적한 대로 '공화국'이었다. 폴리비오스의 혼합정체론은 이러한 토론과 숙고의 산물이었다. 그의 관심은 로마가 어떻게 최단시간 안에 세계를 정복하고 로마의 단일지배 체제로 만들었느냐 하는 것이었다. 그는 로마가 부국강병을 이루면서 지중해를 제패할 수 있었던 것은 바로 로마가 취한 정체 덕분이라고 보았다.

로마가 선택한 정체는 무엇인가? 그의 명쾌한 해답은 '혼합 정체'였다. 아리스토텔레스의 『정치학』에 나오는 정치철학의 체제로 로마의 국가 형태를 분석한 결과, 아리스토텔레스가 단순 정체로서 가장 이상적이라고 한 왕정, 귀족정, 민주정의 세 정부 형태가 혼합되어 있는 것이 로마공화국이었다. 콘술(consul)에 의한 군주정의 요소와 원로원에 의한 귀족정의 요소와 민회에 의한 민주정의 요소가 어떻게 균형을 이루고 있는지를 그의 저작에서 설명하고 있다. 콘술은 어떻게 원로원과 민회에 협력하며 제동을 거는지, 원로원은 콘술과 민회에 대해, 민회는 콘술과 원로원에 대해 어떻게 도움을 주고 저지하는지 말하고 있다. 로마공화정이 최상의 정부 형태로 부국강병의 원천이 되었고 혼합 정체로서 상호 견제가 정치적 안정을 가져왔다는 것이다.

물론 이런 혼합 정체의 근간에는 스토아철학의 영향으로 로마 시민이 체득하고 있었던 시민윤리와 덕성이 깔려 있음은 두말할 필요가 없다.

5. 노예 없는 공화국, 베네치아

영국의 선구적 공화주의자 제임스 해링턴은 르네상스의 꽃이라는 피렌체보다 베네치아의 공화주의에 더 주목한다. 단테, 다빈치, 미켈란젤로, 라파엘로를 낳은 르네상스 문명의 꽃은 피렌체다. 르네상스 문명의 후견인 역시 피렌체에 근거지를 둔 메디치 가문이었다. 그리고 근대적 공화주의의 대표적인 이론가인 마키아벨리와 프란체스코 귀치아르디니(Francesco Guicciardini)도 피렌체 출신이었다.

그럼에도 많은 사가들은 적어도 정치제도와 국정 운영술에서 르네상스 정치의 정수는 베네치아로 본다. 천혜의 자원이라고는 아무것도 없었던 나라가 공화적 정체를 한 번도 바꾼 일 없이 1000년 동안 버틴 경우는 지구상에 따로 없다. 시민혁명을 전후하면서 베네치아는 영국과 대륙국가의 신흥 엘리트 세력을 위한 지적 상상력과 교훈의 원천이 되었다. 사실 해양형 도시국가 베네치아의 정치와 경제는 근대 유럽 문명의 '원형'이었다.

자원이 없는 손바닥만 한 도시국가 베네치아가 바다에서 활로를 찾아 무역입국으로 지중해의 대국으로 성장해 열강과의 갈등 속에서도 번영을 누리며 수백 년을 버틴 것은 당시 유럽인들에게 하나의 경이였다. 18세기 말에서 19세기 초 무렵의 베네치아는 유럽의 문호와 예술가들이 모인 문화의 중심지였다. 셰익스피어나 괴테, 바이런, 스탕달 등은 작품과 기행문을 통해 이 도시국가를 예찬했다. 런던의 국립미술관에서 영국의 근대 미술을 장식하고 있는 것도 역시 1700년대의 베네치아 화가들이 도시 그 자체를 그린 그림들이다. 카날레토, 롱기, 과르디의 세 화가가 그림의 주제로 삼았던 것은 베네치아 도시 자체였고 이는 영국인들에게 있었던 베네치아에 대한 경이와 예찬의 징표였다.

베네치아공화국은 정쟁이 끊이지 않았던 피렌체나 제노바 두 공화국과는 달리 정치적 안정을 유지하고 평온을 누렸다. 1000년의 생존기간 동안 이 공화국에는 반정부 음모가 단 두 차례 있었을 뿐이다. 공화정체의 가장 큰 두 가지 위협은 외적으로는 침략이고, 내적으로는 독재자의 출현이다. 이 두 번의 음모 역시 일반적으로 공화국에게 위협이라고 할 수 있는 귀족의 정치적 야심에서 비롯되었다. 이 두 음모는 모두 14세기 전반에 집중된 것이며, 그 후 500년간 베네치아는 주변국의 정쟁이나 분열에 아랑곳하지 않고 정치적 평화를 구가했다. 내부 안정은 베네치아가 통상을 비롯한 대외활동에 집중할 수 있는 기반이 되었음은 두말할 필요도 없다.

베네치아가 1000년 동안 공화제의 정체를 유지할 수 있었던 비결은 폴리비오스 이래의 혼합 정체를 어느 국가보다도 잘 운영했기 때문이다. 10인 위원회를 비롯해 감시의 눈이 엄했던 것도 있지만 베네치아의 정체 자체가 한 개인이나 유력한 한 가족에게 권력이 집중되는 것을 극도로 막도록 되어 있었을 뿐 아니라 한 기관만이 강대한 권력을 휘두르는 일이 없도록 배려되어 있었기 때문이다. 베네치아의 혼합 정체도 1인, 소수, 다수라는 세 가지 세력의 견제와 균형이라는 큰 틀에서 벗어나지 않는다. 베네치아 국정 운영의 기본 틀은 종신직인 한 명의 원수(Doge), 소수의 국회(Consiglio dei Pregadi), 민회의 기능을 하는 다수의 시민대집회(Consiglio Grande), 그리고 이러한 정치적 기구들을 뒷받침하는 직업관료로 구성된 행정관료제(Collegio)로 구성되었다. 이 중 원수는 종신직이었고 국회의원은 귀족정 형태를 보이는 세습직이었다. 일반적인 공화정의 특성은 특정 개인이나 가문 또는 집단에게 권력이 집중되지 않도록 임기를 단기간으로 운영했고, 보직관리는 순환적으로 하는 경향이 있다. 그런데도 베네치아에서 원수는 종신직이었다. 이는 주변 군주국의 위협이나 위기관리에 대응하는 일관성과 전문적인 통찰이 필요했기 때문이다. 공화국의 전통과 현실적 필요성이 절충한 결과가 원수의 종신직이었다. 시민대집회는 원수의 선출과 중요한 법률을 결정하는 최고 의사결정기구였다. 베네치아는 10만~20만 명 정도의 인구를 유지하는 도시국가였고, 중요한 결정은 성 마르코 성당의 광장에서 개최되는 시민대집회에서 결정되었다.

어느 한 세력의 전횡을 막고 세력 간 균형과 조화를 강조하는 공화주의적 전통에 충실하고자 했지만 베네치아 공화정은 14세기를 전후해 귀족적 공화주의로 진화해갔다. 이는 국가의 중요한 의사결정과 인사가 귀족들이 중심이 된 국회에서 이루어졌음을 의미한다. 원래 아리스토텔레스 이후 그리스와 로마의 전통에서는 오늘날 우리가 생각하는 것과 달리 민주정을 그다지 바람직한 정치 체제로 보고 있지는 않았다. 민주정은 즉흥적이고 가변적으로 중우정치로 변하거나 또는 군중심리에 쉽게 휩싸여 이성적인 판단을 그르치는 일이 자주 일어난다고 보았다. 그렇기 때문에 민주정은 언제나 위험을 내포하고 있는 것으로 보았다.

이보다 더 현실적인 이유는 민주정의 형태가 사실은 민주적으로 작동하지 않을 가능성이 더 많았기 때문이다. 탁월한 개인이나 유력한 몇몇 가문이 연합해 미리 특정한 계획이나 의도를 갖고 여론몰이하거나 선동할 경우 민주적으로 의사가 결정되기보다는 이 특정 세력들을 위해 의사 결정이 이루어지기 쉽다는 것이다. 시민집회에 의한 민주정이 일회적인 무정형의 형태이기 때문에 제도화되지 않은 권력은 민주적이기보다는 오히려 반이성적인 대중심리에 따라 비합리적으로 국가정책이 결정될 수 있다는 것이다.

1300~1400년대 이탈리아에는 중부와 북부에 작은 공화적인 공동체와 참주정 형태의 소국들이 아직 많이 존재했다. 그러나 1400년대가 되면 모두 사라지고 불과 100년 사이에 군주국이나 공화국으로 통합되어간다. 이는 이탈리아 주변에서 군주국이 발달하는 것에 영향을 받았기 때문이기도 했다. 그러나 내부적으로는 공화정을 지속 가능하게 하는 정치 체제로 더는 진화하지 못했기 때문이다.

베네치아는 14세기에 민주정의 이러한 취약성을 인정하고 보다 안정적이고 전문적인 정치 집단을 만들어 예측 가능하고 지속 가능한 정치를 구현하고자 했다. 피에트로 그라데니고(Pietro Gradenigo)는 1297년 공화국 국회 개혁안을 제출했다. 당시 국회의원 경험이 있던 사람들을 중심으로 종신 임기의 의원제도를 도입했다. 그 뒤에도 한두 차례 비슷한 입법으로 종신직 의원 숫자를 확대했다. 이는 세습제로 이어져 귀족 자제는 적자라면 25세를 맞은 해에 형사 문제를 일으키지 않는 한 공화국의 국회의원으로 등록되게 되었다. 이 제도가 정착하면서 의원 수는 성년 남자 총수의 약 3퍼센트를 차지했다. 1311년에는 1071명, 1510년에는 1671명 정도의 규모였다.

이를 두고 후세의 정치가들과 사가들은 '국회의 폐쇄'라고 비난하기도 한다. 특히 프랑스 혁명기의 민주파들은 선출직이 아닌 세습제에 의한 운영을 역사의 후퇴로 보고 비판했다. 그러나 베네치아 공화정을 다른 국가의 군주정이나 귀족정과 구별해 긍정적인 평가를 하는 반론도 있다. 우선 베네치아 귀족은 귀족적인 특권을 향수하지 않았다. 마키아벨리도 말했듯이 베네치아의 귀족이 가졌던 특권은 오직 한 가지, 국정에 참가할 수 있다는 것뿐이었다.

> 특권계급이 존재하는 사회에선 공화국이 성립되지 않는다고 지금까지 말해온 나의 지론에 비춰 베네치아는 예외일 수도 있다. 왜냐하면 베네치아공화국의 귀족이라고 불리는 계급은 그것이 갖고 있는 특권이 이름뿐인 것이었기 때문이다. 그들은 부동산 수입에 의존하고 있지 않다. 그들의 막대한 자산은 통상으로 벌어들인 것이다. 또한 그들 중 어느 누구도 성곽을 마련하고 거기서 거주하지 않으며 다른 사람에게 재판권을 행사할 수도 없었다. 베네치아 귀족은 다른 나라 귀족이 누리는 특권을 조금도 누리지 않는 귀족이었다.

이러한 마키아벨리의 옹호 외에 현대적인 변명은 정치 집단의 충원과 관련된 것이다. 당시 정치제도에서 전문적인 정치인을 양성할 대학이나 정치적 아카데미를 따로 마련되어 있지 않았다. 또한 민주적 정부를 운영할 또 다른 충원 구조를 갖추고 있지도 않았다. 이런 상황에서 정치도 가족 안에서의 경험과 교육을 통해 이루어질 수밖에 없었고 세습제 운영은 불가피한 상황이었다는 것이다.

그러나 여전히 선출직인 정치 집단은 지속적이지 않기 때문에 전문성에는 한계가 있을 수밖에 없었다. 이것을 뒷받침하는 제도로 베네치아는 행정관료제가 어느 나라보다 발달해 있었다. '장관'이나

'대신'은 1년이나 6개월마다 바뀌었다. 그리고 1년이나 6개월의 휴직기간을 끝내지 않으면 같은 직책으로 돌아갈 수 없었다. 더구나 같은 직책만 맡지 않고 여러 직책을 순환하는 것을 공화적 이상으로 삼았기 때문에 행정 업무가 연속성을 유지할 수 있었을지 의문이 든다. 이러한 우려와 약점을 보완하기 위해 도입한 제도가 행정관료제였다. 내각에서 장관이나 대신이 자주 바뀌더라도 행정차관 이하의 관료가 이를 잘 뒷받침하면 행정에는 큰 지장이 없다는 것이 베네치아 정치의 기본적인 설계였다.

베네치아인들은 정치인은 전문화되어서는 안 된다는 생각을 갖고 있었다. 여기서 베네치아의 관료 계급이 다른 나라에서는 볼 수 없을 정도로 완성된 이유를 발견할 수 있다. 베네치아의 정체를 밑에서 떠받치고 그 정체를 유지함으로써 생기는 실제적 폐해를 되도록 줄이고 능률적으로 운영하기 위해 필수적인 요소인 관료 계급의 완성이 이루어졌던 것이다. 이는 중세의 다른 나라에서 그 예를 찾을 수 없는 독특한 점이었다.

6. 정치적 이상으로서의 공공선

그럼 이즈음에서 자문해보아야 한다. 공화주의는 정치적 계급 간의 제도적 견제와 균형을 의미하는 것인가? 공화주의가 가지는 정치사적 의미의 첫째는 아리스토텔레스 이래 혼합 정체의 실현에 있는가? 이들에게는 제도적인 수준 이상으로 실현하려고 했던 정치적 이상은 없었는가?

물론 아니다. 공화주의자들이 추구했던 정치적 이상은 공공선의 실현이었다. 로마와 베네치아가 이상으로 삼았던 정치제도로서 혼합 정체가 가장 선호되었던 이유는 이 정체가 신분사회에서 공공선이라는 정치적 이상에 가장 적합했기 때문이다. 어느 한 개인이나 가문, 귀족이라는 신분 또는 다수의 대중이 아니라 이 모두가 공유할 수 있는 사회적 공공선을 실현하는 정치 체제로서 혼합 정체를 주장했던 것이다.

그것은 국왕이나 원수 1인이 아닌, 귀족 같은 소수도 아닌, 평민 다수도 아닌, 이들 모두의 개별적 이해관계를 뛰어넘는 공공선이었다. 각각의 개인과 신분, 계급 이익을 고려하면서도 공동체 전체의 이익으로서 공공선을 실현하고자 했다.

공공선은 로마 이래로 공적인 것에서 유래하고 있다. 이는 사적인 것과 별개의 추상적이고 사회적인 개념이다. 동양과 서양의 정치사상이 보이는 가장 결정적인 차이가 바로 공공선에 관한 관념에서 출발한다. 개별적 이익을 넘어서 공동체 전체의 이익을 공동체의 사회적 합의를 통해 도출해낸다는 것이 오늘날 서양 민주정치의 모태가 되었다. 특히 권력자의 사유물로 전락할 수 있는 국가나 공동체 전체의 이익을 공공선이라는 좀 더 높은 차원의 개념으로 견제하려고 했다. 이를 실현하기 위한 정치적 행위들이 '자의적 권력의 간섭으로부터 배제'라는 고전적 의미의 '자유'다. 그래서 '자유는 간섭의 배제'라는 공화주의적 자유관이 등장하게 된다.

관념이 현실에서 쉽게 이해되고 대중적으로 힘을 발휘하기 위해서는 구체적 현실로 물화(物化)되어야 한다. 가장 쉽게 이해될 수 있는 것은 고대 로마의 공공건물들과 동양의 중세 도시의 구조 차이다. 로마에서는 공공(public)을 위한 다양한 건축이 생겨났다. 공중목욕탕, 공중화장실, 도로, 개선문, 광장, 경기장 등 공화국의 재산으로 간주되는 공공시설이 나타났다. 서구 최초의 건축양식인 바실리카 양식은 원래 공중목욕탕에서 출발한 것이라고 한다. 그 사회를 대표하는 건축양식이 국왕이나 통령, 귀족의 사유물이나 궁궐이 아닌 대중이 이용하는 건축물에서 나왔다는 것에서도 공공에 대한 서구인들의 신념의 일면을 엿볼 수 있다. 이에 비해 동양에서 공공건물을 목격하기는 쉽지 않다. 왕궁과 이를 둘러싼 외성이 있고 그 가운데 왕궁에서 외성의 남문까지 이어지는 주작대로가 있는 것이 계획도시 장안을 비롯한 동양 도시들의 일반적인 형태였다. 이 도시들에는 왕궁과 왕립 부속 건물들은 있어도 공공시설이라고 할 수 있는 것은 극히 예외적이었다. 이를 달리 표현하면 동양에는 공적인 것 또는 공공선이라는 관념이 존재하지 않았기 때문에 이에 따른 건축물이나 공공시설도 나타나지 않았던 것이다.

공공선이나 공공시설은 공화주의적인 정체를 가정할 때만 나타날 수 있다. 그리스의 펠로폰네소스 반도에서 동서양이 최초로 충돌한 이후 동서양의 정치사를 가르는 가장 근본적인 차이는 공공선을 인정하는지 여부였다. 공공선의 관념을 실천하는 제도적 장치로서 혼합 정체(mixed constitution)라는 공화주의적인 정책 아이디어와 제도가 서양에서 기원했다면, 동아시아적 헌정에서는 천심과 민심을 아울러 공적 가치를 실현하는 제도가 생성되었다. 공적 가치를 대리하는 제왕과 관료제의 정점에 있는 재상인 총재(冢宰)가 혼합 정체를 구성하는 방식으로 동아시아의 정체는 진화해왔다. 서양과 동아시아는 정체(polity)에 관해 다른 길을 걸어왔다고 할 수 있다.

그리고 이러한 공공선과 개인의 자유의 통일이라는 것이 그리스 이래 공화주의의 가장 핵심적인 철학 논쟁으로 자리 잡는다. 공화주의의 전통, 달리 표현한다면 공화주의의 면면들은 서구사에서 때로는 강력하게 때로는 간헐적으로 이어져 오늘날의 민주공화사회로 전 세계로 확산되었다. 로마에서 피렌체와 베네치아의 이탈리아 도시국가들로, 다시 프랑스 공화파들에게, 그리고 17~18세기 영국과 미국의 대서양 양안까지 공화주의는 점점이 이어지고 있다. 걸출한 인물들이 공화주의 사상을 그들 사회의 문제를 해결하기 위해 해석하고 변용했다. 플라톤과 아리스토텔레스, 로마의 키케로, 폴리비오스, 리비우스, 피렌체의 마키아벨리, 귀치아르디니, 베네치아의 지아노티와 콘타리니로 이어진다.

공화주의가 근대 시민혁명의 근간으로 되살아나면서 다시 한번 역사의 전면에 등장한다. 프랑스의 장 루소(Jean Rousseau)와 몽테스키외(Montesquieu), 영국의 해링턴과 「카토의 편지(Cato's letters)」 저자들, 미국 건국 아버지들의 논쟁에서 중세를 건너뛰어 근대의 영혼으로 부활한다.

7. 공화주의의 정치적 안정성

민주화 이후의 안정적인 국정 운영에 관해 관심이 증가하고 있는 한국 상황을 고려할 때 공화주의 역사에서 어떤 인물이 가장 주목을

끄는가? 아마도 고전적 공화주의와 근대적 공화주의의 가교 역할을 한 영국의 제임스 해링턴일 것이다. 그의 문제의식은 오늘날 한국의 정치적 문제와 맥을 같이하고 있다. 한국의 가장 중요한 정치적 쟁점이 민주화 이후 권위주의 방식이 아닌 안정적인 국정 운영의 방법에 관한 것이다. 5년 단임제 정부들이 과반수 이하 유권자의 지지로 당선되어 국민 통합을 이루면서 계층 간 이해갈등을 조정하고 이를 바탕으로 세계 시장의 경쟁에서 우위를 누릴 수 있는 방법을 찾는 고민을 하고 있다. 그 방법은 민주화 이전의 중상주의적인 방식과는 달라야 한다. 중상주의는 1인 지배 또는 소수 과두제의 지배로 국정을 운영하는 방식이다. 이는 다수의 시민들이 국정에서 배제되어 있음을 의미한다. 민주화 이후에는 시민들 역시 정치적 참여의 공간이 확대되고 이들을 배제한 특정 집단이나 세력만으로 국정을 운영할 경우 정치적 저항에 직면한다. 1987년 민주화 이후 20년 동안 한국의 국정 운영은 전 국민적인 지지를 바탕으로 하기보다는 세칭 '코드정치'로 대변되는 특정 세력을 우선으로 하는 정치적 관행이 누적되어왔다. 이런 특정 세력을 중심으로 하는 정치는 다른 세력의 저항을 불러 정치적 불안정이 가중되었다. 그동안 단임제 정부들은 정치적 불안의 하중을 견디지 못하고 정권 말기에 대통령 지지율이 급락하면서 마감하는 일이 반복되었다. 우리의 경우 민주화 이후 성공적이고 안정적인 국정 운영 방법이 모색되고 있다.

이러한 우리의 상황에서 가장 주목할 만한 공화주의 역시 구질서 붕괴 이후 새롭게 안정적인 국정 운영 방법을 모색한 선례일 것이다. 이러한 문제의식에 가장 맞닿아 있는 이론가가 바로 해링턴이었다. 해링턴의 주 관심사는 봉건적 토지 소유자들이 역사의 무대에서 사라진 뒤 어떻게 안정된 정치 체제가 가능한가 하는 문제였다. 해링턴이 쓴 『오시아나 공화국』은 이러한 문제에 대한 해답으로 "봉건주의에 대한 마키아벨리적 고찰"이었다. 1649년 청교도혁명의 와중에 국왕을 처형한 이후 영국은 명칭은 그렇지 않았지만 사실상 공화국이 되어 있었다. 당시 영국은 봉건적 질서를 와해시킨 뒤 나라를 이끌어갈 새롭고 안정적인 국정 운영의 방법을 모색할 수밖에 없는 상황에 당면해 있었다.

이를 달리 표현하면 왜 영국에서 더는 군주제가 가능하지 않게 되었는가 하는 문제였다. 해링턴은 정치적 문제를 법적으로 해석하는 영국의 '사법적 전통'에서 벗어나 공동체 참여를 통해 덕을 실현하느냐 아니냐에 관한 정치적 관점에서 출발하는 공화주의적이고 휴머니스트적인 방법을 추구했다. 해링턴은 고대 이스라엘공화국, 그리스의 도시국가와 로마공화국, 당시 현존하고 있었던 베네치아공화국의 흥망성쇠의 역사를 고찰한 후 이 국가들의 장점을 찾아내어 불멸의 공화국을 그려내게 된다. 그러나 1656년 영국의 현실은 해링턴에게 직설적으로 표현된 공화국을 허용하지 않았으므로 그는 가상의 공화국을 내세워 정치적 신념을 피력했다. 그것이 바로 '오시아나 공화국'이다.

정치적 안정을 이루는 불멸의 공화국의 첫째 조건은 평등한 국정 운영이다. 그것은 법 앞의 평등이다. 베네치아의 귀족적 공화정에서도 평등의 원칙은 지켜졌다. 귀족과 평민 간의 차이는 국정 운영에 참여하느냐의 정치적인 것 이상을 넘어서지 않았다. 신분의 차이가 특권의 차이를 의미하지 않았다. 귀족보다 더 부유한 상인들이 다수 존재했다. 해링턴의 공화주의는 좀 더 적극적 평등을 추구한다. 우선 법 앞의 평등이다. 평등은 공화국의 생명 자체의 생성기제이며 군주정 해체의 필수요소였다. 처음부터 균형의 원리에 입각한 평등한 공화국을 수립할 수 있는 완전한 제도를 갖춘다면 그 공화국은 일단 만들어진 뒤에는 영원하게 될 것이라고 해링턴은 생각했다. 그리고 그 완전한 제도란 공평한 토지분배에 입각한 균형의 달성과 공평한 관직 교체를 이룰 수 있는 제도를 의미한다.

오시아나 공화국은 연방정부와 지방정부, 상하원의 양원제로 이원체제를 추구했다. 상원은 제안하고 하원은 결의한다는 것이 해링턴식 권력분립의 핵심이다. 이를 설명하기 위해 그가 예시한 '두 소녀와 케이크 하나'는 권력분립의 유명한 설명이 되었다.

> 두 명의 소녀가 그들 사이에 아직 나눠지지 않은 케이크를 갖고 있다. 한 소녀가 다른 소녀에게 말한다. "네가 나누어라. 그러면 내가 선택하겠다. 아니면 내가 나누고 네가 선택하든지 ……." 공평하지 않게 나누는 경우 다른 사람이 더 큰 부담을 진다고 할 때 나누는 사람이 손해를 볼 것이기 때문이다. 그렇기 때문에 그 소녀는 똑같이 나눌 것이고 그럼으로써 둘 다 공평하게 될 것이다.

오시아나 공화국의 상원은 귀족정의 모습을, 하원은 민주정의 모습을, 정무관은 군주정의 모습을 하고 있다. 귀족과 시민 간의 이해관계를 어느 한 세력의 배제 없이 공동체 안에서 통합하려고 했다.

오시아나 공화국을 만드는 또 하나의 원리는 관직 교체다. 공화주의자들은 특정 계급이 관직을 독점하거나 특정인이 오랫동안 한 관직을 차지하게 되면 부패가 필연적으로 동반해 나타난다고 보았다. 그렇기 때문에 이를 경계하는 공화주의자들은 주기적인 관직 교체를 주장한다. 로마나 베네치아에서는 관직 선출에서 추첨과 투표가 교차해서 일어나고 이를 통해 선출직을 뽑는 것이 정치적 충원의 가장 중요한 수단이 되었다. 해링턴에게 커다란 영향을 미친 것은 베네치아의 관직 교체제도였다. 해링턴은 관직 교체의 필요성을 혈액순환의 원리로 설명했다. 심장에서 나온 새로운 피가 낡은 피를 걸러내고 인간의 신체에 활력을 주듯이 관직 교체 또한 사회의 부패를 방지할 수 있고 새로운 인력의 충원으로 보다 신선하고 새로운 정체의 운영이 가능하다는 것이다. 오시아나 공화국의 관직 교체는 선거인단의 교체와 선출직의 교체로 나눌 수 있다. 선거인단은 해마다 추첨에 의해 뽑혔는데 1년마다 교체되는 셈이었다. 선출직은 비밀선거로 교체했는데 상원의원의 임기는 3년이고 해마다 3분의 1씩 교체되었다. 상원이 선출하는 대고관(Prime Magnitude)들 중 행정수반과 대변인, 두 명의 감찰관의 임기는 1년이었다.

해링턴은 이러한 권력분립을 바탕으로 신이 인간본성 안에 심은 그 무엇에 의해, 즉 자치 능력의 적극적인 실천을 통해 실현될 수 있는 덕에 의해, 공동체로서 '공화국'이 나타난다고 보았다. 해링턴은 이런 새로운 질서를 추구하는 동시에 구질서로서 봉건제를 비판했다. 그는 봉건제의 본질을 부패라고 보았다. 봉토를 매개로 봉신들이 주군에게 종속하는 것은 바로 시민적 평등이 상실된 부패 자체라는 것이다.

해링턴은 구질서와 신질서의 대립을 봉건제와 공화정이라는 정치 제도의 대립으로 본 것처럼, 이를 이념적으로는 '덕과 부패'의 대립 구도로 파악했다. 이런 덕과 부패라는 대립 구도는 이후 18세기 내내 대서양 양안의 영국과 미국에서 정치 논쟁의 한가운데에 자리 잡게 된다. 근대적 공화주의는 정치 체제로서 혼합 정체만이 아니라 봉건적 부패와의 이념 전쟁이라는 또 다른 차원에서 진행되고 있었다. 이는 달리 표현하면 17~18세기에 영국 사회에서 집권 세력에 의한 부패가 만연해 있었고 이를 척결하는 것이 가장 중요한 정치적 과제였다는 것을 뒤집어 말하는 것이다. 정치적 안정 문제는 제도적인 차원과 함께 다른 차원에서 반부패라는 사상운동이 함께 진행되었다.

8. '덕과 부패' 담론

제임스 해링턴은 17세기 청교도혁명을 전후한 영국의 정치적 안정 문제에 관심이 있었다. 그런 반면 신해링턴주의자로 표현되는 그의 후예들은 18세기 명예혁명 이후 영국 사회에 만연했던 부패와의 전쟁을 수행했던 인물들이다. 그리고 정치사에서 '덕과 부패'의 담론 구조를 대중화한 인물들이기도 하다. 어느 나라나 민주화 이전에도 부패가 큰 사회문제가 되었고 민주화 이후 국정 안정에 가장 중요한 기초 역시 반부패와 투명성이었다.

한국의 경험에서도 알 수 있듯이 민주화의 역설 중 하나는 민주화 이후에 오히려 정치적 부패가 증가할 개연성이 높다는 점이다. 민주화는 권력의 교체 가능성을 전제로 한다. 일반적인 국민의 입장에서 이것은 민주화에 따른 당연한 권리다. 하지만 기득권익을 지닌 구체제의 집권 정치 세력에게는 '권력의 상실'이라는 공포감을 안겨준다. 민주적 선거에 따라 국민의 대표가 선출된다면 기존 권력 외에 새로운 권력이 창출될 수도 있는 것이다. 이런 상황에서 기득권 권력은 정치적 부패, 즉 금권 선거를 통해서라도 권력을 유지하고 싶은 유혹에 빠지게 된다. 투명한 민주적 선거를 통해 재집권할 능력을 상실했을 때 기득 권력이 사용하는 편의적인 방법은 각종 불법 정치자금을 만들어 선거에서 돈으로 매표하는 방식을 취하는 것이다.

권위주의하에서 권력 재창출은 형식적 선거를 통해 손쉽게 이루어지지만 민주 정부하에서는 실질적 선거로 권력 교체가 가능해지기 때문에 민주화 이후에 선거가 오히려 격화되는 경향이 있다. 한국의 경우에도 1987년 이후 대통령 선거에서 금권 선거의 흔적을 곳곳에서 발견할 수 있다. 제3공화국이라는 권위주의 정부에서 있었던 형식적인 대통령 선거의 선거비용과 비교할 때 민주화에 따라 정치비용이 기하급수적으로 천문학적 액수로 증가했다. 오히려 민주화 이전의 정부에서 정치비용이 더 낮았고 선거와 관련된 정치비용도 더 적었다고 볼 수 있다.

이러한 선거비용을 조달하는 방법은 비정상적인 정경 유착에 의해 일어날 수밖에 없다. 정치자금의 조달이라는 새로운 정치 부패 관행이 더 강해지는 것이다. 그동안 보수 정당에 의한 '차떼기' 의혹들은 이러한 단면을 극적으로 드러낸 것이다. 대규모 권력형 정치 부패가 일어나는 것이다. 이런 사례는 비단 한국뿐만 아니라 대만의 민주화 과정에서도 살펴볼 수 있다. 아시아 여러 나라에서 정치적 민주화가 진행되고 있지만 권력형 정치 부패라는 또 다른 부작용을 앞으로도 목격하게 될 것이다.

공화주의자들이 경계한 부패가 권력형 부패다. 마키아벨리 역시 메디치가(家)의 피렌체 통치를 분석하면서 부패는 권력자의 손 안에 놓여 있다고 강조했다. 그는 부패란 권력자가 지지자들에게 사적인 이익을 위해 특정한 서비스를 제공하는 것이라고 보았다. 이러한 서비스는 조세와 연결되어 있거나 관직 임명과 연관되어 있다고 보았다. 베네치아도 이런 부패에서 면역되어 있던 것은 아니었다. 하지만 베네치아는 이를 끊임없이 경계했고 특정인이 관직을 장기적으로 독점하는 것을 방지하려는 노력을 나폴레옹에 의해 공화국이 멸망하는 날까지 지속했다. 그들은 부패가 공화국의 이상에 요구되는 덕을 상시적으로 위협한다고 보았다. 베네치아 정치제도에서 볼 수 있는 복잡한 각종 위원회와 다양한 선출 방식은 내부적으로 공화국을 권력자에 의한 부패에서 보호하려는 고육지책이었다. 후세 사가들이 베네치아가 음모에 휩싸인 위원회와 비밀경찰에 의해 지배되고 있었다고 비난한 것은 베네치아 정복을 정당화하려고 한 나폴레옹의 변명에서 비롯되었다. 이 도시국가가 가진 정치제도는 반부패를 위해 1000년간 노력한 제도의 산물이었다.

해링턴 이후 18세기 영국의 공화주의자들이 가장 관심을 둔 것은 덕과 부패의 담론 구조였다. 이를 달리 표현하면 당시 영국에서 가장 문제가 되었던 것이 바로 정치적 부패였다고 할 수 있다. 17세기 해링턴이 청교도혁명을 거치면서 공화주의를 영국에서 정립했다면 18세기 신해링턴주의자들은 명예혁명을 거치며 해링턴의 공화주의를 재해석했다. 이들이 가장 관심이 기울인 것은 궁정파(Court)에 의한 권력의 자의적 남용과 이에 따른 부패였다. 특히 1690년대의 금융혁명은 이러한 부패를 더 만연시켰다.

이러한 상황에서 궁정파에 밀려 정치적으로 소외되고 부패에 분노하는 세력을 중심으로 자연스럽게 지방파가 형성되었다. 이들은 궁정파에 의한 권력독점과 부패를 비판하는 이론적 무기로 공화주의에 주목했다. 이들은 로마공화국이 500년간 줄곧 전쟁을 벌이면서도 자유를 잃지 않은 이유가 중산층을 바탕으로 한 시민군이 존재했기 때문이라고 보았다. 시민의 정치적 권력과 군사적 힘이 통합되면서 자유에 대한 사랑이 유지되었고 그로 인해 정부의 자유와 안정도 보장되었다는 것이다. 로마의 몰락은 바로 이러한 정신이 사라지고 사치와 부패가 만연하면서 시작했다는 것이다. 이들은 마키아벨리를 인용하면서 재산을 지닌 시민의 군대가 국가의 내부적 안정과 외부적 방어의 유일한 보장 장치라고 주장했다. 이들은 상비군을 시민군과 양립할 수 없는 제도로 보았다. 로마와 마찬가지로 부유하고 사치스러운 사람들이 직접 싸우는 대신 돈을 지불하고 전문적인 군인을 고용한 탓에 무력이 시민의 수중에서 빠져나가 폭정이 등장하게 되었다고 보았다. 부패하고 전제적인 정부 권력을 견제하기 위해 시민군이 영국에서 다시 부활해야 한다고 주장했다. 이들에게 상비군은 부패의 상징이었다.

한국에서 1987년 이전의 정치 담론이 '민주와 반민주'의 전선으로 이루어졌듯이 18세기 영국에서는 덕과 부패의 전선으로 담론 구조가 형성되었다. 민주-반민주 구도는 1960년대 이전에 일부 지식인의 인식에서 출발해 1970년대와 1980년대를 거쳐 제도 정치권으로 확산되었고, 1987년을 전후해 일반 국민에게서도 광범위한 지지를 얻었다. 이러한 국민적 여론이 형성된 것은 우리 사회에서 가장 중요한 정치 현안이 민주화였기 때문이다. 이와 마찬가지로 18세기 영국 사회에서 명예혁명과 금융혁명 이후 한 세기 동안 가장 중요한 정치 현안은 부패 척결이었다. 여기서 척결되어야 할 부패는 정치권력을 중심으로 한 권력형 부패였다. 1987년 이전의 한국의 민주-반민주 구도처럼 18세기 영국의 정치적 전선은 덕과 부패의 구도였다. 이것은 한 세기를 넘어 계속되었고 신해링턴주의자로 통칭되는 재야 지식인들의 사상이 자연스럽게 영국과 미국의 대서양 양안에서 광범위하게 퍼져 나갔다.

시민혁명기의 사상들은 팸플릿을 통해 전달되었다. 이 시기에 대표적인 공화주의적 팸플릿이 존 트렌차드(John Trenchard)와 토머스 고든(Thomas Gordon)의 「카토의 편지」다. 「카토의 편지」는 18세기 영국의 정치와 사회를 격렬하게 비판했다. 자유지상론을 역설하는 그들의 책은 다채롭고 신랄하며 유려한 문장에다 월폴 집권기에 반코트 세력의 좌파에서 내세우던 주요한 주장을 담고 있었다. 이 서한집은 처음 발행되던 때부터 15년 동안 영국에서뿐만 아니라 미국 식민지에서도 매우 큰 인기와 영향력을 누렸다. '카토적 관념'이라는 표현으로 당대의 정치 이론에서 핵심적 지위를 차지했다. 그들의 글은 전부 그대로 또는 일부 발췌되어 여러 차례 간행되었고 신문에서 인용했으며 많은 팸플릿에서 되풀이해서 언급되었다. 이러한 신공화주의적 담론이 영국에서 민주주의가 발전하는 것과 미국의 독립혁명에 밑거름이 되었음은 두말할 필요가 없을 것이다.

3장

공화주의의 내용•

1. 공공선

공화주의의 내용에서 가장 중요한 것은 공공선에 대한 인식이다. 일반적으로 공익(public interest)으로 당연하게 받아들이고 있지만 공화주의적인 인식이 전제되지 않은 공익 관념은 공허한 정치적 수사에 불과하다. 공공선에 대한 인식이 없는 공익은 정치적 구호에 지나지 않는 빈껍데기다. 공화주의에서 바람직한 정부 형태로 혼합정체를 주장하는 것도 공공 분야에서 개인이나 정파의 이해를 넘어서는 공공선을 실현하기 위해 필요한 제도적 장치로 보기 때문이다.

공공선은 당연한 상식으로 간주되는 반면 우리 사회에서 한 번도 제대로 된 공론 과정을 거친 적이 없다. 건국 이후 지금까지 공공선

• 임채원, 『공화주의적 국정운영』, 69~89쪽의 내용을 수정·보완했다.

이 중요한 사회적 담론으로 심각하게 고려된 적이 없는 것이다. 박정희 시기에는 국익(national interest)이 가장 중요한 덕목이었고, 그 해체기에는 개인의 이익(individual interest)을 강조하게 되었다. 그리고 1980년대에 유행했던 마르크스주의는 노동계급의 이익을 강조한다. 어느 경우에도 공동체 전체로서 공공선에 대한 천착은 없었다. 그렇기 때문에 공공선이나 공익은 우리 사회에서 한 번도 심도 있게 논의된 적이 없고 단지 당연한 것으로 간주되는 '의제(擬制)된 개념'에 불과하다.

이와 달리 미국에서는 독립혁명 기간을 전후해서 가장 중요한 개념이 바로 공공선이었다. 독립혁명과 건국 전후 미국에 유입된 공화주의는 전체의 이익을 위해 개인적 이익을 희생해야 하며 정부는 국민의 복지라는 공화주의의 일반적 명제를 미국인들에게 설파했다. 공공선은 미국인들에게 도덕적 명제로 수용되었는데, 실제 알렉산더 해밀턴(Alexander Hamilton), 토머스 페인(Thomas Paine) 등 미국 정치사의 초기 사상가들의 저작에서 자유 다음으로 빈번하게 등장하는 개념이 공공선이다. 다시 말해서 공화주의 사상은 미국으로 유입되면서 당시 미국인들에게 단순히 정부 형태를 의미하는 것이 아니라 영국으로부터 정치적 독립을 달성하기 위한 명분에 도덕성을 부여하는 도덕철학의 성격이 있었던 것이다. 1763년 이후 영국 의회가 미국 식민지에 대해 적극적 간섭 정책으로 선회했는데, 이것이 식민지인들에게는 영국의 부패한 정치 체제를 미국에 이식하려는 시도로 보였고, 이러한 시도를 거부하는 덕을 강조하게 되었다. 영국의 공화주의에서처럼 '덕과 부패'의 대결로 독립혁명을 바라보게 되었고, 영국의 이러한 시도를 '부패'의 이식으로 보는 공화주의 정치사상이 독립혁명의 이념적 기원이 되었다. 당시에 유행했던 언어들은 개혁(reform), 자유, 공공선 등이었다.

공공선은 로마의 공적인 것에서 나온 개념이다. 이를 영어로 옮긴 것이 공공선이다. 이는 다의적 개념으로 공동선, 공익 등으로 사용된다. 이 개념이 정치사에서 동양과 서양을 갈라놓는 가장 중요한 개념이 되었다. 공공선은 정치사에서 코페르니쿠스적인 전환으로 평가할 수 있다. 특정한 개인이나 집단의 이익과는 구별되는 전체의 이익(interest of whole)이 있다는 추상적인 관념이 발명되었다. 정치공동체 전체의 이익이 개별적인 이익과 구분되어 존재한다는 것이다. 이는 구체적이고 개별적인 것에서 일반적이고 추상적인 개념으로 진화를 뜻한다. 이런 관념의 발명이 공화주의(republicanism)의 출발점이 된다. 동서양의 정치사는 이 관념의 차이에서부터 달라진다고 평가하더라도 지나치지 않을 것이다. 왕의 것도, 귀족의 것도, 평민의 것도 아닌 공동체 전체의 것이라는 추상적 관념이 로마의 공화정체와 근대 공화주의를 낳는 기초가 되었다. 관념의 차이는 현실의 차이를 낳는다. 공화국 전체의 공공건물이 등장하게 된다. 공중목욕탕, 공중화장실, 공공 경기장, 공공 도서관, 공공 박물관, 공공 도로, 개선문까지 공공건물이 만들어진 바탕에는 공공선이라는 관념이 자리 잡고 있다. 동양의 전제군주제에는 이러한 공공선이라는 관념이 존재하지 않는다. 이런 인식은 동양의 도시에서도 고스란히 드러난다. 왕이 있는 궁궐과 이를 중심으로 한 내성과 외성, 그 사이를 가로지르는 주작대로가 있으나 어디에도 공공을 위한 시설은 존재하지 않는다. 왕과 신하와의 의무를 전제로 한 건축이 있을 뿐이다.

이러한 역사·문화적 전통에서 근대 이후 서구 문물을 받아들이면서 공공시설들이 먼저 들어오게 된다. 공원, 공공 박물관, 공공 도서관 등이 들어오지만 이들이 바탕이 되었던 공공선에 대해서는 형식적 수입에 그치고 있다. 공익을 말하지만 이것이 사익과 어떤 연관을 가지는지, 공익의 내용이 무엇인지에 관한 사회적 합의는 생성되지 못했다. 건물은 도입되었으나 공공선이란 의식은 여전히 겉돌고 있다.

반면에 미국의 독립혁명기에는 공공선이란 관념이 사회적 합의로 도출되었고 이것이 미국 건국의 튼튼한 기초가 되었던 것은 주지의 사실이다. 미국이 오늘날 초강대국의 면모를 갖추게 된 초석은 국가 형성 과정에서 공고히 다져진 공공선에 대한 인식이라고 할 수 있다. 전체의 더 큰 이익을 위해 개인적 이익의 희생이라는 공화주의의 정수를 형성했고, 이것은 미국인들에게 독립혁명의 이상적 목표로 이해되었다. 이러한 목표에서 그들의 이데올로기를 혁명적으로 만든 문학작품과 저작이 흘러나왔다. 공화주의적 이데올로기는 사회와 정치가 어떻게 조직되고 작동해야 하는지에 관한 미국인들의 인식을 형성했다. 이러한 비전은 미국의 실제 현실과는 괴리가 있었고, 그 전 한 세기 동안 미국이 겪은 경험은 그 비전에 반대되기도 했다. 이러한 움직임만으로도 미국 독립혁명은 그들의 역사에서 위대한 유토피아 운동으로 만들어졌다. 미국인들은 이를 통해 전통적인 공화주의 이상을 실현하려고 했고 공동선은 정부의 유일한 목표가 되었다. 모든 정부는 일반 복지와 공동체의 안전을 위해야 하고 계획되어야 한다고 보았다. 공화주의 정부에서 시민의 복지는 정부가 제도화해야 할 지원이며 일이며 목적이어야 한다고 보았다. 문자 그대로 "공화주의 정부는 시민의 복지 외에 다른 목적을 갖지 않는다"라고 정의되었다. 공적인 것은 '시민의 복지(the welfare of the people)' 자체다. 라틴어 'res publica'는 영어로 공적인 일(public affairs) 또는 공공선으로 이해되었다. 열렬한 독립운동가 중의 한 사람으로 "자유가 아니면 죽음을 달라"라고 외쳤던 페인은 "공화(republic)라는 말은 공공선을 의미하며 전체의 선(the good of the whole)을 말한다. 이는 전제적인 형태에 대립되는 것으로 주권적 선이나 1인의 선, 그리고 이를 위한 유일한 정부의 목적에 반대한다"라고 했다. 공화라는 표현에 가장 정확히 비슷한 영어는 '공동의 부(commonwealth)'[1]라고 할 수 있다. 에드먼드 펜들턴(Edmund Pendleton)은 군주(Crown)보다는 전체 국민에 속하는 국가라고 제안했다.

자유정부(free government)에서 공공선의 개념은 국민 복지(people's welfare)와 일치한다. 이는 공동 감성(common feeling)의 문제이며 공동의 합의(common consent)이기 때문에 휘그(Whig)의 마인드에서 이를 실현하는 가장 좋은 방법은 국민들에게 정부가 최대한의 목소리

---

1 commonwealth는 크롬웰 전부터 영국에서 '공화국'으로 번역되었는데, 이는 공공선의 다른 표현이다. 이런 역사적 배경으로 영연방을 Commonwealth of British로 표기한다. 해링턴도 그의 이상향을 Commonwealth of Oceana로 표현했다. 이는 영국인에게 공화가 '공동의 부'로 인식되었음을 의미한다.

를 허용하는 것이다.

미국 건국의 아버지들에게 공공선은 자유만큼이나 중요한 문제였지만 공공선과 파벌(faction)의 관계에 대해 또 다른 고민을 발견할 수 있다. 공공선이 전체의 이익이라면 공동체 안에서 각기 처지가 다른 당파들의 이해관계와 공공선이 어떤 관련이 있는지 문제가 되었다. 이들은 공공선은 전체의 이익이기 때문에 정파의 부분 이익이 전체의 이익과 다를 경우 당파의 이익은 전체를 위해 손해를 감수해야 하는 것으로 보았다. 이러한 인식으로 이들은 정당을 인정하지 않으려는 경향을 보이게 된다.

이처럼 공공선은 미국 독립혁명을 전후한 시점에서 미국 사회가 가장 심각하게 고민했던 문제였으며, 극단적으로 말하면 정부가 할 일은 공공선, 즉 국민의 복지를 실현하는 것으로 보았다. 미국 공화주의에서 가장 대표적인 두 가지 가치는 자유와 공공선이었다. 정부의 일은 개인의 자유를 최대한 보장하고 또한 이러한 자유주의로 전부 감당할 수 없는 일에 대해서는 공공선을 강조해 국민의 복지를 보장하려고 한 것이다. 독립혁명기의 미국의 건국이념을 요약하다면 개인의 자유와 공공선인 국민의 복지를 보장하는 것이었다.

2. 자유인과 시민성

미국 독립혁명 시기에도 가장 빈번하게 나오는 개념이 자유와 공공선이었으며, 미국 헌법의 중요한 두 가지 정신이 자유주의와 공화주의라고 보는 것이 일반적인 개념이다. 시민혁명의 철학적 근거가 존 로크의 『시민정부론(Two Treatises of Civil Government)』이라고 보는 전통적 견해에 의하면 더욱 그러하다. 로크의 기본 정신이 자유를 '간섭의 배제'와 자의적 권력 남용을 방지하는 것으로 보고, 사적 가치와 재산권 보호를 가장 중요한 시민사회의 덕목으로 보는 점에서도 그렇다. 자유를 자유주의의 기본 정신으로, 공공선을 공화주의의 기본 가치로 보고 이 둘을 근대 시민혁명의 근간으로 보고 있다.

그러나 이러한 전통적 견해는 그동안 미국 사학계에서 일반화된 것이며, 본래적 의미의 공화주의를 지나치게 협소하게 이해하고 있는 것이다. 로마 이래로 고전적 공화주의에서부터 공공선 못지않게 자유가 강조되어왔다. 아니, 공공선의 전제로서 자유와 이를 가능하게 하는 자유민의 존재를 강조하고 있다. 공화주의의 기초는 공공선 이전에 자유로운 시민과 이를 보장하는 시민의 자율적 무장 능력에 있다. 공화주의의 초석은 그리스와 로마 시대부터 자유민이었으며 마키아벨리도 도시국가의 시민이 공화주의의 기초라고 강조했다. 이들은 어떤 권력에도 종속되지 않는 자유로운 시민을 말한다. 자유인은 '권력으로부터 간섭의 배제'를 가장 기본적인 것으로 간주한다. 그런 의미에서 고전적 자유는 로마 이래로 간섭의 배제였다. 간섭이 배제되고 권력에 종속되지 않은 자유민들의 공동체가 바로 공화정이라고 보았던 것이다.

역사의 시기를 불문하고 로마 시대부터 현대의 공화주의자에 이르기까지 공화주의에 가장 중요한 기초를 '두터운 중산층으로서 시민계급'으로 보고 있다. 폴리비오스가 로마공화정의 황금기로 보고 있는 과두제 이후부터 삼두정치 이전까지의 시기에 로마의 급속한 성장을 이룬 원천은 바로 견실한 중산계층의 자유인이었다. 이들은 독립적 토지를 소유한 농민이었고 전쟁에 나갈 때 국가로부터 무기를 배급받는 것이 아니라 자신의 재산으로 무장하고 전쟁터로 향한 시민군(militaria)이었다. 그리고 정치문제에 관해서는 광장에서 토론에 참여하고 투표하는 주권자들이었다. 이 시기의 시민들은 독립적인 토지, 자립적인 무장 능력, 자발적인 전쟁 참여, 주권자로서 참정권의 행사라는 네 가지 요소를 갖추고 있는 자유인이면서 로마의 시민이었다.

그러나 한니발과 일전을 불사했던 포에니 전쟁 이후 로마는 급격하게 황제가 이끄는 제정으로 변해갔다. 이것은 삼두정치와 그들의 권력욕이라는 정치적 요인 못지않게 긴 전쟁으로 시민계급이 몰락했다는 것을 의미한다. 대외 전쟁의 와중에 로마는 팽창하며 국력은 신장되었지만 초석이 되었던 시민들은 몰락하는 역사적 아이러니를 경험하게 된다. 시민들은 전쟁 중에 부상과 사망으로 인적자원이 줄어들었을 뿐 아니라 직접 부담한 경제적 비용 탓에 몰락하는 사례가 증가했다. 로마의 기반이 되었던 자유민에 의한 농촌 사회는 붕괴하고 대신 대지주가 중심이 된 라티푼디움으로 재편되었다. 삼두정치 무렵에 이미 로마는 중세적인 장원경제로의 퇴행이 일어나고 있었다. 그 한가운데 로마의 근간이 되었던 시민의 몰락이 있었다. 자유민인 시민이 몰락할 때 로마의 공화정 역시 쇠락의 길로 접어들고 제정으로 정치적으로 후퇴했으며 장원경제를 중심으로 한 중세로의 퇴행이 일어났던 것이다.

아리스토텔레스 이후 공화주의의 핵심, 그리고 인간적 삶의 가장 고귀한 형태는 시민적 삶(vivere civile)이라고 주장한다. 시민은 그의 가족을 단위로, 공동의 일을 공동이 결정하는 집단에 동등하게 참여하는 것을 이상으로 한다. 그리스와 로마에서 이 가계에는 참정권이 없는 노예가 있었다. 반면 16세기 이탈리아 도시국가들에서는 노예를 바탕으로 하지 않는 자유민들이 공화정을 만들었다. 특히 베네치아의 경우 농업이 기반이 아니라 통상이 자유민들의 경제적 기반이 되었다. 베네치아가 독재자의 출현을 끊임없이 경계한 것처럼 자유민들을 보호하기 위한 다양한 정책을 보면 베네치아인들이 공화정의 근간이 경제적인 자유인에서 비롯된다는 것을 누구보다 잘 알고 있었음을 볼 수 있다. 인구 10만~20만 명의 도시국가에 불과했지만 이 작은 나라는 자유로운 시민의 역할이 무엇보다 중요함을 어느 나라보다 잘 알고 있었다.

베네치아의 이웃 피렌체에서 살았던 마키아벨리도 자유민과 이들을 바탕으로 만든 시민군이 공화정의 근간이라고 보았다. 피렌체가 경제적 번영과 문화적 풍요로움에도 불구하고 정치적 혼돈과 외국으로부터 내정간섭을 받는 가장 결정적인 원인이 건실한 시민군이 없기 때문이라고 보았다. 참주가 용병을 고용해서 지키는 공화국은 정치적 존립이 취약할 수밖에 없다고 주장했다. 용병이 아니라 자유로운 피렌체 시민들이 무장한 군대만이 공화국을 지킬 수 있다고 보았다.

자유인과 시민군에 대해 공화주의자들이 가진 확고한 신념은 영국의 해링턴주의자와 미국 건국의 아버지들에게서도 그대로 발견된다. 이들은 중세 암흑기를 자유민과 시민군의 몰락에서 찾는다. 그리고 봉토를 매개로 주군과 제후 또는 기사 간에 종속적 계약이 맺어지면서 인간이 자유를 상실한 시기로 보고 있다. 종속적인 존재가 정치적인 자유를 누릴 수는 없다. 중세의 봉건적 억압은 바로 이와 같은 종속적 신분계약 때문에 일어난 것으로 보고 있다. 대서양 양안의 공화주의자들은 공화주의가 부활하기 위해 가장 선행되어야 할 것이 바로 자유민의 토대를 마련하는 것으로 보고 있다. 토지를 기반으로 한 독립적인 개인들과 이들의 독립적인 무장 능력, 이를 기초로 하는 시민군을 공화정체의 근간으로 본 것이다. 이들에게 자유는 간섭의 배제였다. 이들은 부패 역시 종속적 관계에 의해 파생적으로 나타나는 현상으로 보았다.

공화주의의 기초가 자유민과 시민성이라면 후기 산업사회에서 자유민과 시민성은 어떻게 정의 내려야 하는가? 그리고 한국 사회에서 공화주의의 기초로서 시민성은 무엇인가? 더 근원적으로 공화적 의미에서 한국에 과연 시민이 존재하는가? 이런 질문은 한국 공화주의의 미래와도 직결되어 있다. 고전적 공화주의의 기초는 자유인인 시민이다. 자유시민 세력이 두텁게 형성되어야 공화주의의 근간도 튼튼해진다. 로마나 베네치아가 가장 중요하게 생각한 것도 바로 이 시민계급의 육성과 보호였다. 이 기반이 무너질 때 로마의 공화정 역시 역사에서 퇴장했다. 시민들은 국왕이나 귀족 등 다른 계급에 종속되지 않는 독립적인 개인들이었다. 경제적으로 자립해 있었고 정치·군사적으로도 독립적으로 행동했다.

한국 공화주의의 미래 역시도 독립적 시민의 기반이 어떻게 형성되고 존속하느냐에 달려 있다. 지식기반사회로 진입한 오늘날 한국

사회에서 독립적 자유시민은 지식전문인과 지식노동자들이라 할 수 있다. 평생직장의 개념이 사라지고 직업유동성이 증가하면서 고용 안정성보다 고용가능성(employability)이 더 중요하게 되었다. 전문적인 지식을 기초로 경제적 독립성을 지니고 전직과 이직을 상시적으로 할 수 있는 전문 직업인이 증가하고 있다. 21세기에 고전적 공화주의의 자유시민과 같은 계층이 바로 이런 지식전문가들이다. 어느 특정 기업에 종속적으로 평생 고용된 것이 아니라 자신의 지식과 경험을 바탕으로 독립적인 계약과 고용이 가능한 직업군이 된 것이다.

이러한 전문 직업인이 종속적 고용 관계가 아니라 실질적으로 독립성을 유지하면서 현대적 공화주의의 근간이 되는 자유시민이 될 수 있을 것이다.

3. 자유주의와 공동체주의

고전적 공화주의는 두 가지를 근간으로 이루어졌다고 할 수 있다. 공화주의 정부는 자유인인 시민들의 독립성과 자유를 보장하고 또한 공공선의 실현을 위해 시민들의 복지를 보장하는 것이 존립 이유다. 공화주의적 정부의 역할을 중심으로 할 때 중요해지는 정치사상이 자유주의와 공동체주의다.

자유주의와 공동체주의는 현대 철학에서 대척점에 있는 정치사상으로 이해되고 있지만, 원래 공화주의의 내용을 구성하는 두 가지 원리였다. 달리 표현하자면 공화주의가 현대적으로 분화해 자유주의와 공동체주의로 분지되었다. 그러나 공화적 이상에는 이 둘이 대립적이고 모순적인 것이 아니라 공화정을 위한 두 가지 원천으로 통일적으로 결합해 있었다. 서구 철학에서 오랫동안, 특히 존 롤스 이후 자유주의와 공동체주의의 논쟁이 있었지만 여전히 해결의 실마리를 찾지 못하고 있다. 공화적 통일성에서 자유주의와 공동체주의의 통일의 실마리를 찾을 수 있을 것이다. 더 크게는 이러한 통일적 이해가 한국 사회에서 자유와 공동체의 갈등(trade off)을 실천적으로 해결해줄 수 있을 것이다.

1987년 민주화 이후 자유와 개인, 공동체와 사회정의에 대한 사회적 합의가 명시적으로 형성된 것은 아니지만 정치적 수사 차원에서는 거의 사회적인 합의에 도달하고 있다. 보수 정당이나 개혁정당 모두 선거 기간에 제시하는 정책의 방향은 대동소이하다. 큰 줄기는 개인의 자유와 시장의 경쟁을 신장하고, 경쟁의 탈락자(underdog)들이 패자 부활을 할 수 있는 사회정책을 실시한다는 중도적인 견해다. 적어도 대통령 선거와 국회의원 선거에서 나오는 대표적인 공약들은 이러한 관점에서 크게 벗어나지 않는다.

그러나 어느 정당에도 명시적으로 공공선에 대해서는 명확한 입장을 밝히고 있지 않다. 온정주의적인 수준에서 복지정책과 사회정책 차원의 약자와 소수자 보호에 관한 정책들이 나오고 있다. 정치세력에서 자유주의에 대한 뚜렷한 견해도, 공공선에 대한 명확한 관점도 나오고 있지 않다. 이는 아직도 우리 사회에서 자유와 공공선에 대해 뚜렷한 입장을 가진 정치 세력이 존재하지 않다는 것을 의미한다. 민주화 이후 20년을 맞으며 자유와 공공선에 대한 철학과 정책의 개념 정리와 관계 설정이 요구되고 있다.

4. 간섭의 배제로서 자유

자유를 소극적 의미로 본 20세기의 대표적인 학자는 프리드리히 하이에크다. 그는 자유를 간섭의 배제로 보았다. 특히 권력이 개인을 간섭하는 것에 대해서 체질적인 거부감을 드러냈다. 정치권력이 남용되면서 개인에게 공권력을 행사하는 것을 경계했다. 그가 가장 우려했던 것은 복지국가와 그에 수반하는 행정국가에 의해 개인의 자유가 침해되는 것이었다. 특히 사회정의와 사회적 최소한이라는 개념을 도입해 복지정책의 정당성을 강조하고 이를 위한 재분배 정책을 극도로 경계했다. 하이에크에게 간섭의 배제란 본질적으로 복지국가와 행정국가가 개인의 재산권에 대해 간섭하는 일을 경계하는 것이었다.

그러나 자유를 간섭의 배제로 보는 견해는 유구한 역사를 가진다. 그리고 시대 상황에 따라 똑같은 의미인데도 그것이 가지는 정치적 함의가 판이하다. 로마공화정에서도 자유는 간섭의 배제였다. 이때 중요한 것은 자유가 누구의 자유이며 배제가 무엇으로부터의 배제인지 여부다. 그리고 당시 공화주의자들이 염려하고 우려했던 것이 무엇인지를 살펴보는 것은 더 중요하다.

간섭의 배제로서 자유는 로마 시민들의 것이었다. 이들이 느끼는 간섭은 크게 두 가지다. 하나는 공화정을 위협하는 독재자의 출현이고 다른 한편은 외국으로부터의 침략이다. 시민들은 국내적으로는 독재자로부터의 간섭 배제, 국제적으로는 외국의 침략자로부터의 간섭 배제가 자유의 근원이라고 보았던 것이다. 시민은 지배자나 지배계급에 종속되지 않는 독립적 개인이며 국왕을 위해 머리 숙이는 일도 없다. 경제적으로 토지를 기반으로 한 자영 농민이며 스스로 무장하고 전쟁에 참여하는 독립된 군사결사체였다. 또한 이러한 경제적·군사적 독립을 바탕으로 국정에 자유로이 참여하는 시민들이었다. 이들이 이상으로 삼는 인간은 내외적 간섭으로부터 자유로운 시민이었다. 이들 공화국 시민들에게 '자유는 간섭의 배제'라는 것은 지극히 당연해 보이는 명제였다.

그러나 현실에서 이런 자유를 지키기 위해서는 부단한 노력과 정치적 투쟁이 필요했다. 인간의 거친 욕망과 공화주의의 이상은 언제나 충돌할 개연성을 내포하고 있었다. 영향력이 강한 귀족들이나 참주는 보다 많은 권력을 갖고 지배하고 종속시키려는 경향이 있었다. 또한 시민들은 포퓰리즘적으로 영웅을 숭배하는 집단심리에 휩싸이기 쉽다. 귀족이나 참주의 욕망과 대중의 영웅 선호 심리로부터 공화정을 지키기 위한 시민들의 지난한 노력이 필요했다. 고전적 공화주의의 역사는 이런 인간의 욕망과 공화주의적 이상 사이의 투쟁의 역사였다. 마키아벨리 역시 공화적 이상과 인간의 욕망 사이에서 갈등하고 고민했다. 그런 고민의 산물이 불멸의 『군주론』과 『리비우스 논고(Discorsi sopra la prima deca di Tito Livio)』가 아닐까?

공화주의에서 정치적으로 가장 중요한 것이 공화국의 근간이 되는 자유인의 육성과 보호라면, 자유 역시 이러한 가치를 지키기 위한 간섭의 배제는 논리 필연적인 것이다. 따라서 공화주의에 내포된 가장 우선적인 가치는 자연스럽게 간섭의 배제로서 자유주의가 된다. 자유의 가치를 간섭의 배제로 보는 것은 고전적 공화주의자에서 현대의 공화주의자에 이르기까지 유구한 전통이 되었다. 현대의 신공화주의자들은 "주종 관계 속에서 사는 것도 그 자체로서 자유에 대한 속박의 한 형태이며 하나의 원천"이라고 강조한다. 대표적인 신공화주의자 퀜틴 스키너는 "자유의 부재는 간섭이나 예속에서 기인한다"라고 보았다.

고전적 공화주의는 언제나 예속에 저항했는데, 그것은 예속이 한쪽에서는 비굴함을 키우고 다른 한쪽에서는 오만을 부추기기 때문이다. 비굴과 오만은 시민적 삶이라는 이상에 똑같이 해롭다. 특히 자의적 권력과 주종적 지배관행이 지속되는 것은 방종이나 사회적 책임의 부재를 야기하고, 시민문화를 질식시킨다. 공화주의의 '레스 푸블리카(res publica)'의 이상은 어느 누구도 굴종하지 않도록 하고 어느 누구에게도 주종적 지배를 허락하지 않는 공동체다.

베네치아 공화정은 그 기반이 되는 자유로운 시민의 토대를 유지하기 위해 부단히 노력했다. 토지 기반을 갖추지 못한 대신 대외 통상을 통해 부를 축적하고 이러한 자유시민들의 통상을 촉진해서 시민 자체를 육성하고 보호하려고 했다. 국가가 시민에게 부여한 각종 경제적 기회와 금융제도의 뒷받침은 베네치아 공화정이 1000년의 세월을 견딜 수 있는 힘을 제공했다. 동시에 베네치아에서는 누구나 해외 무역에 참가할 수 있는 반면, 대(大)상인의 독주를 방지하도록 적절한 정치적 개입도 했다. 베네치아에서는 제노바나 피렌체에서처럼 대상인이나 대금융자본가가 끝내 발생하지 않았다. 이들이 자유민의 보호와 함께 종속적 지배 관계를 만들 수 있는 것에 대해 경계를 게을리하지 않았기 때문이다.

17세기 영국의 공화주의자들이 중세 봉건제에 대해 가장 비판했던 점도 봉건제가 가진 제도적인 주종 관계와 종속성이었다. 봉토를 매개로 제후와 기사는 종속적 군신 관계로 전락하고 자유시민의 지위는 사라지고 만다. 이런 관계에서 정치적인 자유가 무의미하고 제후에 의한 간섭과 월권은 일상사가 되어버렸다. 중세의 암흑기는 교황의 신권정치보다는 종속적 지배와 이에 따른 자유의 상실 때문이었다. 더 정확하게는 자유인으로서 시민이 역사의 전면에서 사라졌기 때문이었다.

5. 공공선을 추구하는 국가

독립적 재산과 무장 능력을 지닌 개인들의 연합은 어떤 형태가 될 것인가? 종속적이고 위계적인 관계를 부인하고 자유를 간섭의 배제라고 하면 공화주의에서 국가의 역할은 무엇인가? 국가권력이 등장하면 필연적으로 간섭받게 되고 이에 따라 개인의 자유는 불가피하게 억압되는 것인가?

이러한 의문에 대해 공화주의는 현실적인 해답으로 접근한다. 공화주의자들은 독립된 개인의 이익을 묶어 공공선이라는 새로운 공동의 이익으로 합의하는 것이 가능하다고 보았다. 이 공공선은 특정한 개인의 이익과는 구별되는 것으로 보았다. 특히 군주나 귀족처럼 권력과 부를 동시에 지닌 개인들의 것과 구별되는 공공의 것으로 보았다. 따라서 공공선으로 개인의 자유를 제한하는 것을 간섭으로 보지 않는다. 공화주의자들이 주목하는 간섭은 종속적 관계에 따른 인간과 인간 사이에서 발생하는 간섭이다. 그렇기 때문에 군주제나 과두제에 의한 인간관계를 거부한다.

독립된 개인들이 공동으로 합의한 것이 공화이며 그에 따른 정치가 공화정이라고 본다. 이에 따라 공화정이 추구해야 할 국가의 역할은 개인의 자유와 사익을 넘어서는 공공선을 보호하고 보장하는 것이다. 이 경우에 자유와 공공선은 갈등 관계가 아니며 상호 합일될 수 있는 길이 열린다. 공공선은 사적 개인의 이익이 아니기 때문에 공공선에 따른 개인의 제한은 자유의 침해가 아니다. 공동체 구성원 모두의 이익을 위해 개인의 자유는 제한이 가능하게 된다.

그러나 공화주의자는 국가권력의 남용을 누구보다 경계한다. 권력이 공공선을 가장한 사익에 포획되어 개인을 억압하는 전제주의로 흐르는 것을 경계한다. 그래서 공화주의는 특정 개인에 의한 권력독점과 이에 따른 부패를 방지하고자 견제와 균형이라는 제도적 장치를 강조했다.

더 중요하게는 공공선으로서 개인과 공동체를 보호하기 위해 공화주의의 중요한 원칙으로 법의 지배와 정의를 제시한다. 법의 지배는 어떤 개인도 법에 의하지 않고는 자유를 제한당하지 않는다는 로마법 이래의 기본 원칙이다. 사회적으로 합의된 법에 의해서만 개인의 자유가 제한될 수 있으며 사적 개인의 권력으로 제한해서는 안 된다는 것이다. 근대 공화주의자들은 봉건제와 절대권력에 의해 사적 개인들, 특히 국왕의 권력 남용으로부터 침해된 개인의 자유를 경험했기 때문에 가장 중요한 원칙으로 국왕에 의한 간섭의 배제를 제일 원칙으로 강조했다.

법의 지배와 함께 공화주의의 공공선에서 가장 중요한 것은 정의이며 이 정의는 정치적인 것만이 아니라 사회·경제적인 것을 포함하고 있다. 오직 정의로운 공화국에서만 개인들은 독립적으로 타인의 의지에 굴종하지 않고 자유롭게 살아갈 수 있다. 따라서 공화국의 토대는 동등한 권리로서 모든 인간은 공평하게 대우받을 권리가 있다는 것이다. 정치적 정의는 모든 시민은 정치에 참여할 권리를 가진다는 것을 의미한다. 이러한 참여를 통해 공공선이 모든 시민에게 진정으로 봉사할 수 있다고 본다.

공화주의적 정의는 정치적 권리를 넘어서 모든 시민들이 존엄과 자존심을 갖고 살아갈 수 있을 정도의 사회·경제적 조건들을 보장할 것을 요구한다. 마키아벨리는 어떤 시민도 가난을 이유로 공적인 명예로부터 배제되거나 오명을 얻지 않아야 한다고 주장했다. 장 루소도 공화국에서는 어떤 개인도 자신을 팔아야 할 정도로 가난해서는 안 되며 어느 누구도 사적 혜택을 미끼로 다른 시민들의 굴종을 살 정도로 부유해서는 안 된다고 보았다. 이러한 생각이 공화주의적 정의의 토대를 이루었다. 현대적 의미에서 재해석한다면 시민들이 너무 가난해서 공공 부문이나 사기업에서 일자리를 구할 수 없게 되거나 교육의 기회조차도 가질 수 없게 되는 것을 정부가 적극적으로 막아야 한다는 것을 의미한다. 공화주의적 정의에 따르면 시민들은 자신의 존엄을 지킬 수 있는 일자리를 구할 기회를 가져야 한다.

국가가 추구하는 공공선은 시민의 복지이며 이러한 복지는 일자리의 기회를 제공하는 것을 통해 이루어진다. 그래야만 가난에서 벗어난 개인들이 독립적 시민으로 자리 잡을 수 있고 간섭이 배제된 자유를 영위할 수 있기 때문이다.

6. 질서 잡힌 사회와 시민적 덕성

일반적으로 자유와 공공선은 갈등 관계에 있는 것으로 간주된다. 현대 철학자 존 롤스도 규범적인 정의와 개인의 자유가 어떤 조건에서 통일될 수 있는지 고민했다. 그리고 그는 특수한 조건 속에서 우연적으로 이러한 통일이 가능하다고 보았다. 즉, '당위적으로 그래야 하는' 옳은 것(rightness)과 '개인의 만족'이라는 좋은 것(goodness)이 갈등이 아니라 조화되는 사회 조건을 찾아보고자 했다.

이러한 개인과 공동체의 이익이 조화되는 사회를 공화주의자들 역시 고민했다. 프랑스의 대표적인 공화주의자였던 장 루소는 이러한 사회를 "질서 잡힌 사회(well-ordered society)"라고 표현했다. 마키아벨리는 질서 잡힌 공화국에서는 시민의 덕성이 살아 있으며, 공적 영역은 부유하고, 시민은 절제된 생계를 유지할 수 있는 정도의 사회라고 보았다. 이러한 질서 잡힌 사회는 루소 이후 현대 철학에 이르기까지 자유와 평등이 조화되는 사회로 탐색되었다. 대표적인 학자가 롤스였다. 롤스는 질서 잡힌 사회에서는 정의감(옳음)이 선(좋음)으로 일치한다고 보았다. 이런 사회는 구성원들의 선을 증진시켜 줄 뿐 아니라 공공적인 정의관에 따라 효율적으로 규제되는 사회다. 이런 사회는 모든 사람이 타인들도 동일한 정의의 원칙을 받아들이

리라는 것을 인정하고 알고 있는 사회이며, 사회의 기본적인 제도들이 그러한 원칙을 만족시키고 있으며 또한 만족시킨다는 것이 알려진 사회다. 각자 서로 다른 목적과 의도가 있는 개인들 간에 공유되는 정의관은 동료 시민으로서 유대를 공고히 해주며 정의에 대한 일반적 욕구가 다른 목적의 추구에 대해 한계를 정해준다. 롤스는 이러한 공공적 정의관이 질서 잡힌 사회의 기본적 헌장을 구성하는 것으로 생각했다.

개인의 욕망과 사회의 공공성이 일치할 수 있는 사회를 질서 잡힌 사회라고 철학적으로 설명할 수 있다. 하지만 이들이 말하는 질서 잡힌 사회를 역사적인 관점에서 해석해볼 수 있다. 공화주의자들은 그들의 정치적 이상이 가장 잘 발현된 대표적인 시기를 언제나 머릿속에서 상상하고 있다. 우선 폴리비오스가 말한 제정 이전의 로마이고, 14세기 이후 몇 세기 동안의 베네치아이며, 독립혁명을 전후한 건국기의 미국이다. 그리고 이 시기의 또 다른 특징은 윤리와 시민적 덕성이 강조되었던 시대라는 점이다. 제정 이전의 로마공화정 시대는 스토아철학의 영향으로 금욕적 윤리가 자리 잡았던 사회며, 건국기의 미국은 청교도적 시민윤리가 강건했던 사회다. 질서 잡힌 사회일수록 시민적 덕성이 강조되었던 것이다. 이러한 역사적 시기들이 공화주의적 이상에 근접하는 질서 잡힌 사회로 추상화되었다. 개인과 공동체, 자유와 공공선이 조화로운 사회가 바로 공화주의자들이 이상으로 삼았던 질서 잡힌 사회였다.

4장

베네치아 공화주의•

1. 왜 베네치아인가?

한국형 공화주의를 연구하는 데 가장 중요한 국가는 베네치아다. 이는 베네치아의 공화주의적 국정 운영이 민주화 이후 한국의 국정 운영 모델을 찾는 데서 가지는 함의가 가장 풍부하기 때문이다. 공화주의 연구에서 베네치아에 가장 주목하는 이유는 성공적인 국정 운영뿐만 아니라 정치경제적 조건이 한국 상황에 많은 시사를 주기 때문이다.

베네치아가 다른 성공적인 공화주의 국가보다 눈길을 더 끄는 이유는 사회·경제적 조건이 농업국가가 아니라 통상 국가였다는 점이다. 다른 공화주의 국가들은 전통적인 농업에 기반을 두고 있었다.

• 임채원, 『공화주의적 국정운영』, 91~131쪽의 내용을 수정·보완했다.

공화주의 국가의 가장 중요한 토대인 독립적 자유시민들이 다른 나라의 경우 자영 농민이던 데 비해 베네치아는 독립적인 상인과 수공업자들이었다. 로마의 공화정은 독립적 자영 농민을 기반으로 하고 있었다. 이들은 경제적으로는 자영 농민이었고, 군사적으로는 스스로 무장한 군인이었으며, 정치적으로는 참정권을 소유한 시민이었다. 이들은 농민 특유의 보수성과 폐쇄성을 동시에 갖고 있었다. 시민혁명 이후의 영국이나 미국의 공화주의자들도 그들 사회의 독립적인 자유시민을 자영 농민에서 찾는 경향이 뚜렷했다. 특히 미국의 경우 토지를 가진 지주와 자영 농민을 바탕으로 하는 공화주의 정치를 선호했다. 이는 미국 공화주의의 꽃이 산업혁명 이전 시기에 국한되고 있는 데서도 그 특성이 잘 드러나 있다.

반면 베네치아는 도시의 생성 단계에서부터 농업이 아니라 통상과 수공업에서 그들의 경제적 젖줄을 찾았다. 초기에는 어업과 소금 생산이 주요 산업이었지만, 이미 12세기 전부터 통상과 수공업이 산업의 근간을 이루었다. 베네치아 공화정의 기반이 되는 자유로운 시민은 상인이면서 선원이고 동시에 베네치아 해군의 무력을 담당하는 군인이었다. 이들은 지중해 무역에서 동으로는 소아시아, 남으로는 이집트의 알렉산드리아(Alexandria), 북으로는 흑해, 서로는 스페인의 지브롤터를 지나 영국까지 통상의 대혈관을 직접 오가며 무역과 통상으로 국부를 증진시켰다.

베네치아는 인구가 15만~20만 명에 불과한 도시국가였다. 베네치아는 1000년의 존속기간 동안 주변 강대국 사이에서 도시의 생존과 번영을 도모해야 하는 고단한 숙명을 타고난 작은 도시공화국이었다. 국내에서는 로마교황청이라는 절대적 권위가 있었고, 외부에서는 끊임없이 이탈리아 내정을 간섭하며 베네치아에게 위협이 되었던 독일의 신성로마제국과 신생 강국 프랑스에 둘러싸여 있었다. 같은 도시국가였던 제노바(Genova)와 피사(Pisa)와도 숙명적 경쟁을 해야 했다. 더 위협적인 사실은 비잔틴 제국이 레반트(Levante)라는 동쪽 바다와 동방에서 절대 강자로 군림하고 있었다. 오스만 제국이나 이집트 왕조 역시 정치·군사적으로 베네치아보다 우위에 있었다.

베네치아는 이러한 삶의 조건을 역이용해 그들의 약점을 최고의 강점으로 전환시킨 국가였다. 그리고 지속 가능한 번영을 1000년 동안 공화정의 형태로 이어갔다. 정치적으로는 특정한 가문이나 개인의 지배가 아니라 원수와 귀족과 시민이 함께 통치하는 혼합 정체로서 공화주의 정체를 유지했다. 경제적으로는 독립적인 상인과 수공업자들이 자유를 유지하면서 경제적 번영을 구가하도록 경제정책과 사회정책을 추진해갔다. 이들이 공화정을 유지하기 위해 쏟은 지혜와 노력은 후세 공화주의 연구자들에게 아주 위대한 귀감이 되었다. 특정 세력이 권력을 독점하는 것을 철저히 경계하면서 자유시민에게 경제적 기회를 제공하고 공동체에 참여할 수 있도록 배려했다. 공동체의 일원으로서 귀족들은 공공선을 위해 절제와 헌신을 모범적으로 보여주었다. 국정 운영을 시장에게만 맡기거나 국가권력에게만 맡기지 않고 시장과 국가 간의 긴장 관계를 형성해 시장과 국가의 관계 설정과 정책 수행이 자유시민들의 경제적 번영에 어떻게 기여할 수 있는지 전범을 보여주었다고 할 수 있다.

민주화 20년 이후 한국이 처한 조건 역시 13세기 후반의 베네치아와도 크게 다르지 않다. 지금껏 번영했던 공화주의 정체 중에서 현재의 우리 사회와 가장 유사한 삶의 조건을 가진 것은 베네치아를 제외하고 달리 발견할 수 없다. 민주화 이후 우리 앞에 제기된 문제라면, 지속 가능하고 성공적인 국정 운영의 문제, 세계화에 따른 통상과 해외투자와 해외투자유치의 문제, 한반도 주변 4강의 틈바구니 속에서 국가 존속과 애국의 문제, 세계화에 따른 양극화를 해소하고 국민 통합적 정책의 문제가 가로놓여 있다.

베네치아는 이 두 가지 문제를 공화국의 생존 기간 내내 운명적으로 안고 살아갔다. 공화정치와 통상경제, 법의 공정과 국가에 대한 헌신으로 이 두 가지 문제를 극복했다. 좀 더 압축적으로 말한다면 공화제적 정체와 통상 국가로 특징지어지는 베네치아 모델은 21세기 민주화 이후의 시대와 세계화 시대에 대한민국의 국정 운영 모델로 가장 많은 함의를 던져준다.

2. 자유시민 로마노 마이라노

민주화 이후 한국의 정치경제적 미래 모델을 베네치아에서 찾아보고는 하지만 베네치아 공화주의가 궁극적으로 추구한 것은 거대한 정치나 경제 이야기가 아니라 이 나라에서 살아간 평범한 자유시민의 행복일 것이다. 공화주의가 지향하는 바는 궁극적으로 그 공동체의 구성원인 평범한 시민들의 정치적 자유와 경제적 독립에 얼마나 기여하느냐에 달려 있다. 그리고 특정한 공화정체는 표준적인 한 시민이 그 공동체에서 연대와 일체감을 느끼고 행복한 일생을 살았느냐에 따라 평가받아야 할 것이다.

공화주의에서 가장 중요하게 간주하는 것이 그 공동체의 구성원이 어떤 삶을 영위했느냐다. 여기에서 베네치아의 표준적인 시민인 로마노 마이라노(Romano Mairano)의 삶을 예로 들어보자. 공화정과 통상 국가에서 그는 일생 동안 공화정의 초석인 독립적인 자유시민이었다. 그는 선원이었으며 상인이었고 투자자였다. 이 베네치아의 표준적인 평민은 시오노 나나미의 베네치아공화국에 관한 소설『바다의 도시 이야기』에 나오며, 그보다 먼저 베네치아 연구의 세계적 권위자인 존스홉킨스 대학교의 프레더릭 레인(Frederic Lane) 교수의『베네치아, 바다 공화국(Venice, A Maritime Republic)』에 등장한다. 그는 가난한 환경에서 시작했고 아내의 결혼 지참금도 변변하지 못했다. 그렇지만 적은 자본밖에 갖지 못한 그도 베네치아의 제도 덕분에 금융을 활용하고 국가가 제공하는 기회를 적절히 포착해 은퇴할 70세 즈음에는 상당한 재산을 모으게 된다.

1155년, 25세 전후의 마이라노는 콘스탄티노플(Constantinople)로 가는 배의 선원이 되었다. 그러나 그는 단순히 선원에 머무는 것이 아니라 자신이 이용 가능한 금융을 활용해 해상융자를 받고 또 신용조합인 콜레간차(Colleganza)에서도 융자를 받아 콘스탄티노플로 배를 타고 가서 목재를 구입했다. 베네치아의 제도는 저소득층 시민이 단순히 고용되는 형태에 머물지 않고 재산을 축적할 기회를 제공했다. 그는 일생 동안 근면과 제도의 도움을 받아 부를 축적할 수 있었다.

마이라노가 첫 번째 항해에서 다룬 품목은 목재였다. 그는 콘스탄티노플에서 목재를 팔고 그 이익으로 융자받았던 돈을 갚았다. 다음 해에 그는 스미르나(Smyrna)와 알렉산드리아로 항해하는 배의 선장으로 고용되었다. 이때에도 단지 선장에 머무는 것이 아니라 동업자들이 하는 방식대로 두 가지 융자제도를 통해 상품을 사들이고 그것을 알렉산드리아에서 팔았다. 더구나 자신이 타는 배에만 물건을 실은 것이 아니라 융자를 받아 비슷한 항로를 이용하는 다른 배에도 화물을 실어 이익을 남겼다. 이는 위험분산을 중시하는 베네치아 상인들의 일반적인 관행이기도 했다. 10년 안에 그는 자신이 대주주로 있는 배의 선장이면서 다른 배의 부분적인 선주가 되었다. 경력이 쌓여가면서 마이라노는 신용을 바탕으로 더 많은 돈을 빌릴 수 있었다.

그러나 그의 투자가 항상 성공한 것만은 아니었다. 1171년에 콘스탄티노플에서 베네치아인을 배척하는 폭동이 일어났다. 베네치아인들이 콘스탄티노플에서 상업을 독점하는 경향이 나타나자 이에 불만을 품은 지역 주민들이 황제의 선동으로 불이 붙었다. 거주 지역은 습격당하고 창고는 불 공격을 받았다. 항구에 정박 중이었던 베네치아 상선도 폭도들의 습격으로 불탔다. 마이라노가 새로 진수한 큰 배가 마침 그 항구에 있었고 그리스인 폭도로부터 도망해 온 사람들의 피난처가 되었다. 갑판 위의 상품들을 지키려고 물에 젖은 천을 덮었으나 모두 허사였다. 이 재앙으로 마이라노는 그 전해에 빌린 돈을 갚는 데 12년이나 걸렸다.

그러나 그의 기업가 정신은 이런 경험으로 결코 위축되지 않았다. 그는 다른 동족들처럼 세바스티아노 지아니(Sebastiano Ziani)에게 돈을 빌렸는데, 그는 베네치아에서 엄청난 재산가로 유명한 사람이었다. 이러한 대출은 1171년 사건으로 타격을 받은 중소 상인들을 다시 일어서게 하기 위해 이 시기에 큰 부자들이 실시한 구제책으로 보인다. 베네치아 상류층은 공공선이나 시민들의 보호에 익숙한 전통을 갖고 있었다. 1171~1172년에 있었던 베네치아와 비잔틴 간의 분쟁 이후 지아니는 베네치아의 원수가 되었고 베네치아의 번영과 위신을 복원하는 일에 지도력을 발휘했다. 그동안 그의 아들은 아버지 대신 가문의 재산을 관리하는 일을 맡았다.

마이라노는 자신의 배를 가진 경험 많은 선장이었고 대출을 갚을 수 있을 만큼 유능하다는 평판을 듣고 있었다. 지아니는 마이라노가 알렉산드리아로 목재를 나르는 항해에 재원을 융자했고, 마이라노는 알렉산드리아에서 지아니의 대리인에게 후추로 출자금을 상환했다. 마이라노는 이에 용기를 얻어서 북아프리카를 따라 서쪽으로 향하는 새로운 항로에 대한 사업을 계획했다. 그는 이 항해를 위해 새로 배를 건조하고 이 배를 직접 모는 대신 동업자에게 선장을 맡겼다. 그는 자신에게 익숙한 항로였던 시리아, 팔레스타인, 이집트로 항해했다. 1190년 이후 마이라노는 70세에 거의 이르러 더는 자신의 배의 선장을 맡지 않았다. 1192년에는 알렉산드리아로 향하는 항해를 아들에게 물려주었다.

상인이며 여행자이고 선원이면서 투자자였던 마이라노는 1200년대를 통해 베네치아를 비롯한 이탈리아의 해양 도시국가 상인들의 전형적인 모습이었다. 청년 시절에 자본이 부족할 때는 융자제도를 이용해 선원으로 일하면서 투자할 수 있는 기회가 있었다. 분쟁이나 천재지변 또는 해적에 의해 몰락했을 때는 베네치아 공동체의 배려에 의해 패자 부활이 가능했다. 베네치아공화국에서 이런 일은 특별한 경우가 아니라 아주 일반적인 경우에 해당했다. 이 공화국은 그들 정체의 초석이 되었던 공동체 구성원들의 경제적 독립과 자존을 위해 정책적 지원을 아끼지 않았다. 1000년 동안 공화주의 정체를 유지할 수 있었던 가장 중요한 원천은 공화국의 기초였던 자유시민을 보호하는 노력에 있었다.

3. 자유시민들의 주권적 독립국가

자유시민들에게 기회의 부여와 패자 부활이 가능하게 한 공화국의 탄생은 베네치아의 독특한 역사에서 시작되었다. 그들은 지배계급과 피지배계급의 구분이나 이에 따른 하층시민의 종속성보다는 독립된 공화국의 시민들이 자유롭게 상업에 종사하고 정치에 참여하는 길을 택했다. 초기에는 베네치아뿐만 아니라 피렌체, 제노바 등 많은 도시국가가 있었다. 그중에서 베네치아는 다른 도시국가에 비해 시민들이 주권적 독립을 갖고 탄생했다는 강력한 신화를 믿고 있었다. 국가주권의 감정은 태생적 독립성과 자치정부의 신화에 따라 강화되었다. 원래 이탈리아 동쪽에 자리 잡은 베네치아는 비잔틴 제국의 영향력 아래에 있었지만 이들은 그 영향력에 종속되기보다는 자생적으로 독립성을 유지하고 있다고 믿었다. 모든 사람과 그룹에 걸친 궁극적 권위로서 국가의 통합이라는 신념은 베네치아를 제노바나 피렌체 같은 다른 도시국가와 현저히 구별 지었다. 중세 후기 이탈리아의 다른 도시국가들은 황제나 교황의 이념적 주권을 인식하고 있었지만 베네치아는 그들의 정부를 정당화하기 위해 그러한 높은 권위에 의존하려고 하지 않았다. 베네치아인들은 기질적으로 외부 통제에서 독립적이고 자유로운 사람들로 그들의 의지에 따라 통치되기를 원했다. 13세기 제4차 십자군전쟁을 주도하면서 비잔틴 제국과의 전쟁에서 베네치아를 승리로 이끌었던 국가원수 엔리코 단돌로(Enrico Dandolo)는 그들의 첫 번째 원수가 비잔틴 제국의 관리였고 그들의 나라가 비잔틴 제국의 한 부분으로 창설되었다는 사실을 무시했다. 그는 베네치아의 시작을 독립적인 개인들이 자생적으로 모인 것으로 그려갔다. 베네치아인들은 697년에 석호 주변에 흩어져 사는 다양한 주거지에서 출발해 그들 자신이 주도권을 형성하며 모였고 귀족과 평민들이 함께 1인의 지도자인 원수를 추대해 흩어져 있던 부족들을 통합시켰다고 스스로 믿었다.

베네치아의 또 다른 특징은 중세 시대였는데도 정교분리의 원칙이 일찍부터 자리 잡아 종교 때문에 국정이 휘청거리지 않게 했다는 점이다. 베네치아 역시 가톨릭국가로 4대 복음 성인 중 한 명인 성 마르코(Saint Marco)를 수호성인으로 숭배했다. 그러나 가장 중요한 성당이었던 성 마르코 성당조차 성직자가 관리하는 것이 아니라 원수의 개인 성당이었고 관리도 성당운영위원회에서 이루어졌다. 당시 교황조차 "베네치아에서는 내가 제일 중요한 인물이 아니다"라고 고백했다. 그들은 원수의 임명에서 종교적 권위를 빌리는 의식에 익숙해져 있는 가톨릭교도들이었지만 종교가 국정에 간섭하는 것을 처음부터 배제했다. 중세의 종교 문제와 교황의 전횡으로부터 베네치아는 자유로웠다. 당시의 금서들도 베네치아에서는 누구나 쉽게 구할 수 있었다. 교황이나 황제의 탄압을 피해 망명한 피난자들에게 베네치아는 안식의 공간이었다.

베네치아 공화정에서 가장 중요한 국내 문제는 그들이 중세적인 정쟁의 빌미가 되었던 파벌 문제에서 자유로웠다는 점이다. 베네치아는 파벌에서 자유롭고 모든 시민은 그들 도시의 영광을 위해 함께 일한다는 믿음은 국가의 연대(solidarity of the state)에 기여했다. 16세기에 다른 많은 도시국가들이 정쟁에 휘말렸지만, 베네치아만은 정쟁으로부터 안전하자 그들의 이러한 믿음은 확고해졌다. 그러나 처음부터 베네치아가 정쟁에서 자유로웠던 것은 아니다. 이는 그들의 부단한 노력의 산물이었다. 베네치아 역시 건국한 뒤에 처음 600년 동안에는 원수 선출과 이를 둘러싼 가문 사이의 정쟁이 다른 도시에 못지않았다. 선축된 원수들은 국내에서는 정쟁을 통해 다른 가문들과 갈등을 유발하고 이웃 국가와의 정략결혼을 통해 그들 가문의 지위를 확고히 하려고 했다. 이 와중에 일어나는 암살과 방화는 다른 이탈리아 도시와 다를 바 없었다. 살인적인 음모로 넘쳐났다. 원수나 유력한 가문들은 살아남기 위해 외세에 보호를 요청하기도 했다. 10~11세기에 베네치아 역시 유력 가문들 사이에 벌어지는 음모와 야심에 시달렸다. 개인적 야심을 국가적 질서에 복종시키는 베네치아의 전통은 후대의 많은 찬사를 받지만 이는 타고난 유전적 덕성이 아니라 후천적인 학습으로 획득한 특성이다. 베네치아가 피의 정쟁에서 자유로웠던 것이 아니라 그 정파와 정쟁을 길들여갔던 것이다.

베네치아 공동체(Venetia Commune)는 독립적 주권, 정교분리, 정파의 배제를 통해 그들 공화국에서 안정성과 지속성을 확보해갔다. 그들은 정치적 권위에 상향식 방법과 하향식 방식을 모두 활용해 정당성을 부여했다. 베네치아 공화주의에서 민주제적 전통으로 가장 중요한 것은 시민대집회(Great Assembly)에서 종신직 국가원수의 선출과 주요 입법을 통과시켰다는 점이다. 성 마르코 광장에 모인 시민들이 원수를 직접 선택했다. 다른 한편 이렇게 선출된 원수는 성 마르코 성당에서 종교적 의식을 통해 임명됨으로써 중세적인 하향식 정당성도 동시에 확보했다.

4. 선출된 종신직 국가원수

베네치아 공화정의 정점에는 종신직 국가원수가 있다. 국가원수의 국정 운영 방법은 민주화된 국가의 대통령의 국정 운영과 유사한 측면이 많다. 민주화된 국가에서 대통령이 여러 제도적 견제와 제안을 받으면서도 리더십을 발휘할 수 있는 것은 실질적으로 행사할 수 있는 권력보다는 여론을 주도함으로써 국민 통합을 이루는 민주적 리더십이 있기 때문이다. 권위주의 정부하에서 대통령이 무소불위의 제왕적 권력을 행사한다면 민주 정부의 대통령은 여러 제도적인 제약을 받게 된다. 이러한 특징은 공화주의의 견제와 균형이라는 본래의 취지와도 부합한다.

여러 제도적 수단으로 원수의 권력을 제한하는 장치를 만들었더라도 독재로 흐를 가능성이 있는 종신제도를 운영한 것은 베네치아가 그들 자신과 그들이 갖추고 있는 제도에 대해 확신이 있었기 때문이다. 베네치아의 국정 운영을 중세 이탈리아의 다른 공동체와 비교할 때 가장 현저한 차이는 핵심 집행부의 본질에 있다. 13세기 초반에 제노바, 밀라노, 피렌체와 같은 거의 모든 이탈리아 공동체는 행정의 통일성과 공정함을 위해 한 명의 집행관을 두었다. 베네치아의 원수처럼 다른 도시의 집행관들도 취임 선서를 하고 임기 내내 사법을 관장했다. 그러나 그들은 베네치아 원수보다 약한 집행부였다. 임기가 1년이거나 수년에 불과했다. 더구나 그들은 언제나 외국인이었고 국내적 영향력이 있는 정치지도자가 아니었다. 다른 이탈리아 공동체들은 불편부당한 집행과 사법을 위해 외국인이 이 직책을 맡는 것이 필요하다고 느꼈다. 그러나 베네치아인들은 스스로와 상대에 대해 더 확신을 갖고 있었다. 그들은 서구의 황제에게 복종하지 않고 외국인을 행정수반으로 삼는 것을 배제하는 주권적 독립의 감정을 갖고 있었다. 국가원수들은 정부를 운영하는 독자적인 베네치아 방식을 철저하게 경험한 사람들이었고 그 도시의 주도적 인물로 알려진 자들이었다. 그들 속에서 선택되고 그들과 함께 일하는 사람이 원수로 선택되었다. 베네치아와 다른 이탈리아 도시국가 간의 근본적인 차이는 국가에 대한 충성의 연대와 단결의 정도에 있었다. 국가원수는 단결된 충성의 표현이었다.

그러나 베네치아 사람들은 국가원수의 독단을 용납하지 않았다. 12세기 전에는 다른 도시국가들처럼 원수 개인의 독단적인 국정 운영이 허용되기도 했다. 그러나 독단적인 국정 운영에 따른 폐해와 당파 사이에 파벌 싸움과 유혈 사태가 발생하자 베네치아인들은 원수가 독단적으로 국정을 운영할 수 없도록 보좌관 제도를 도입했다.

즉, 보좌관의 동의가 없이는 원수가 어떤 결정이나 집행도 할 수 없도록 했다. 원래 베네치아는 여섯 개의 지역으로 나뉜 6구제(sestieri)의 행정 체계를 갖춘 도시국가였다. 이 여섯 지역의 대표들이 원수의 보좌관으로 국정에 참여해 원수를 견제함으로써 독단적인 국정 운영을 하지 못하도록 했다.

그럼 국가원수는 형식적인 존재이냐고 하면, 전혀 그렇지 않았다. 전횡을 휘두를 권력은 갖고 있지 않았지만 국가원수로서 상징과 리더십을 발휘해 사실상 권력을 운영할 수 있었다. 국가원수로서 국회에서 발언하고 법안을 초안할 수 있었고 사실상 통치기구라고 할 수 있는 40인 위원회의 의장이었으며 원로원에서 합의를 끌어낼 수도 있었다. 그는 혼자서 전결할 수 있는 권한은 없었지만 공동체를 실질적으로 이끌어가고 국가의 상징적 존재로서 국정의 중심을 형성했다. 이러한 리더십은 공화제 리더십의 장점이기도 하다. 군주제 국가의 독단적 국정 운영과 달리 공화제에서 각 계층의 합의를 끌어내어 민주적으로 국정을 운영할 수 있음을 보여준 귀중한 역사적 선례다. 엔리코 단돌로는 제4차 십자군전쟁 당시 국가원수로서 콘스탄티노플 함락을 선두에서 지휘했다. 베네치아의 원수가 위원회의 의견에 반대해 갈 수는 없지만 군주와 같은 강력한 통치를 할 수 있음을 보여주었고 특히 개인적으로 해군 함대에서 명령을 내리고 전쟁에서 승리를 이끌어낼 수 있음을 보여주었다. 그의 리더십은 군사적인 측면뿐만 아니라 경제적인 측면에서도 볼 수 있다. 그는 베네치아의 유명한 주조화폐로 전 유럽에서 널리 통용된 은화인 그로소(grosso)를 주조했다. 그는 이를 통해서 동방에서 오는 수입품과 물자에 대한 결제수단을 만들어냈다. 이 주화는 베네치아에 명성과 매력적인 사업을 더해주었다.

비록 국가원수가 독단적인 권력 행사를 할 수 없도록 여러 공화제적 견제 장치가 있었지만 리더십과 국정 운영 능력에 따라 상당히 자율적인 의사 결정을 할 수 있었다. 그리고 전쟁과 같은 위기 상황에서도 충분히 리더십을 발휘하고 경제 분야에서 새로운 개혁도 가능했다. 우리 현실에서는 민주화 이후에 대통령의 리더십에서 분권이 일어나면서 제왕제적 대통령의 시대는 지나갔다. 이러한 현상에 대해 일부에서는 우려를 제기하기도 한다. 국정의 중심축인 대통령의 권력이 분산되면서 국정의 비효율과 혼란을 가져왔다는 것이다. 그래서 민주화 이전과 같은 강력한 대통령의 리더십이 필요하다고 주장한다. 그러나 베네치아의 국가원수에서 볼 수 있는 것처럼 공화적으로 분권화된 제도를 통해서도 민주적 합의에 따라 효율적이고 강력한 국정 운영이 가능함을 알 수 있다.

5. 공화제적 헌법의 틀

베네치아에서 국가원수는 국정의 중심이고 국가의 상징이었지만 국정 운영의 헌법적 틀은 로마공화정의 전통에 기반을 두고 있었다. 아리스토텔레스가 이상적인 국정 운영으로 1인, 소수, 다수의 정치 형태인 군주정, 귀족정, 민주정이 공존하는 혼합 정체를 전범으로 삼았던 것처럼 베네치아 역시 이러한 공화정의 전통을 기반으로 했다. 마키아벨리만큼은 아니지만 이 당시 베네치아 출신으로 역사적으로 평가받는 인물 중에 가스파로 콘타리니(Gasparo Contarini)가 있다. 그는 베네치아 공화정체를 이렇게 표현했다. 다수제는 공화국 국회에, 소수제는 원로원과 10인 위원회로 대표되는 중추 그룹에, 군주제는 군주제의 이점을 살리면서 그 결점은 배제한 원수에 각각 구현되어 있다. 이들을 모두 혼합한 형태로 운영하는 것이 베네치아의 공화제라는 것이다. 베네치아의 국정 운영은 다수는 다수의 횡포로 흐르지 않고, 소수는 소수대로 가진 권리를 남용하지 않으며, 원수도 그 지위와 명성을 이용해 군주제로 몰고 가려는 움직임을 보이지 않았다.

시름이 깊으면 사색도 깊어지는 것일까? 국정 운영에서 행복했던 베네치아는 마키아벨리와 같은 일류 정치사상가를 배출하지는 못했다. 콘타리니의 저작은 공화주의에 대한 사료쯤으로 평가받는 반면 마키아벨리는 피렌체의 혼돈과 좌절 속에서 고뇌하고 사색하여 정치사상의 최고봉으로 자리를 잡는다. 이 또한 정치사상사의 역설이다. 공화제와 참주제, 금권정치의 혼돈 속에서 지속 가능한 강력한 국가의 출현을 바라는 꿈과 동시에 공화적 국정 운영을 바라는 꿈을 가진 마키아벨리의 저작은 피렌체의 정쟁 속에서나 가능한 일이었을까?

베네치아는 일류 정치사상가를 배출하지는 못했다. 그러나 일류 국정 운영의 틀을 만들고 1000년 동안 기본적인 틀에서 변함이 없었다. 1000년 동안 베네치아에서는 그들의 정체에 대해 근본적인 회의를 가진 사람이 출현하지 않았다. 그만큼 베네치아의 헌정질서는 튼실한 안정감을 갖추고 있었다.

피라미드 모양의 베네치아 정부 중심조직은 맨 아래에 시민대집회가 있었고 반대로 가장 정점에 원수가 있었다. 그 사이에 차례로 국회(Great Council), 40인 위원회와 원로원(Forty and Senate), 내각위원회(Ducal Council)가 있었다. 베네치아인들은 개인적인 권력을 불신했기 때문에 위원회(committees and councils)에 의존했다. 사법제도조차도 판결은 개별 판사가 아니라 합의제형 결정으로 이루어졌다. 각 위원회는 법의 지배(rule of law)가 이루어질 수 있도록 다른 몇몇 위원회로부터 견제받도록 했다. 이는 때때로 집행의 효율이 떨어지는 대가를 감수하면서도 지켜진 원칙이다.

시민대집회는 1071년 도미니코 셀보(Dominico Selvo) 원수를 선출할 때처럼 바다 위의 배에서 이루어지기도 했지만, 주로 성 마르코 광장에서 열렸다. 시민대집회는 기본법을 비준하거나 새로운 원수를 선출하는 추천위원회를 박수로 선출할 때 소집되었다. 국회는 절차에서 더 조심스럽게 구성되고 규율되었다. 국회는 13세기에 권력의 중심을 이루었다. 국회는 모든 위정자(magistrates)와 위원회 구성원들을 선출했고 이들의 분쟁을 해결했다. 국회는 법률을 통과시키고 형벌을 선포하고 사면을 실시했다. 내각위원회 같은 중요한 관직은 300~400명 정도의 국회의원이나 전직 국회의원에서 충원되었다. 대략적으로 말한다면 국회는 베네치아에서 영향력 있는 중요한 사람들을 대부분 포함하고 있다고 할 수 있었다.

그러나 국회는 숙의와 토론을 빈번히 하기에는 규모가 너무 컸다. 이런 기능은 중간 크기의 위원회에서 수행했는데 그중 가장 중요한 것이 40인 위원회(Forty Quarantia)다. 이 위원회는 최고사법위원회에서 상고심을 맡고 동시에 금융과 재정에 관련된 국회의 법률안을 준비했다. 나중에 40인 위원회는 원로원(Senate, Consilium Rogatorum 또는 Consiglio dei Pregadi) 구성원과 상당 부분 겹쳤다. 원로원은 처음에 60명으로 구성되었는데 상업과 관련된 포고문을 준비하고 대사를 파견하며 함대를 이동시킬 권한이 있었다. 40인 위원회와 원로원은 필요한 경우에는 공동으로 행동했다. 그러나 13세기에는 40인 위원회가 더 권위 있는 위원회였고 이 위원회의 세 명의 위원장(Capi)은 내각위원회에 참석했다.

가장 상층에는 내각위원회가 자리 잡고 있었다. 내각위원회는 다른 위원회의 모든 업무를 주도하고 동시에 그들의 결정에 복종할 것을 명할 수 있었다. 1178년 이후 내각위원들은 여섯 명의 원수보좌관으로 구성되었는데 이들은 베네치아 행정조직인 6구제를 각각 대표했다. 이들의 임기는 6개월이나 1년이었고 한 번 보좌관을 맡은 뒤에는 2년 동안 보좌관을 할 수 없도록 했다. 이는 특정한 개인이나 정파에 권력이 집중되는 것을 경계하는 공화제의 전통에 기인한 것이었다. 이들은 원수가 주재하고 많은 의안에 대해 비토권을 가진 40인 위원회의 세 명의 위원장이 배석하는 회의에 참석했다.

한 명의 원수, 여섯 명의 내각위원, 세 명의 40인 위원회 위원장, 이렇게 열 명으로 베네치아는 좁은 의미의 정부(Signoria)를 구성했다. 국가원수를 의장으로 하는 이들은 국가위기에 대처하고 법률을 제안하고 관련 위원회를 소집하며 다양한 하부 집행 인력을 감독하는 책임을 맡았다.

13세기 초에 베네치아 정부는 함대의 함장을 임명하고 국회에서 위원회와 행정위원회 위원을 추천했다. 나중에 추천 기능은 좀 더 세분화된 독립적인 추천위원회에서 이루어졌고 함대의 함장은 국회에서 선출되었다. 업무량이 증가하면서 내각위원회에서 수행했던 많은 기능이 다른 곳으로 이양되었지만 통일된 중앙집행기관은 내각위원회에 남아 있었다. 원수가 사망했을 때 여섯 명으로 구성된 내각위원회는 새로운 원수 선출 절차를 주관하고 그들이 바람직하다고 생각하는 절차상의 개혁을 제안했다. 내각위원회의 연장자는 공화국의 임시 국가원수가 되었고 새롭게 선출된 원수에게 공직의 상징을 이양했다.

내각위원회의 기능은 원수가 내각의 다수결에 따른 결정이나 국회의 다수 결정을 따르도록 강제하는 것이다. 이러한 기능은 내각위원회의 취임 선서에 명시적으로 나와 있다. 원수가 내각위원회의 결정을 따르지 않을 때는 언제든지 위원회는 원수에게 이를 따르도록 말해야 한다. 원수가 위원회에서 월권할 의도를 보이면 그가 너무 많은 권력을 갖지 않도록 끊임없이 원수에게 반대해야 한다. 그러나 원수가 다수결을 따르는 원칙을 받아들이고 내각의 상시적 반대를 피하는 한 정부 구조는 원수가 가장 영향력 있는 인물임을 보여주고 있다. 우선 다른 구성원들은 임기가 2개월에 불과하거나 길어도 1년에 지나지 않는다. 하지만 1172년에서 1354년까지 원수는 평균 11~12년 정도 공직에 있었다. 원수는 권위가 있으며 정부, 원로원, 국회에서 주도적 위치에 있고 많은 업무와 국가 행사에서 공화국을 대표했다.

베네치아는 그들의 기질에 맞는 공화적 국정 운영을 13~14세기에 완성했다. 공화주의적 전통은 정체의 기반을 독립적인 시민들로 삼기 때문에 이들에게 종속적인 지위를 강요하는 독재자나 참주, 군주 등의 출현을 가장 경계했다. 베네치아인들은 개별적인 인간의 권력욕에 대해 불신했다. 따라서 개인의 능력이 출중하더라도 특정인에게 권력을 몰아주는 일 따위는 하지 않았다. 언제나 견제와 균형을 지키며 시민의 자유를 보호하려고 했다. 베네치아 공화정은 이런 정신의 산물이었다. 원수의 권한을 제한하고 공직의 임기를 제한하고 위원회 간의 견제가 가능하게 했다. 다른 한편으로 효율적 집행을 위해 원수에게 권한을 부여하고 40인 위원회나 내각위원회 같은 집행력이 강한 부서가 공존하게 했다. 그들은 아리스토텔레스 이래 공화적 전통에 가장 충실한 독특한 공화국을 조형해갔다.

6. 파벌에 좌우되지 않는 공동체

공화주의의 기반인 공동체는 공화정 전체의 이익인 공공선을 최우선 과제로 삼는다. 공공선은 공동체 구성원들 전체의 이익이면서 개별 구성원의 자유를 보호함을 목표로 하고 있다. 그러나 현실 정치에서는 언제나 원자화된 개인과 전체 공동체 간에 존재하는 부분 이익으로서 파벌 문제가 등장한다. 특히 조직화되고 집중화된 파벌의 이익은 때로는 전체의 이익으로 둔갑해 전제정치로 흐르는 경향이 있다. 공공선으로 포장된 파벌의 이익을 위해 진정한 공공선과 개인의 자유가 억압당하는 일이 발생하는 것이다.

그래서 초기 공화주의자들부터 현대의 공화주의자들까지 파벌의 형성을 경계했다. 현대 공화주의의 선구였던 미국 건국의 아버지들도 파벌 문제를 미국 헌법 초안에서 심각하게 고민했다. 공공선은 인민의 복지라고 본 그들은 국가 전체의 이익과 개인의 자유를 보호하기 위해서는 파벌을 인정해서는 안 된다는 입장을 견지했다. 특정 파벌의 이익을 대변하는 정당에 대해서도 회의적 시각을 지니고 있었다. 공화주의자들은 특정 파벌이 공공선의 이름으로 전체 이익으로 위장하는 것을 경계할 뿐 아니라, 파벌 간의 정쟁이 공화국의 미래를 망친다고 생각했다.

사실 이탈리아의 다른 도시국가의 흥망에서는 특정 가문이나 파벌의 권력적 야심이 언제나 문제가 되었다. 끊임없는 정쟁과 피의 숙청이 반복되면서 그들 스스로를 갉아먹어 들어갔다. 오랫동안 동지중해 무역의 패권을 놓고 베네치아와 다투었던 제노바의 몰락은 외부의 적이 아니라 내부의 정쟁 때문에 스스로 몰락해간 것이었다. 제노바는 베네치아와 네 차례에 걸쳐 전쟁하면서 베네치아보다 오히려 군사적 우위를 보였다. 그런데 지중해에서 최후의 승자는 제노바가 아니라 정치 능력에서 우위를 보인 베네치아였다. 1378년에 일어난 제4차 베네치아-제노바 전쟁에서 베네치아의 군사력 열세는 확연히 드러났다. 제노바 해군은 베네치아 항구를 봉쇄했고, 베네치아인들은 물자가 끊긴 상황에서 최악의 농성전을 치러야 했다. 베네치아 시민들은 식량과 물자가 절대적으로 부족한 내핍 생활을 감내해야 했고 식료품은 배급제로 운영되었다. 원래 베네치아는 필수품까지 수입에 의존하는 나라였기 때문에 그들이 감당해야 할 고통은 이루 말할 수 없었다. 위기를 극복하기 위해 거국일치의 총동

원령이 내려졌다. 베네치아의 일치단결한 끈질긴 저항 덕에 1381년 8월에 베네치아와 제노바 사이에 강화가 성립되었다.

동지중해 무역과 제해권을 두고 자웅을 겨루던 이들 도시국가의 운명은 그 후 전혀 다른 길을 걷게 된다. 강화조약에 따라 두 도시국가는 전쟁 이전의 상황과 똑같은 상태로 되돌아갔다. 그러나 베네치아가 더욱 굳건하게 공동체를 다져간 데 비해 제노바는 끊임없는 정쟁으로 자멸해갔다. 특히 제노바에서는 피렌체와 마찬가지로 파벌들의 정쟁으로 국정 불안이 주기적으로 나타났다. 단테 알리기에리(Dante Alighieri)는 그의 조국 피렌체를 괴로움을 견디지 못해 몸의 위치를 자주 바꾸는 환자에 비유했다. 단테의 비유는 제노바에 그대로 적용되었다. 강화조약 이후 5년 동안 제노바에서는 국가원수가 열 명이나 바뀔 정도로 정치가 불안했다. 그 후에 프랑스의 지배하에 들어갔고 130년 동안 짧은 독립과 프랑스나 밀라노 공국의 지배받기를 반복했다. 그 후에는 에스파냐의 보호령이 되었고 약 3세기가 지난 후에 이탈리아로 편입되었다.

반면 베네치아는 이 전쟁을 통해 공동체로서 연대감을 굳건히 해나가는 새로운 전기를 마련했다. 전쟁 중에는 거의 수세적인 공성전을 해야 했고 전장의 대부분이 베네치아 인근이었다. 전쟁 중에는 제노바인보다 베네치아인들의 고통이 훨씬 컸다. 그러나 제4차 제노바-베네치아 전쟁을 통해 베네치아는 국민 전체의 의견 일치라는 무엇과도 바꿀 수 없는 공통의 역사적 경험을 얻었다. 이것은 전쟁이 끝난 뒤 베네치아가 다시 일어서는 데 결정적 요인이 되었다.

사실 이 전쟁이 끝났을 때 두 나라는 경제적으로나 군사적으로나 완전히 동등한 위치에 있었다. 다만 베네치아는 제노바에 비해 통치능력에서 우위에 있었다. 통치능력의 우위는 파벌을 배제하려는 베네치아인들의 부단한 노력 덕분이었다. 프레더릭 레인은 "장기간에 걸친 베네치아와 제노바의 대립 끝에 베네치아가 승리한 것은 해군의 힘이나 해전 기술 덕분이 아니었다. 베네치아는 1270년 이후에 이런 측면에서 우위에 있지 않았다. 승리를 결정지은 원인은 두 국가가 보여준 국정 운영의 차이였다. 이 점에서 베네치아와 제노바는 현격한 차이가 있었다"라고 평가했다. 이탈리아 도시국가에서 암적 존재로 정쟁의 근본 원인이 되었던 파벌을 베네치아는 그들의 존속기간 내내 경계하고 길들이려고 했다. 그들은 파벌이 공화국의 공동체 유지에 가장 해악적 요소임을 누구보다 잘 알고 있었다.

공동체에서 파벌을 배제하는 통합은 도시국가 안에서 평화를 유지하는 데 아주 중요한 요소다. 중간계급과 하층계급이 성장하면서 그들의 정치적 요구에 따라 흔들리는 공동체에서 지배계급의 구성원 간에 투쟁이 벌어지면 반역자들에게 기회를 부여한다. 베네치아는 주권국가를 위해 단결된 충성의 전통이 강한 비잔틴 제국의 유산을 물려받아 가문의 라이벌들을 더 쉽게 제한할 수 있었다. 이러한 단결은 공화주의의 여러 제도적 장치에 의해 강화되었다. 숱한 관직과 위원회의 자리, 짧은 재임기간, 연임 금지의 원칙이 더 많은 사람에게 기회를 부여해서 파벌에 의하지 않고도 많은 사람에게 국정 참여의 길을 열어주었다. 소수가 아닌 다수의 국정 참여는 굳이 폐쇄적이고 퇴행적인 파벌에 의지하지 않고도 공동체를 위한 정치적 참여를 가능하게 했다. 이러한 실행은 권력과 명예를 더 넓게 공동체 사람들에게 배분했다. 또한 내각위원회, 중요한 추천위원회, 중요한 행정집행 부서에 특정 가문의 사람이 한 명만 참여할 수 있도록 했다. 특정 가문 사람이 공직 후보로 추천되어 투표에 회부되면 그의 친척들은 모두 기권할 것이 요구되었다.

공동체의 정치 참여에는 선망하는 관직과 기피하는 관직이 동시에 있기 마련이다. 기피하는 관직의 경우 특별한 사유가 없는 한 지명되거나 추천된 사람은 합당한 이유 없이 이를 거부하는 것이 허용되지 않았다. 만약 기피하는 경우 선망하는 다른 관직에 선출될 기회가 제한되었다.

현대의 파벌주의도 마찬가지지만 선거만으로 이러한 파벌주의를 막을 수는 없다. 베네치아는 선거 못지않게 후보 지명에서도 기회가 동등하게 부여되도록 했다. 오늘날에는 이해되지 않는 제비뽑기와 선거를 반복하는 방식으로 주요 공직자를 선출했다. 이들은 만약 후보 지명에서 가문이나 파벌이 개입할 수 있거나 음모적 협상이 진행될 수 있다면 파벌은 발생할 수밖에 없다고 보았다. 예컨대 유력 가문 몇몇이 담합해 이른바 알짜 관직의 후보를 나누어 먹기로 정하고 입후보 단계에서 입김을 행사한다면 선거를 하기 전에 이미 파벌이 영향을 미칠 수 있다고 보았다. 그래서 현대에는 이해될 수 없을 만큼 제비뽑기와 같은 우연적 요소를 관직 선출 절차 곳곳에 만들어놓았다. 파벌들에 의한 사전 담합을 원천 봉쇄하려고 한 것이다. 이렇게 해도 크게 문제가 되지 않은 것은 선출되는 사람들이 오랜 기간 정치적으로 훈련된 사람들 속에서 나오고 몇 차례 추천과 선거를 반복하면서 부적격자를 걸러냈기 때문이다.

7. 덕과 부패의 쌍곡선

공화주의자들이 파벌을 경계하는 가장 중요한 원인은 피의 정쟁과 함께 관직을 활용한 독직을 통해 부패를 조장하기 때문이다. 그리고 이런 부패를 경계하는 가치로서 덕을 강조한다. 덕과 부패는 어느 시대의 공화주의자들에게나 중요한 관심사였다. 청교도혁명과 명예혁명 이후 영국 사회의 정치 담론 역시 '덕과 부패'의 구도였다. 이는 독립혁명기의 미국이나 14세기 이후 베네치아에서도 마찬가지였다.

이상적인 공화주의 정부에서 성인 남자는 평화를 교섭하고 지혜로운 법률을 제안함으로써 공동체 전체에 봉사하기 때문에 높은 관직에 선출된다. 부패는 마키아벨리가 메디치가의 통치를 받는 피렌체를 분석하면서 강조했듯이 권력자들(power men)에게서 발생한다. 이들은 조세와 관련되었거나 정부 관직의 배분에서 그들 지지자의 사적 이익에 특별히 봉사하는 사람들이다. 베네치아인들도 이런 부패에서 면역된 것은 아니었다. 반대로 부패는 싫든 좋든 끝없이 나타났고 공화주의적 이상에 요구되는 덕을 위협했다. 그들의 강점은 부단한 노력을 통해 이러한 부패를 길들이려고 노력했다는 점이다.

베네치아 사람들이 국가원수를 단지 공동체의 위정자(magistrate of the commune)로 한정하려고 제안하는 몇 세기 동안 그들은 정치적 자유의 이상으로 명확한 형태를 갖고 있었다. 이러한 이상은 중세 후반에 이탈리아의 다른 도시국가들도 갖고 있던 것이었다. 개인적 권력에 대한 불신은 짧은 공직 기간, 재선에 대한 제한, 권력의 위임을 개인이 아닌 위원회에 맡긴 점으로 제도화되어 나타났다. 16세기에 강력한 군주제 국가와 갈등을 빚으면서 군사·외교·금융 분야에서 공화제적 제도와 이상을 유지하기 어렵게 되었다. 거의 모든 도시국가에서 공동체가 도출하고 시민적 인문주의자(civic humanists)들이 고양했던 공화주의적 원칙(publican principles)은 이론에는 남아 있더라도 현실에서는 거의 버려졌다. 베네치아만이 유일하게 공화주의적 제도(republican institutions)를 관철하며 독립적으로 생존했다.

16세기의 정부는 현대 국가에 적용되는 기준으로 보면 효율적이지도 않고 세금을 징수하고 규제를 강제하는 데도 현대 국가와 같은 권력을 갖지 못했다. 이런 점에서 현대 국가에 거의 맞먹는 국가는 베네치아를 제외하면 군주국들이었다. 이 시대를 관찰한 사람들은 베네치아가 공화제를 유지하면서도 두각을 나타내고 있다는 사실에 경의를 표했다. 해군과 외교술 덕에 베네치아는 제국의 면모를 여전히 유지할 수 있었다. 또한 이 도시국가는 많은 정치적 성과와 행정적 성과 때문에 그때나 지금이나 존경을 불러일으킨다. 베네치아 국민들은 이러한 성과 덕분에 상대적으로 굶주리지 않고 잘 먹을 수 있었고 창조적이었다. 그들은 대내적인 평화, 보건과 같은 많은 도시행정 서비스, 모든 계급에게 공평해서 높은 명성을 지녔던 사법제도를 향유했다. 베네치아는 뛰어난 외교술과 해군력으로 유명했는데, 그 시대에 가장 큰 기간산업이던 국영 조선소가 뒷받침해준 힘을 여전히 유지하고 있었다.

그렇지만 귀족들의 눈에는 이러한 것들이 베네치아가 이룬 가장 뛰어난 성취는 아니었다. 가장 중요한 것은 그들이 만든 공화국 헌법(republican constitution)의 생명력이었다. 어느 문서에도 적혀 있지 않지만 헌법은 관습과 특별법에 기초한 정치 행위의 스타일과 전통을 구성한다. 그들은 부패를 최대한 억제하고 시민적 덕성을 고양시키려고 노력했다. 공화주의적 제도들은 부패 억제와 시민적 덕성의 증진에 목적을 맞추었다. 이를 통해 부패하지 않고 덕성이 작동하는 공동체를 구현하려고 했다. 이것은 무책임한 개인적인 권력에 대한 견제를 포함하며 공동체 시대와 귀족적 원칙 속에서 발전했다. 최고지도부는 통치 그룹 내부에서 탐욕과 야심이 아니라 존경과 신뢰에 의존했다. 평민들 사이에서 대중적인 인기를 통해 권력을 추구하는 것이나 하층 귀족에게 사적 이익을 제공함으로써 권력을 남용하는 것은 반역 행위로 간주되었다. 공화주의는 덕을 필요로 한다(Republicanism require virtue). 16세기 이 도시국가의 성공은 의무와 공공복지에 대한 베네치아 귀족들의 헌신(Venetian nobles' devotion to duty and to public welfare)에 기인한다고 평가받고 있다.

현대 민주주의의 이상처럼 베네치아 공화주의의 이상도 실제 정치 현실에서 나타나고 매일매일 공공 기관에서 찾을 수 있는 것보다 더 많은 덕을 요구했다. 베네치아의 정치제도가 이상화되어 있던 그 당시에도 그들은 부패의 징후를 항상 경계했다. 비밀투표와 같이 공화주의를 지키려는 많은 탁월한 노력은 부패를 막는 수단으로 거의 완벽하게 작동했다. 비현실적이지만 버릴 수 없는 이상과 개인적이고 집단적인 이해관계 사이의 대비는 오늘날뿐만 아니라 그때에도 이율배반적인 쌍곡선을 그리고 있다. 여기서 흥미로운 것은 베네치아가 1000년 동안 존속할 수 있었던 힘의 원천이 바로 공화주의적 이상에 가깝게 정치를 하려는 지난한 노력 덕분이었다는 점이다.

8. 법의 공정

베네치아 공화정이 파벌에 좌우되지 않는 공동체, 부패를 근절하기 위한 덕성의 함양과 노력, 공화주의적 제도들을 통해 궁극적으로 실현하려고 했던 것은 무엇이었을까? 그것은 베네치아 공동체와 그 구성원들이 생존하고 자유를 누리며 번영하는 것이었다. 그리고 그들은 이를 위해 가장 필요한 것이 구성원들 간의 공동체로서 연대의식이며 자유시민의 번영이 공동 번영의 초석임을 누구보다 잘 알고 있었다. 이를 위해 필수적인 것이 바로 '법의 공정'이었다. 달리 표현하면 귀족과 평민, 부자와 빈자 간의 차별을 방지하는 일이었다. 이 도시국가는 1인, 소수, 다수의 지배가 공존하는 혼합정부(mixed government)를 이상으로 삼았다. 베네치아의 공화주의 이론가 가스파로 콘타리니는 이 도시의 위대함을 "그들 조상의 놀라운 덕성과 지혜"에 의한 조화로운 헌법질서에서 찾았다. 공화정체였지만 사실상 이 나라의 정치를 주도하는 것은 2000명 정도의 소수에 해당되는 귀족들이었다. 그러나 소수의 귀족들이 권력을 틀어쥐고 있어도 다수의 시민계급은 귀족들에게 반기를 들지 않고 잘 지냈다. 베네치아의 법이 누구에게나 평등하게 적용되고 이익의 분배도 공정하다고 할 수 있기 때문이었다.

진정한 공화국이 되기 위해서는 정의를 기반으로 해야 한다. 정의와 법의 지배라는 기초 위에 세워진 공화국은 우정과 연대의식, 공동체에 대한 소속감을 제공한다. 베네치아에서는 법의 지배와 법의 공정을 통치의 기초로 삼았다. 법의 공정에서 가장 문제가 되는 것은 '법 앞의 평등'이다. 그리고 법 앞의 평등은 재판에서의 평등만이 아니라 공동체의 구성원으로 평등하게 대우받을 권리를 의미한다. 시민들이 너무 가난해서 공공 부문이나 사기업에서 일자리를 구할 수 없게 되거나 교육의 기회조차 가질 수 없게 되는 것을 적극적으로 막아야 한다. 공화국은 시민들이 가난 때문에 배제된다는 수치스러운 경험을 겪도록 내버려 두어서는 안 된다.

베네치아의 위정자들은 개인의 자유를 보장하는 것 못지않게 시민들에게 경제적 기회를 제공하는 것이 시민 개인뿐만 아니라 공동체 전체의 생존과 번영을 위해서 필수적임을 잘 알고 있었다. 이 도시국가는 자유로운 시민들의 건강과 번영이 공화국의 토대임을 확신하고 있었다. 법의 공정은 형식적인 재판상의 문제에 그치는 것이 아니라 국가의 정책에 그대로 반영되었다. 베네치아는 권력적 개인을 불신해서 견제와 균형의 원리로 제도를 운영했지만 따로 사법제도를 독립시키지는 않았다. 원로원을 중심으로 한 집권 세력이 재판까지 직접 담당했다. 이 재판에서도 개인의 보호는 단지 형식적인 법 앞의 평등에 그치는 것이 아니라 공동체의 성원으로서 시민이 실질적인 법의 공정을 느낄 수 있도록 배려했다.

예컨대 베네치아 해군의 가장 중요한 수단인 갤리선은 범선과 달리 승무원들이 노를 저어 이동하는 배였다. 갤리선에는 주로 하층민이 담당하는 노꾼이 있었다. 베네치아에서는 노꾼의 구성이 당시

오리엔트 강국이었던 오스만 제국과 확연히 구별되었다. 오스만 제국은 노예노동을 통해 이 배의 동력을 얻었지만 베네치아의 갤리선에서는 자유시민들이 노꾼을 담당했다. 베네치아는 노꾼의 실질적인 임금 보장에 힘썼고, 이들은 전시에는 직접 전장에 참가도 하는 군인이자 시민대집회에서 권리를 행사할 수 있는 시민이었다. 베네치아인들은 귀족과 더불어 이러한 평민들 역시 공동체의 일원으로서 법의 공정을 보장받을 권리가 있다고 믿었다.

베네치아 공화정이 새삼 주목받는 이유 중 하나는 상층계급인 귀족의 자발성 때문이다. 산업정책과 금융정책에서 중소 상인들을 위한 제도적 배려는 하층계층의 권리 투쟁의 산물이 아니라 대상인들이 장악한 정부에서 만들어내고 실행한 것이었다. 대상인들도 그들과 공화국의 생존을 위해서는 하층민을 포함한 공동체 구성원 전체의 협력과 조화가 필요함을 잘 알고 있었다. 그래서 이들은 도덕관념 이전에 그들의 연대의식과 이해관계의 맥락에서 법의 공정이 필수적임을 체득하고 있었다. 실질적 의미에서의 법의 공정은 베네치아 정부가 실시한 산업정책과 금융정책에서 여실히 드러나고 있다.

9. 공공성이 강한 적극적 산업정책

베네치아 정부가 중소 상인에게 기회를 부여하고 대상인과 같은 부의 축적이 가능하도록 한 대표적 제도가 정기 항로인 무다(muda)의 운영이다. 이 항로를 운영한 덕분에 자본이 적은 중소 상인들은 직접 투자해 이윤을 얻기 힘든 국제 통상 분야에서 국가의 배려와 지원을 입고 대상인 못지않은 이윤획득의 기회를 얻을 수 있었다.

전성기 베네치아의 기간산업은 통상과 금융이었다. 14세기를 전후해 몇 세기 동안 지중해 무역에서 베네치아는 거의 독보적인 지위를 차지했다. 이 통상 국가는 다른 도시국가였던 제노바와 피사, 아말피(Amalfi)와 비교할 때 제도 운영에서 두드러진 차이를 보여주고 있다. 가장 두드러진 차이는 정기 항로를 규칙적으로 운영해서 상업활동을 예측할 수 있도록 해 비용을 줄이고 안정성을 보장했다는 점이다.

통상에서 가장 중요한 것은 불확실성을 줄이고 예측이 가능해야 한다는 점이다. 당시와 같이 교통과 통신이 현재와는 비교가 되지 않게 열악한 상황에서 만약 거래를 예측할 수 있다면 다른 거래에 비해 월등한 안정성과 수익성이 보장된다. 베네치아 정부는 잘 정비된 항로에 정규적이고 안전한 수송을 공급하는 데 초점을 맞추었다. 몇 가지 유형의 배에 대해 정부는 가야 할 항구를 선택했다. 해마다 베네치아 정부는 항해 계획을 다시 세웠는데, 이는 정부가 생각하기에 동서 교역에서 베네치아에 가장 이익을 주는 도시와 항로를 선택하는 것이었다.

이런 정규적인 항로 계획에는 범선보다는 갤리선이, 정기 항로인 무다 운영에는 국유선이 이용되었다. 당시에는 배의 동력에 따라 배를 크게 두 가지 유형으로 나누었다. 돛에 의한 바람의 힘으로 움직이는 범선이 있었고, 돛과 노를 동시에 이용하는 갤리선이 있었다. 범선은 바람이 없을 때는 바람이 불 때까지 무작정 기다리는 수밖에 없었다. 반면 갤리선은 바람이 없을 때는 노를 저어 배를 움직여서 항해가 한층 더 예측 가능하게 되었다. 당연히 비용 측면에서 갤리선이 비쌌기 때문에 고급 물품을 운송하는 데 주로 사용되었고, 운송된 고급 물품에는 당시 베네치아의 대표적인 무역상품인 향신료가 주종을 이루었다. 반면 범선은 곡물, 소금, 목재 등을 날랐다.

대형 갤리선은 정규적으로 일정이 잡힌 화물 항로에 따라 운영되었고 가장 가치 있는 화물을 운송했다. 14세기의 처음 수십 년 동안에는 원로원이 항해의 패턴과 관리 방법까지 지시했는데, 이러한 간섭은 이후 200년 동안이나 계속되었다. 해상운송업은 통상 국가였던 베네치아에 사활적 이해관계가 있었기에 최고 국정기구인 원로원에서 직접 운영했던 것이다. 그러나 이러한 운영이 오늘날과 같은 공기업처럼 운영되었다는 뜻은 아니다. 우선 원로원에서 이러한 일을 하는 의원 자신이 40세 이전에는 거의 대부분 바다에서 무역에 직접 참가하고 상사를 운영했거나 해군으로 직접 군대에서 복무한 경험을 쌓은 베테랑들이었다.

베네치아의 해상운송이 성공한 데 결정적인 요소는 해적이나 다른 국가의 조직된 다양한 형태의 폭력으로부터 보호를 제공하고 다른 경쟁자들보다 더 낮은 비용으로 배를 이용할 수 있게 해서 상업상의 이점을 제공했다는 점이다. 변화하는 관세, 외국 왕족이나 라이벌 도시의 배에 의한 해적의 위험, 이러한 손해를 막기 위해 군인을 승선시키는 데 드는 돈은 상인들이 직접 고려해야 할 비용 상승 요인이었다. 이러한 보호 비용을 산정하는 일은 사업상의 성공에서 가장 중요한 요인이다.

이것은 개인적 비즈니스 관점에서 가변적인 변수다. 비용은 상인이 화물을 싣는 배의 종류에 따라 달라지고 무역하려는 항구와 배의 무장 정도에 따라 달라진다. 일반적으로 경쟁자의 보호 비용보다 비용을 낮추거나 이점을 얻으려면 영국이나 네덜란드의 동인도회사의 경우처럼 다수의 협력이 필요하다. 베네치아 공동체는 해외 무역에 관련된 상인들이 완전히 지배했기 때문에 이들은 이러한 목적을 위한 별도의 조직이 필요하지 않았다. 정부가 선단의 호송을 조직하고 해외 베네치아 상인을 보호하는 데 필요한 조치를 취했다. 해외 무역을 위해 필요한 계획 기구로는 원로원 산하에 외교업무 담당위원회가 있었다. 이런 기구의 목적은 베네치아 상인에게 이익이 되는 일을 하는 것이었다. 이들은 자국 상인의 보호 비용을 낮추기 위해 함대를 조직해 상업적 특권을 창출했다. 이러한 무역의 결과는 공동체가 얻는 세금 수익의 증대로 이어졌다.

베네치아의 원로원은 이에 그치지 않고 항로 보호에 최신형 배와 새로운 항해술을 이용했다. 또한 항로 운영을 정기화해서 상대적으로 자금 회수가 빠르도록 배려했다. 항로는 동서남북으로 크게 네 가지로 대별되었다. 동쪽은 시리아 항로로 다마스쿠스까지, 북쪽은 흑해까지 가는 항로이며, 남쪽은 알렉산드리아 항로, 서쪽은 플랑드르 항로로 영국까지 뻗쳐 있었다.

국가의 보호에 의한 정기 항로의 운영은 다른 도시국가의 경쟁 상인들보다 베네치아 상인들에게 예측 가능성과 비용 인하, 빠른 자금 회수율을 안겨주었다. 이보다도 베네치아가 정기 항로인 무다의 운영에서 다른 도시국가와 확연히 차이가 나는 점은 중소 상인에 대한 배려에 있다. 국유선이기 때문에 수송료를 지불하면 누구든지 짐을

실을 수 있었다. 정권이 안정되고 항해의 안전을 기대할 수 있다고 판단했을 때 정부는 자주 입찰을 통해 개인에게 국유선을 빌려주었지만, 그런 경우에도 낙찰자에게는 수송료의 상한과 하한을 법으로 정해 대상인이 값을 올려 독점하지 못하도록 규제했다.

대상인들은 자신들이 소유한 상단을 통해 직접 독점무역을 할 수 있었다. 경우에 따라서는 카르텔을 형성해 특정 품목에서 이득을 남기는 일도 가능했다. 그러나 이러한 경우에도 정부는 대상인들에 의한 카르텔을 규제했다. 정부가 갤리선을 경매하는 데 적용한 규제에는 독점을 방지하려는 많은 조항이 포함되었다. 이것은 베네치아 귀족주의 내부의 광범위한 평등주의적 경향(egalitarian tendencies)의 힘을 반영한다. 그들의 목표는 모든 베네치아인들에게 동등하게 안전한 수송을 제공하는 것이었다. 정규 항해 스케줄은 개인들에게 예측 가능한 서비스를 제공했다. 이 경우에 항해의 주도권을 가질 수 없고 개인적 자본을 확정할 수 없는 중소 상공인들도 대상인과 같은 기회를 가질 수 있었다. 경매 제도는 갤리선 대주주에게 보통의 상인과 동등하게 행동할 것을 의무화했다.

이 제도는 대상인의 독주를 막는 데 큰 구실을 했다. 정부는 해외무역에 참가하고 싶어 하는 모든 상인들에게 기회를 균등하게 제공하려고 했다. 베네치아만큼 중소 상인의 보호와 육성에 세심히 배려한 나라는 없다. 대기업에 의한 독점은 경제 전체의 경화로 이어지며 이를 방지하는 데 중소기업의 건전한 활동만큼 효과적인 것이 없음을 알고 있었다. 이러한 정책이 행해졌던 것은 시민이나 중소 상인의 직접적인 요구 때문이 아니라 대상인들 스스로의 선택이었다는 점이 눈길을 끈다. 이는 대상인의 독주를 허용했던 제노바나 피렌체와는 상당한 대조를 이룬다.

그러나 베네치아의 정기 항로인 무다가 국가 주관으로 운영되었고 갤리선들이 국유 선박이라고 해도, 항로 운영은 지극히 자본주의적인 운영 방식을 취했다. 우선 갤리선은 국가 공무원들이 운영하는 것이 아니라 경매에서 낙찰받은 개인이 운영했다는 점을 들 수 있다. 이는 비슷한 시기에 경쟁자였던 오스만 제국이나 포르투갈의 운영체제와 근본적인 차이가 있다. 향신료 무역으로 경쟁 관계에 있었던 이들 국가에서는 국영기업이 향신료 무역을 독점했다. 이에 따라 여러 국가 독점의 폐해와 산업의 경직화, 관료주의와 부패가 만연했다.

또한 베네치아는 개인들이 주도한 자유항해(free voyage)가 국가에 의한 수송과 보호(convoys and protection)만큼 성행했다. 정기 항로인 무다는 국가가 관리했지만, 정기 항로 외의 항로는 개인에게 주도권을 맡겼다. 신상품이나 신시장의 개발은 거의 개인들에 의해 이루어졌다. 베네치아는 적극적 산업정책을 펼쳐 국가가 진취적으로 대외무역을 육성했지만 다른 한편에서는 동시에 개인의 창조적 활동을 장려했다.

10. 기회의 창출로서 금융제도

어떤 사회에서나 자본이 없는 개인이 인생에서 기회를 얻기 위해 필수적인 것은 교육과 숙련의 기회와 금융을 통해 투자 자본을 확보하는 것이다. 특히 노동만이 아니라 자신의 재능과 노력으로 새로운 부를 창출할 수 있는 기회는 서민금융이 발달한 곳에서만 생길 수 있는 일이다. 이런 점에서 베네치아의 금융제도는 새로운 출발을 하려는 시민들에게 접근 가능한 기회를 제공했다. 근대적인 금융제도가 탄생한 곳이 바로 베네치아다. 복식부기가 상용화되고 어음제도가 활성화된 곳도 베네치아였다.

그중에서 기회 부여와 새로운 부의 창출에 기여한 금융제도가 준파트너십(quasi-partnership)의 일종인 '콜레간차'다. 당시에 전통적인 베네치아의 이자율은 20퍼센트였다. 이는 고리대에 해당하는 이자율이며 교회는 이렇게 높은 이자율을 금지했지만 실질적으로 입법화되지는 않았다. 위험이 높은 해상무역에서 '로마법'에 알려진 계약하에서 높은 이자가 적용되었다. 선박의 난파, 해적 등의 적대적 행동으로 대부자가 입는 손실의 위험을 감안할 때 높은 이자율은 상업적 관행으로 받아들여졌다. 베네치아에서 더 많은 부가 축적되어가자 열성적 투자자들은 더 많은 상업적 위험을 감수하려 했다. 12세기 후반에 가장 널리 사용된 투자 형태가 콜레간차다. 콜레간차에 따르면 행상(traveling merchant)은 그에게 제공된 투자에 대해 고정된 비율의 이익을 약속하지는 않았다. 그러는 대신 행상은 이익의 4분의 3을 약속했다. 만약 이익이 없다면 본국에 있는 투자자나 대부자는 돈을 벌지 못했다. 얼핏 보면 모든 일을 도맡아 하는 행상이 이익의 4분의 1만 차지하는 것은 착취로 보인다. 그러나 이 상인은 한 사람에게만 투자받는 것이 아니라 몇몇 친구, 친척, 사업협회에서 나온 콜레간차에서 융자를 받는다. 그는 자신의 자본이 없을 때조차도 해외여행이 끝난 뒤에 여러 몫을 합치면 많은 수익을 얻을 수 있다. 이 제도는 자본 없이 새 출발을 하는 청년들에게 자본을 축적할 수 있는 기회를 제공했을 뿐만 아니라 중세 해상무역의 위험을 분산하는 효과도 있었다. 다수의 선박에 소액씩 투자해 투자자들 역시 위험을 분산시킬 수 있었다.

또한 전쟁이나 해적의 방해, 난파 등으로 사업에 실패했을 경우에도 콜레간차는 패자 부활의 새로운 기회를 제공했다. 베네치아의 대상인들은 경험 있는 상인에게 기꺼이 다시 투자했다. 베네치아의 금융제도는 청년에게는 새로운 기회를, 장년에게는 패자 부활의 기회를 부여했다. 그러나 이것은 자선의 개념이 아니라 어디까지나 상업적 관점에서 진행된 일이다. 그만큼 당시 베네치아는 동지중해 무역에서 자신감과 무역 인프라를 갖추고 있었다.

교육과 금융의 기회 부여에 관한 일화로 앞서 본 전형적 베네치아인 로마노 마이라노의 이야기가 있다. 이 사람은 청년기에 선원으로서 교육과 숙련의 기회를 얻었고 이를 토대로 나중에는 선장을 맡았다. 보통 4년의 숙련기를 거쳐 선장을 맡는 것이 관례였다. 그리고 이 와중에 콜레간차를 통해 투자의 기회를 잡았던 것이다.

마이라노가 평민 출신이었다면, 몰락한 하층 귀족 출신인 안드레아 바르바리고(Andrea Barbarigo)는 15세기 베네치아 상인의 전형이었다. 이 몰락한 귀족 자제가 일을 시작할 18세 무렵 그의 죽은 아버지가 항해 규칙을 위반해 1만 두카트(ducat)의 벌금을 내는 바람에 일가는 거의 파산 상태였다. 이 가난한 청년은 좋은 가문의 후광과 어머니로부터 얻은 수백 두카트를 밑천으로 무역을 시작했다. 선박의 노꾼으로 수업을 시작해서 상업을 배웠다. 1449년 바르바리고가 50세의 나이로 죽을 때 그의 재산은 1만 두카트 내지 1만 5000두카트였는데, 이는 특별한 행운이 있어서가 아니라 당시 상인들의 일반적인 경우에 해당했다.

바르바리고가 맨 먼저 착수한 일은 몰락한 귀족의 자제들이 주로 하던 갤리 상선의 전문 전투원인 석궁수가 되는 것이었다. 석궁수는 항해술을 배울 수 있었다. 동시에 승무원들은 상품을 휴대하는 것이 허락되었기 때문에 그것을 오리엔트에서 팔고 그 대금으로 상품을 사서 다시 베네치아로 갖고 돌아와 파는 장사 기술을 배울 수 있었다. 그는 선원이며 군인이고 또한 상인이었다. 베네치아의 초석은 이러한 자유시민들에 의해 굳어졌다. 마이라노가 지중해 항로를 여행하는 행상이었다면 바르바리고는 베네치아 중앙 거리인 리알토(Rialto) 다리 주변에 자리 잡은 거주상(resident merchant)이었다. 그는 각지에 20여 명의 주재원을 두고 대리인 계약을 맺는 방식으로 해외 업무를 담당했다. 대금의 지불이나 수령은 은행을 통해서 환어음으로 했다. 어음을 조작해서 자본을 보다 유효하게 이용하는 것도 알고 있었다.

베네치아의 견습제도와 금융제도는 공화주의의 기반이 되는 자유시민들에게 경제적으로 자립할 수 있는 기회를 선사했다. 자본이 없는 보통의 시민들이 항해와 무역 분야에서 견습을 받으며 선원으로, 다시 선장으로 성장했다. 그리고 콜레간차 등의 금융제도를 통해 단지 노동자에 그치는 것이 아니라 투자의 기회를 얻었다. 국가는 시민들이 보통 장년기에 접어들면 경제적으로 안정을 취할 수 있는 토대를 마련해주었다. 공화주의의 근간은 경제적으로 자립한 자유시민이다. 로마에서는 자영 농민이 군인이며 정치적 시민이었던 반면, 베네치아에서는 마이라노나 바르바리고와 같은 선원이자 군인이며 상인이 자유시민이었다. 이들은 베네치아 체제가 가진 법의 공정을 믿었고, 이를 바탕으로 그들 나라에 대해 무한한 자긍심과 애정이 있었다.

11. 국가에 대한 애정

공화주의자의 또 다른 특징은 공동체에 대해 자긍심과 애정을 가진다는 점이다. 경우에 따라서 이는 애국으로 통칭된다. 그러나 공화주의자들은 국익을 절대가치로 보는 국가주의자나 전체주의자들과는 다르다. 이들은 국가주의자들의 추상적인 국가와 국익을 좋아하지 않는다. 공동체는 추상적 개념이 아니며 구체적이고 역사적인 개념이다. 그리고 공공선이 개인의 자유와 이익과 일치할 때 국가와 공동체에 대한 애정과 헌신이 생긴다. 공화주의자들은 국익이나 공공선을 위해 개인의 자유와 이익을 희생하는 것을 당연한 것으로 믿지 않는다. 공공선이나 국가가 존재하는 이유는 궁극적으로 독립적 자유시민의 자유와 삶을 보장하기 위한 것이기 때문이다. 공화주의자들은 공공선과 개인의 자유와 이익이 공존할 수 있는 공동체와 국가를 지향한다. 이럴 때 비로소 조국에 대한 사랑이나 애국주의가 가능하다. 이러한 공존의 조건 없는 맹목적 애국을 공화주의자들은 거부한다.

이런 점에서 베네치아인들은 자신들의 국가가 자유시민의 이익을 위해 공공선을 추구하고 있다는 믿음을 잃지 않았다. 이는 1000년의 역사 동안 단지 두 번에 불과한 반란 숫자에서도 알 수 있다. 그리고 1000년의 역사 동안 이 체제에 저항한 혁명 사상가도 나오지 않았다. 베네치아인들은 자신들의 공화국에 대한 자긍심과 신뢰를 갖고 있었다. 이웃 피렌체에서는 레오나르도 브루니(Leonardo Bruni)처럼 그들 공화국에 찬가를 불렀던 사람이 있던 반면 마키아벨리처럼 자신의 조국에 대해 깊은 좌절과 고뇌를 지닌 사상가도 있었다. 베네치아의 대표적 공화주의자였던 가스파로 콘타리니는 그들 체제에 대해 무한한 신뢰를 보내고 있다. 그는 아리스토텔레스 이래 공화주의자의 이상이었던 혼합 정체가 그들의 나라에서 이루어지고 있다고 믿었다.

일반 시민들도 크게 다르지 않았다. 제노바와의 전쟁에서 보여준 그들의 거국일치는 조국애가 없이는 불가능한 일이었다. 이웃의 군주국이나 참주제 국가에서 전쟁은 용병이 수행했으며 일반 시민과는 상관없는 군주나 참주의 일로 방관되는 경향이 있었다. 국가는 시민들의 나라가 아니라 군주의 나라였기 때문이다. 그들은 자신들의 안위만 보장된다면 누가 지배하든 큰 차이가 없다고 보았다. 그러나 베네치아인들은 자신들의 공화국과 정부에 대한 확고한 믿음이 있었다. 그들은 공화국을 자신들의 국가로 보았다. 공동체의 일원으로 대상인과 귀족들은 위기에서 자신의 재산을 투척할 열린 마음이 있었고, 가난한 시민들은 국가와 유력 가문이 제공하는 교육과 금융의 기회로 새로운 부의 축적이 가능했다.

이러한 국가 공동체에 구성원들이 애국심을 품는 것은 지극히 당연한 논리적 귀결이다. 베네치아인들은 공화국의 탄생에서 사멸까지 1000년 동안 그들 공화국에 자긍심을 가졌으며 애국하기를 자랑스럽게 생각하고 있었다.

2부

동아시아적 헌정

5장

동아시아적 헌정의 철학적 기초

1. 『대학연의』와 동아시아적 공공성

서양의 공화주의에서 철학적 기초가 공공선이고 그 공공성을 실현하기 위한 제도적 장치가 혼합 정체라면, 동아시아에서 공공성과 혼합 정체의 역사적 기원은 무엇일까? 동서양을 막론하는 인류의 보편적 공공성이 있다면 동아시아에서는 인류 보편적 가치와 제도들이 어떤 형태로 역사 속에서 형성되어 있을까? 글로벌 공동체를 모색하는 진 지구적인 시대에 동양과 서양이 보편적으로 지향하는 공적 가치와 제도에 대한 탐색은 필연적일 수밖에 없다.

동아시아적 공적 가치와 그 실현을 위한 정치 철학과 제도를 서양의 공화주의적인 양식으로 표현한다면 '동아시아적 헌정(East Asian Constitution)'이라고 명명할 수 있다. 그리고 동아시아적 헌정의 가치와 철학, 제도가 잘 나타나 있는 것이 『대학연의(大學衍義)』다. 『대학연의』는 원나라 시대부터 제왕(帝王)들의 국정 운영의 기본적인 교과서로 자리 잡았다. 현대 서구식의 국정 운영과는 달리 동아시아에서는 국정 운영의 중심에 있는 제왕이 학문적인 논쟁인 경연(經筵)을 정기적으로 실시했다. 경연은 제왕이 관료들과 함께하는 국정에 관한 철학적이고 역사적인 논쟁이었고, 경연장에서 얻은 철학과 역사적 맥락을 국정 운영에 반영했다. 원나라의 경연에서 시작해 명나라와 청나라를 거치면서 『대학연의』는 국정 운영의 주요한 철학적 기초로 사용되었다. 조선에서도 500년 동안 『대학연의』는 경연의 주된 교재로 사용되었다.

제왕을 중심으로 하는 국정 운영에 관한 주요한 철학적 기초와 기본원리가 『대학연의』에 실려 있다. 남송의 주자(朱子)에 의해 선진(先秦) 시대의 유학이 새롭게 체계를 갖추었다. 그리고 일반적인 군자를 중심으로 하는 동아시아적 사유를 국정 운영의 방식으로 다시 체계화한 사람이 진덕수(眞德秀)다. 진덕수가 동아시아적 사유를 국정 운영의 틀로 제시한 것이 『대학연의』라고 할 수 있다. 그는 공적 가치가 동아시아 관료제의 정점에 있는 제왕을 통해 실현되는 국정 운영의 모델을 제시했다. 전통적인 제왕에 관한 개념을 공화주의적 제도로서 현대적으로 재해석한다면 공공성을 기반으로 한 동아시아적인 헌정을 모색할 수 있다. 『대학연의』를 통해 동아시아의 제왕학에 녹아 있는 공공성과 공적 가치의 실현을 위한 국정 운영의 철학과 방법을 모색할 필요가 있다.

2000년 넘게 이어진 동아시아 관료제의 정점에는 전제 왕권을 가진 제왕이 자리하고 있었다. 그리고 세습 왕조에서 전제군주가 어릴 때부터 서연(書筵) 등을 통해 권력정치의 기술을 전수받는 학문이 제왕학(帝王學)이라는 사회적 통념이 있다. 더구나 제왕은 언어적 의미로는 개별 국가를 넘어 제국(帝國)을 통치하는 전제군주로, 힘을 바탕으로 하는 권력정치를 개별 국가의 군주보다 훨씬 강하게 행사했다는 믿음도 있을 수 있다. 그런 점에서 동아시아에서 원나라가 경연 교재로 사용하기 시작해 명나라와 청나라의 황제들도 사용했던 『대학연의』의 제왕학도 이러한 맥락에서 이해되고 있다. 조선에서도 태조 이성계가 건국 이전부터 이 책을 접했으며, 건국 초기 태종도 세자가 되기 전부터 탐독한 것으로 알려져 있다. 그리고 『대학연의』는 조선왕조 내내 경연의 기본 교재가 되었다.

이런 『대학연의』가 글로벌 시대에 다시 주목받고 있다. 글로벌 시대에 국가 간의 관계에 대한 국제관계론을 넘어 글로벌 보편적 가치를 바탕으로 하는 제국(empire)이 동아시아에서도 모색되고 있다. 그러는 만큼 1000년 이상 제국의 황제들이 탐독했다는 제왕학의 기본 교재인 『대학연의』에 대한 관심이 증가할 수밖에 없다.[1] 서양에

---

1 M. Hardt and A. Negri, *Empire*(Harvard University Press, 2001); D. Zolo, *Cosmopolis: prospects for world government*(John Wiley & Sons, 2013); A. Chua, *Day of Empire: How Hyperpowers Rise to Global Dominance and Why They Fall*(Anchor, 2009). 그리고 동아시아 관점에서 힘에 의한 제국주의가 아닌 보편적 가치를 기초로 하는 '제국'에 관한 연구는 가라타니 고진이 지속해왔다[가라타니 고진(柄谷行人), 『제국의 구조』, 조영일 옮김(서울: 도서출판 b, 2016)]. 한국에서는 윤수종이 이 분야에서 선구적인 연구를 진행해왔다. 임현진은 동아시아에서 '아제국주의'에 대한 탐색을 시도했다.

서 제왕학은 일반적으로 치국책(statecraft)으로 마키아벨리적인 권력 정치를 의미한다. 즉, 국가의 통치자들이 힘과 권력을 어떤 방식의 기교와 술수로 이용할지에 관심이 많았다. 근대 정치학에서 중요한 위치를 차지하는 마키아벨리의 저작을 보면 정치란 권력을 기초로 하는 것으로 도덕이나 윤리와는 구별되는 것이라고 강조한다. 그래서 경우에 따라서는 도덕이나 윤리를 권력의 하위 개념으로 보고 권력을 유지하고 획득하기 위해서는 이들을 무시하거나, 군주나 국가의 이익이라는 목적을 위해 반윤리적 수단을 사용해도 좋다는 관념에 이르게 되었다.[2]

권력정치에 대해 이렇게 접근한다면 동아시아의 제왕학도 서양의 제왕처럼 윤리와 가치보다 무자비한 전제 권력을 활용해 권력을 확대하고 유지하는 기교와 술수로 이해될 수 있다. 더구나 동아시아는 서구에 비해 근대 시민혁명이 늦었고 제왕에 의한 전제 권력이 오랫동안 유지되어왔기 때문에 동아시아의 제왕학이 서구의 치국책보다 더 권력 지향적이지 않을까 상상할 수도 있다.

하지만 이러한 통념과는 다르게 동아시아에서는 서구의 근대 관료제가 발전하기 전부터 관료적 합리성과 그 합리성의 철학적 기초가 되는 도덕과 윤리적인 가치문제가 1000년 이상 논의되고 있었다. 동아시아 공동체의 공적 영역에서 우선적으로 고려될 수 있는

---

2 John Greville Agard Pocock, *The Machiavellian moment: Florentine political thought and the Atlantic republican tradition*(Princeton University Press, 2009), pp.156~182.

것은 동아시아 관료제와 그 관료제를 가능하게 했던 철학적 기초로서 유학, 그중에서도 남송 시대 이후의 신유학이다. '잃어버린 근대성'으로서 동아시아 관료제는 놀라울 정도로 공정하고 투명한 절차에 근거한 능력주의적 공직 채용제도를 갖추고 있었다. 이렇게 선발한 인재들을 통해 아시아적 선정을 펼칠 수 있었다.[3]

최근 동아시아 관료제를 보는 새로운 접근이 시작되고 있다. 그러면서 새삼 주목받는 것이 동아시아의 제왕학은 서구의 치국책과는 달리 권력을 확장하고 유지하는 기교를 가르치는 것이 아니라 반대로 끊임없이 권력정치를 경계하고 공적 가치를 바탕으로 하는 도덕적이고 윤리적인 국가 운영을 제도화했다는 점이다. 동아시아 관료제는 '힘에 의한 정치가 아니라 덕(德)과 가치에 의한 정치'를 일관되게 가르치고 있다. 『대학연의』는 권력 중심의 서구적인 치국책과는 전혀 다른 제왕학을 제시하고 있다. 이런 점에서 1000년 이상 지탱해온 동아시아 관료제와 사회를 이해하는 데 『대학연의』에 대한 논의는 필수적인 과정이 될 것이라고 본다.

이 연구의 목적은 동아시아적 사유를 기초로 한 『대학연의』가 권력을 다루는 제왕학에서 서구의 일반적인 통념과는 다르게 힘과 권력에 의한 정치가 아닌 덕과 가치에 의한 정치를 일관되게 주장하는 이유가 무엇인지 밝히는 데 있다. 그리고 이 연구는 『대학연의』가 어떤 철학적 기초 위에서 공익과 사익을 구분하는지 밝히고, 이를

3 A. Woodside, *Lost modernities: China, Vietnam, Korea, and the hazards of world history*(Harvard University Press, 2009), pp.38~45.

토대로 권력이 중요하게 작동하는 권력정치에서 역설적으로 권력을 경계하고 덕과 가치 중심의 정치를 해야 한다는 논리의 전개 과정을 따라가 본다.

이 연구는 『대학연의』를 단순하게 소개하는 것이 아니다. 현대 사회과학적인 해석을 통해 이 책을 서구적 거버넌스에 대한 대안적 공공 거버넌스의 개념적 모델(conceptual model)로 이해하려고 시도한다.[4] 『대학연의』는 조선 500년 동안 경연 교재로 사용될 만큼 국정 운영의 기본적인 인식 틀이었지만, 해방 이후 70년간 제대로 번역조차 되지 않았다. 최근 이에 관한 관심이 증가하고 있지만 이를 현대 정치학과 행정학을 통해 이해하려는 시도는 거의 찾아볼 수 없다. 이 연구는 『대학연의』에 사회과학적으로 접근해 새로운 동아시아적 헌정이자 공공 거버넌스로 제시될 수 있음을 보여주고 있다.

첫째로 『대학연의』의 총론이라고 할 수 있는 권1~5에 나오는 제왕이라는 개념이 무엇이고, 이 개념을 군주제가 아닌 현대 민주공화정 체제에서 어떻게 이해할 수 있는지 해석을 시도한다. 당나라 때 나온 『제범(帝範)』이라는 책이 있지만, 그 내용이 정주학(程朱學)이 본격적으로 자리 잡은 남송 시대 이전에 쓰였기 때문에 동아시아적인 제왕학의 이론적 틀을 갖추고 있지는 못했다. 국정 운영에 관해

---

4 Lee Cheuk-Yin(李焯然)은 『대학연의(Ta-hsüeh yen-i)』를 '개념적 구조 틀(conceptual framework)'로 이해하고 있다. C. Y. Lee, "Ch'iu Chun(1421~1495) and His Views on Government and History"(Australian National University, 1984), p.167.

서 동아시아의 제왕학이 이론적 틀을 갖춘 것은 『대학연의』라고 할 수 있다. 주자 등의 신유학자들이 이상적 인간으로 보는 군자(君子)와 제왕에게 어떤 개념적 차이가 있는지를 밝히는 것에서 동아시아 제왕학의 개념이 시작된다. 예컨대 『대학(大學)』과 『중용(中庸)』의 군자와 『대학연의』의 제왕은 어떻게 다른지, 왜 진덕수는 군자가 아닌 제왕이라는 새로운 개념을 사용하게 되었는지를 이론적으로 검토한다.

둘째로 서양의 치국책은 힘과 권력을 중심 변수로 이해하고 있는 데 반해 『대학연의』는 '힘에 의한 패술(霸術)이 아니라 덕에 의한 왕도(王道)'를 일관되게 주장한다. 이 연구는 이런 이론적 전개의 바탕이 되는 '천리(天理)로서 공(公)과 인욕(人慾)으로서 사(私)'로 이해되는 동아시아적 공사(公私) 구분론을 탐색한다. 서구의 공익·사익 논쟁에서 나오는 과정설과 실체설이 동아시아적 이해와는 어떤 맥락이 있는지 살펴볼 수 있다.

셋째로 이 연구는 『대학연의』에서 중심적인 의제로 밝히고 있는 덕치(德治)라는 개념을 대신해 덕화(德化)라는 개념을 새롭게 제기한다. 『대학연의』가 제왕의 국정 운영에 관한 책인 만큼 덕치라는 개념은 전제적이고 수직적인 의미가 강하다. 그래서 현대 민주주의 사회의 수평적이고 상호 의존적인 관계를 고려해 덕화라는 개념으로 소개한다. 덕화라는 개념이 『대학연의』에서 어떻게 나타나고 있는지도 살펴본다.

그리고 마지막으로 리더십과 팔로어십을 덕화 리더십의 관계성으로 다시 분류했다. 『대학』과 『대학연의』의 3강령 8조목에 따라 수신(修身)과 제가(齊家)의 내용을 덕화 리더십과 팔로어십으로 관계성을 중심으로 재해석했다.

『대학연의』가 현재 사회과학에서 새롭게 조명받는 것은 동아시아 헌정에서 역사·문화적인 국정 운영 방법이 시대적으로 요청되고 있기 때문이다. 2008년 글로벌 금융위기를 겪으며 세계는 1980년대 레이거노믹스와 대처리즘의 등장 이래 거의 30년간 국정 운영의 기본 틀로 인식되어온 신자유주의가 한계를 드러냈음을 인식하고 대안적 국정 운영 모델을 찾고 있다. 그리고 새로운 대안적 모색에서 가장 크게 설득력을 얻고 있는 것이 각 문명권마다 자신들이 고유하게 갖고 있는 역사·문화적인 전통이다. 동아시아에서는 한국, 중국, 일본이 공통의 문화유산으로 갖고 있는 신유학, 특히 국정 운영에서 제왕학으로서『대학연의』에 주목하고 있다. 19세기 서세동점(西勢東漸) 이후 국정 운영에 관한 접근도 서구적인 권력정치로 힘을 기본 변수로 인식하게 되었다. 그렇게 서구 권력정치의 인식 틀이 수용되면서 동아시아적인 덕치 정치는 현실 정치의 무대에서 밀려났다. 지난 100년 동안 동아시아 3국은 힘의 정치에 따른 극단적 갈등과 전쟁으로 얼룩진 현대사를 겪었다. 이제 다시 동아시아 고유의 헌정이 권력과 그에 따르는 갈등 체제가 아닌 상호 이해에 근거한 대안적 거버넌스 체제로서 필요성이 더욱 높아지고 있다.

서구적 권력과 갈등의 인식 틀과 비교할 때 덕과 가치라는 동아시아 고유의 국정 운영 철학과 방법은 동아시아적 헌정에 철학적 기초를 제공할 수 있다. 권력정치가 아닌 덕과 가치에 근거한 대안으로서『대학연의』는 동아시아적 헌정의 개념적 모델을 제시할 것이다.

2. 공공 거버넌스로서 제왕

1) 군자와 제왕

『대학연의』는 『시경(詩經)』과 『서경(書經)』 등 중국의 여러 고전에 대한 내용을 제왕의 입장에서 서술하고 있다. 예컨대 제왕의 배우자에 관한 내용을 설명할 때는 서두에 『시경』의 「관저(關雎)」를 인용한다. 「관저」는 시경 300여 편 중에서 첫 번째로 나오는 것으로 남녀의 만남이라는 인간의 보편적인 내용을 담고 있다. 내용 자체는 제왕과 연관되지 않지만 『대학연의』는 "저구(雎鳩, 물수리)가 강 가운데 섬에서 서로 화답하는 것처럼" 궁중의 제왕과 황후의 관계를 상징적으로 표현하고 있다. 이어 주 문왕(文王)이 태사(太姒)와 결혼해 화목한 가정을 이루고, 그의 아버지 왕계가 태임(太任)을 배필로 맞이했던 것을 이상화해 제왕의 결혼 생활을 정형화하고 있다.[5]

『대학연의』의 「수신(修身)」도 처음을 『주역(周易)』의 「중부괘(中孚卦)」로 열고 있다. '구이(九二)'에서 학이 우는 것을 "인군(人君)이 비록 궁정에 거처하더라도 그 말을 삼가지 않으면 안 된다"라고 제왕의 입장에서 풀이하고 있다. 『주역』에는 "군자는 방에 앉아 말을 해도 그 말이 1000리 밖에서도 응하기 때문에 군자의 언행은 추기(樞機)와 같이" 진중해야 한다고 적고 있다. 『주역』에서는 이 부분을 군자로 풀이하고 있지만 『대학연의』는 인군으로서 제왕을 중심으로 서술하고 있다.[6]

---

5 『시경』, 「關雎」; 『대학연의』, 「重妃匹」 권36.

이처럼 『대학연의』는 『시경』과 『서경』 등의 내용을 사대부가 아니라 제왕의 관점에서 서술하고 있다. 진덕수는 이러한 관점을 책의 서문에서 분명하게 밝히고 있다. 전체 43권 중에서 권1의 내용은 '제왕위치지서(帝王爲治之序)'로 제왕이 다스리는 순서를 의미한다. 권2~4는 '제왕위학지본(帝王爲學之本)'으로 제왕이 학문을 하는 근본에 관해 요순부터 당나라의 임금까지 사례를 중심으로 서술하고 있다. 이 글에서 가장 먼저 드는 의문은 도대체 제왕은 누구를 지칭하는가 하는 문제다. 일국의 국왕을 제왕이라고 할 수 있는가?

저자 진덕수가 직접 밝히고 있듯 『대학연의』는 『대학』을 기초로 해서 쓰였다. 『대학』에서 행위 주체가 군자인 데 반해 『대학연의』에서의 행위 주체는 제왕이다.[7] 이 두 저작의 행위 주체는 서로 다르게 상정되어 있지만, 사례에서 나오는 인물들은 두 저작이 모두 공통된다는 점이 흥미롭다. 『대학』의 3강령의 주체들을 구체적으로 살펴보면 먼저 '명명덕(明明德)'의 주체는 '하늘의 밝은 덕을 돌아보는' 탕왕(湯王)[8]과 극명준덕(克明峻德)하는 요(堯)임금[9]이다. '신민(新民)'의 주체는 일일신(日日新)하는 탕왕[10]과 기명유신(其命維新)하는 문

---

6 『주역』, 「中孚卦」; 『대학연의』, 「謹言行·正威儀 」 권35.

7 『대학연의』의 내용은 『대학』의 학문적 논의보다 정부의 다양한 문제에 대해 토론한 것들이다(C. Y. Lee, "Ch'iu Chun(1421~1495) and His Views on Government and History," p.178).

8 『서경』, 「尙書」·「太甲」; 『대학』, 「明明德」.

9 『서경』, 「帝典」; 『대학』, 「明明德」.

10 『서경』, 「康誥」; 『대학』, 「新民」.

왕[11]이다. 끝으로 '지어지선(至於至善)'의 주체는 목목(穆穆)한 문왕[12]이다. 『대학』에 등장하는 구체적인 인물들은 요(堯), 순(舜), 우(禹), 탕(湯), 문(文), 무(武)로 공자(孔子) 이래 동아시아에서 군자로 이상화된 성군들이며 『대학』과 『중용』의 편저자인 남송의 주자도 이러한 인식의 전통을 계승하고 있다. 주자는 공자의 견해를 계승해서 군자를 신유학에서 추구하는 이상형으로 정형화하고 있다. 『중용』에서도 군자는 '천명인 성(天命之謂性)과 성을 따르는 도(率性之謂道)'를 추구하는 존재다.[13] 그리고 그 구체적인 인물들은 『대학』에서 등장하는 인물들과 같다.

반면 『대학연의』에서는 비슷한 사례와 인물들을 인용하면서도 제왕이라는 새로운 개념을 등장시킨다. 진덕수는 서문에서 "임금이 된 자는 『대학』을 알지 않으면 안 되고, 신하가 된 자도 『대학』을 알지 않으면 안 된다. 임금이 되어서 『대학』을 알지 못하면 다스리는 근원을 맑게 할 수 없고, 신하가 되어서 『대학』을 알지 못하면 임금을 바르게 하는 법을 다할 수 없다"라고 쓰고 있다. 그리고 『대학』이라는 책에 대해 "천하에서 임금 노릇하는 자의 율령과 격례라고 여긴다. 이를 근본으로 삼으면 반드시 잘 다스려지고 어기면 반드시 어지러워진다"라고 강조해서 말하고 있다.[14] 서문에서 국정 운영의 주체를 제왕과 신하로 구분한 뒤, 『대학연의』를 서술한 목적

11 『시경』, 「大雅」·「文王」; 『대학』, 「新民」.

12 『시경』, 「大雅」·「文王」; 『대학』, 「至於至善」.

13 『중용』, 1장.

14 『대학연의』, 「序文」.

을 신하가 아닌 제왕을 중심으로 했음을 밝히고 있다. 내용을 보면 두 개의 강(綱)으로 제왕위치(帝王爲治)와 제왕위학(帝王爲學)을 나열하고 네 개의 목(目)으로 격물치지(格物致知), 성의정심(誠意正心), 수신제가(修身齊家)로 나누고 있다. 『대학연의』는 두 개의 강을 총론으로 해서 제왕을 주체로 하는 책으로 저술의 취지를 구체화하고 있다.

제왕위치에서 제왕의 덕목은 극명준덕과 흠명문사(欽明文思)로 요임금의 사례로 집약하고 있다. 제왕의 큰 덕이 백성을 고루 밝히고 만방을 화합하게 한다는 것이 『대학연의』가 제시하는 가장 근본적인 치세 방법이다.[15] 순(舜)임금도 수신하고 생각을 길게 한다는 사영(思永)으로 그 덕이 가까운 곳에서 먼 곳까지 미쳤다고 『서경』을 인용하고 있다.[16] 동아시아적인 제왕학의 정수란 덕치임을 『대학연의』는 그 시작부터 분명히 하고 있다. 권력을 중심으로 하는 패도(霸道)나 법률제도에 의한 법치(法治)가 아니라 국가 운영의 근본은 제왕이 덕을 밝히는 것이라는 원칙을 확인해주고 있다. 치국(治國)과 평천하(平天下)의 방법은 거대한 제도가 아니라 동아시아 관료제의 정점에 있는 제왕의 마음가짐과 몸가짐에 의한 덕치에 있다고 『대학연의』는 주장한다. 덕치의 방법으로 『중용』의 구경(九經)을 인용해 "몸을 닦고 어진 사람을 높이고 친한 사람을 가까이하고 대신을 공경하고 신하들을 체찰하고 백성을 사랑하고 백공(百工)을 초청하고 먼 곳에 있는 사람을 회유하고 제후들을 품는 것"으로 그 원칙을

---

15 『대학연의』, 「帝王爲治之序」 권1.

16 『서경』, 「皐陶謨」; 『대학연의』, 「帝王爲治之序」 권1.

확인하고 있다.[17] 그리고 덕치는 제왕이 스스로 수신을 통해 치평(治平)에 이르는 차례를 『대학』의 8조목을 중심으로 제시하고 있다.

군자가 수신을 하는 인간이 지향해야 할 인간적인 이상이라면, 제왕은 군자의 특성을 갖고 있으면서도 동아시아 관료제의 중심이고 표준이라는 관념은 『대학연의』에서 보다 분명하게 나타난다. 군자와 제왕의 사회생활에서 나타나는 지위와 역할은 "하늘을 이어서 극을 세운다"라는 계천입극(繼天立極)이라는 표현에 집약되어 있다. 『대학』과 『중용』의 시작에서 계천입극하는 요임금과 순임금 등은 동아시아 관료제에서 사도(司徒)의 직책과 전악(典樂)의 벼슬을 베푸는 역할로 등장하고 있다.[18] 『대학』이나 『중용』도 군자라는 개념을 사용하지만 사도직을 수행하는 사대부와는 구분됨을 암묵적으로 가정하고 있다. 그 대신 사대부와 제왕이 인간으로서 수신하는 주체라는 점에서는 다르지 않다고 보고 있다. 즉, 군자는 제왕일 수도 있고, 사대부일 수도 있다고 전제하고 있다.

그러나 『대학연의』에서는 계천입극의 개념에서 제왕과 관료가 구분되는 것을 다양한 사례를 들어 설명하고 있다. 제왕은 북극성이 하늘의 기준이 되고 수레바퀴 살의 중심이 되는 것에 비유된다.[19] 특히 『서경』 「홍범(洪範)」에서 나타나는 '황극(皇極)'의 개념으로 제왕의 지위와 역할을 설명하고 있다. "황(皇)은 임금을 일컫는

---

17 『중용』, 20장; 『대학연의』, 「定國本」 권41.

18 『대학』, 「大學章句序」; 『중용』, 「中庸章句序」.

19 『대학연의』, 「明道術」 권11.

뜻이고 극(極)은 지극하다는 뜻이며, 표준을 가리켜 말하는 것이고 중앙에 자리해 사방에서 취해 본받는 것이다. 임금의 지위에 있는 사람은 자기 몸에서부터 모든 일에 이르기까지 다 지극해지지 않음이 없는 뒤에야 백성의 표준이 될 수 있다."[20] 그래서 「홍범」에서 "다섯 번째인 황극은 임금이 표준을 세움이니, 오복(五福)을 거두어서 여러 백성에게 이를 펴서 백성들도 그 표준을 따를 것"이라고 제왕의 역할을 설명하고 있다.[21] 이렇게 제왕의 개념은 군자와는 달리 동아시아 제국에서 관료제의 정점에 있는 인물로 인식되고 있다.

주목할 것은 『대학연의』에서 말하는 제왕은 개별 국가의 국왕을 의미하지 않는다는 점이다. 신유학이 등장한 남송 시대는 근대적인 민족국가(nation state)가 성립하기 전이며 『대학연의』가 이상 사회로 삼고 있는 요순시대는 그들이 사는 사회를 세계의 전부로 인식했다. 그들은 제왕이 개별 제후국을 넘어 세상 전체를 통치한다고 믿었다. 그들의 사고는 개별 국가를 넘어 제국을 전제로 하고 있었다. 그래서 제왕 개인의 수신에서 시작한 자기 수양은 점점 확대되어 치국을 넘어 평천하에까지 이르게 된다고 사유했다. 제왕의 극명준덕은 평천하, 곧 세계의 보편적 평화를 밝히는 가장 중요한 문제로 인식되었다.[22] 이런 점에서 『대학연의』에서 나타난 제왕의 평천하는 동아

---

20 『서경』, 「洪範」; 『대학연의』, 「帝王爲學之本」 권2.

21 『대학연의』, 「明道術」 권11.

22 이런 사고는 중세적인 보편적 평화(Pax Universidad)에서도 비슷하게 확인된다. 단테는 『제정론(De Monarchia)』에서 제왕을 세계의 보편적 평화를 보장하는 존재로 제시하고 있다. 단테 알리기에리, 『제정론』, 성염 옮김(서

시아의 개별 국가 간의 평화를 넘어 이 지역의 보편적 평화를 위한 공동의 자산이 될 수도 있다.[23]

제왕위학(帝王爲學)으로는 신유학이 가장 핵심적인 내용으로 전하는 16자의 심법을 처음에 놓고 있다. “인심은 오직 위태롭고 도심은 오직 은미하니 오직 순수하게 하고 오직 마음을 한결같이 해야 진실로 그 중(中)을 잡을 수 있다(人心惟危 道心惟微 惟精惟一 允執厥中).” 이 인심도심의 내용은 주자가 편집한 『중용』의 처음에서도 강조되고 있고, 진덕수의 다른 저서인 『심경(心經)』에서도 첫 부분에 나와 신유학에서 이것이 핵심적인 요소라고 확인해주고 있다.[24] 주자와 진덕수는 인심은 인욕이고 도심은 천리로 이해하면서, 제왕뿐만 아니라 모든 인간의 내면에 공존한다고 보았다. 제왕의 심법은 인욕으로 인심을 넘어 천리인 도심에 집중하는 것을 최고의 가치로 삼았다. 『대학연의』의 내용은 천리인 도심에 제왕이 집중하는 방법들을 구체적으로 서술하고 있다.

『대학연의』는 천명과 도심을 동아시아적 관료제의 정점에서 실현하는 구심점이 제왕이라고 보고 있다. 신유학의 세계관에 따르면 이러한 일을 하는 제왕은 세상에 한 사람이라고 전제하고 있다. 제왕은 단순히 국가의 통치자로서 군주를 의미하지 않는다. 평천하의 주체가 곧 제왕이다. 이 존재는 개별 국가의 군주를 넘어서는 존재

울: 철학과현실사, 1997).

23 가라타니 고진, 『제국의 구조』, 164~ 167쪽.

24 『서경』, 「大禹謨」; 『중용』, 「中庸章句序」; 정민정, 『심경부주』, 「人心道心章」; 『대학연의』, 「帝王爲學之本」 권2.

로 인식되고 있다. 그래서 치국 다음으로 평천하로 8조목을 마무리 했다.

제왕의 개념을 현대 사회과학의 입장에서 재해석해본다면 『대학연의』에서 제왕은 현실적인 제국의 권력자가 아니라 공적 가치인 도심으로 치평을 담당하는 공적 주체로 이해할 수 있다. 현대 민주주의에서 권력의 정점에 있는 제왕은 존재 근거를 잃은 지 오래다. 제왕은 전제군주국의 1인 지배자가 아니라, 역할과 기능으로써 공적 가치를 구현하는 주체, 즉 공공 거버넌스(public governance)로 이해될 수 있다.[25] 왜냐하면 『대학연의』에서 제왕은 사사로운 인욕을 넘어서 공적 가치를 실현하는 주체로 바람직한 공공 거버넌스의 역할을 담당하는 것으로 일관되게 서술되어 있기 때문이다. 그렇기에 현대 민주주의 사회에서 공적 가치를 실현하는 공공 거버넌스로 확대해 이해될 수 있다. 다시 말하면 군주국에서 공적 가치인 천명과 도심을 담당하는 공적 존재로서 제왕은 현대 민주주의에서는 공적 가치를 담당하는 공공 거버넌스로 이해될 수 있다.

이러한 제왕의 의미는 현대 글로벌 시대에는 1인 군주로서가 아

---

25 C. Y. Lee, "Ch'iu Chun(1421~1495) and His Views on Government and History," pp.205~218. 『대학연의』의 수신제가 내용에 덧붙여 쓰인 구준(丘濬)의 『대학연의보(大學衍義補)』에 대한 연구가 서구에서는 더 많이 소개되어 있다. Lee. C. Y.의 연구는 이 분야의 선구적인 것으로 동아시아 거버넌스에서 치국평천하에 관한 제도의 설계와 내용을 자세히 소개하고 있다. 그 내용에서 '좋은 정부의 기초적 원칙(basic principles of good government)'이라는 철학적 관점을 제시하고 있다.

니라 윤리적 공공 리더십을 지닌 공공 거버넌스로 재해석될 수 있다. 또한 제왕은 공적 가치인 극명준덕으로 개별 국가를 넘어서 치평을 하는 주체로 이해될 수 있다. 『대학연의』에 제왕의 역할은 사사로운 인욕을 경계하면서 공적 가치를 실현하는 도덕적이고 윤리적인 제도의 정신(spirit of institute)을 담당하는 거버넌스 체계다. 즉, 현대 글로벌 사회에서는 제왕을 인격체로 이해하기보다 공적 가치와 공공 정책을 실현하기 위한 공공제도로 접근할 수 있다.

2) 공공 거버넌스의 정신으로서 천명

『대학연의』는 『대학』, 『중용』 등 유교 경전을 기초로 하고 있고 내용의 대부분도 경전에서 인용하고 있다. 하지만 경전 내용의 행위 주체가 군자가 아니라 제왕이라고 일관되게 밝히고 있다. 그리고 제왕이 추구하는 가장 근본적인 가치가 천명(天命)임을 전체 내용 곳곳에서 강조하고 있다. 제왕이 천명을 받아 나라와 천하를 다스리지만, 그가 받은 천명은 특정한 개인이나 왕조에 고정되어 있지 않으며 가변적이라고 『대학연의』는 경전을 인용해 밝히고 있다.

『시경』에서 주 문왕은 천명이 상나라 자손에게 있었다가 그들이 천명을 다하지 않자 주나라에 옮겨온 것처럼 천명은 일정하지 않다고 강조한다.[26] 이러한 세계관을 잘 보여주는 것이 극배상제(克配上帝)라는 관념이다.[27] 제왕은 천명을 받들면서 하늘의 상제와 지상의

26 『시경』, 「文王」; 『대학연의』, 「崇敬畏」 권28.

27 『대학』, 10장.

제왕이 짝을 이룰 수 있다는 세계관을 보여주고 있다. 하늘의 상제와 땅의 제왕이 짝을 이루는 관계에서 상제의 능동성과 제왕의 수동성을 보여주는 대표적인 내용이 주 무왕(武王)이 역성혁명을 일으키면서 목야(牧野)에서 출정식을 할 때 극적으로 나타나고 있다. 지상의 제왕이 될 무왕이 "상제임여 무이이심(上帝臨女 無貳爾心)"을 외친다. "하늘의 상제가 너에게 임했으니 너는 두 마음을 갖지 마라"라는 내용에서 눈여겨볼 것은 주 무왕이 자신을 상제의 천명을 받는 수동성의 여성성으로 스스로를 규정하고 있다는 점이다.[28]

하늘의 상제와 땅의 제왕이 짝을 이루어 세상을 다스린다는 세계관에서 이 둘을 잇는 것은 천명이다. 『예기(禮記)』에 나오는 하나의 편명을 『중용』으로 독립시킨 뒤, 천명에 관해 보다 이론적으로 접근하고 있다. "아름답고 착한 군자가 훌륭한 덕을 밝히고 백성들에게 잘하고 신하에게도 잘하니 하늘에서 녹을 받도다. 하늘이 보우하고 천명을 내리시며 거듭 복을 주시도다. 그러므로 더 큰 덕은 천명을 받는다."[29]

여기서 천명은 천지자연의 이치로 사람이 그것을 얻어 태어나는 것으로[30] 현대적으로 해석하면 공공성에 해당한다. 천명은 지극히 공정한 것(天命至公)으로 인식되었으며, 동아시아적 공공성의 철학적 기초라고 할 수 있다.

---

28 『시경』, 「大雅」·「大明」; 『심경부주』, 「上帝臨女章」; 『대학연의』, 「崇敬畏」 권28.

29 『중용』, 17장; 『대학연의』, 「明道術」 권11.

30 『대학연의』, 「明道術」 권5.

천명에 관한 『예기』의 내용을 독립시켜 체계화한 『중용』에서는 천명과 도심의 관계를 잘 보여주고 있다. "천명을 일러 성(性)이라 하고, 성을 따르는 것을 일러 도(道)라 한다(天命之謂性 率性之謂道)."[31] 상제가 제왕에게 명한 것으로 이해되는 것이 천명이고, 이를 따르는 인간의 마음속의 공적 가치를 도심이라고 유학의 경전들은 체계화하고 있다.

3. 힘이 아닌 덕으로서 동아시아 리더십

1) 공적 가치로서 도심

『대학연의』를 현대 사회과학으로 재해석할 때 가장 핵심적으로 제기될 수 있는 문제가 도심(道心)을 어떻게 해석해내느냐 하는 것이다. 이 도심은 인심(人心)과 대비되어 『대학연의』의 전체 문제의식일 뿐만 아니라, 신유학을 통틀어 가장 핵심적인 문제라고 할 수 있다. 신유학적 사유에 따르면 도심은 천리고 인심은 인욕으로 정의할 수 있다.[32] 『대학연의』는 '천리의 공(公), 인욕의 사(私)'로 동아시아적인 공사를 구분하고 있다.[33] 그리고 "기(氣)라는 것은 인욕의 사사로움이고 예(禮)라는 것은 천리의 공"이라는 내용에서도 인욕은 사적 가치로, 천리는 공적 가치로 구분하고 있다.[34] 『예기』에서도

---

31 『중용』, 1장.

32 정민정, 『심경부주』, 「人心道心章」.

33 『대학연의』, 「帝王爲學之本」 권2.

34 『대학연의』, 「明道術」 권11.

"큰 도를 행하는 것은 천하의 공이고(大道之行也 天下爲公), 지금 세상에서 대도가 이미 숨었으면 천하는 개인의 집(今大道旣隱 天下爲家)"으로 인식해 대도(大道)를 공적 가치로 확인해주고 있다.[35]

『대학연의』는 현대 사회과학에서 여전히 논쟁 중인 공익과 사익(private interest)의 동아시아적 사유에 대한 실마리를 제공하고 있다. 서구적인 사회과학에서 공익은 과정설과 실체설이 대립하고 있지만 그 역사적 연원은 공적인 것에 기원하고 있다. 사적인 것과 대비되는 공적인 것이 있다는 전제에서 공익론은 출발한다. 최근까지 사회과학계의 주류 담론이던 신자유주의에서는 공익론 자체를 부정하는 경향까지 나타나고 있다. 공공 분야의 공익도 결국은 행위자들의 사적 이해관계에 기반을 두고 있고 공과 사가 본질적으로 구분되지 않는다는 공공선택론(public choice theory)도 설득력을 얻고 있다. 서구의 공익론과 비교할 때 『대학연의』에서는 도심과 인심의 개념으로 공과 사를 분명하게 구분하고 있다.

도심은 인간의 내면에 있을 뿐만 아니라 더 근본적으로는 우주를 움직이는 원리인 천리이기도 하다. 동아시아적 사유에서 우주는 자연의 춘하추동처럼 원형이정(元亨利貞)으로 변화해간다. 예컨대 『주역』의 건(乾)은 하늘의 성정으로, 눈으로 보이는 하늘을 의미하는 천(天)과 구별된다.[36] 이 건의 『주역』 괘사가 원형이정이다. 성정으로서 하늘은 한 해의 계절이 춘하추동으로 변하듯 원형이정으로 순환

---

35 『예기』, 「禮運」.

36 봉기종, 『주역이해(상)』(계룡: 전학출판사, 2006), 28쪽.

해간다고 이해되고 있다. 같은 원리가 인간의 내면에서도 작동하는데, 이것이 인의예지(仁義禮智)다.

『주역』은 원형이정을 우선 우주의 춘하추동으로 풀이하고 있다. "원(元)은 선의 으뜸이요, 형(亨)은 아름다움의 모임이며, 이(利)는 의의 조화로움이요, 정(貞)은 일의 근간"이라고 밝히면서 이를 군자의 인의예지와 병립해 서술하고 있다. "군자가 인(仁)을 체득함이 남의 우두머리가 될 만하며, 모임을 아름답게 함이 예(禮)에 합할 만하며, 물을 이롭게 함이 의(義)에 조화시킬 만하며, 견고함을 바르게 함이 일을 바르게 하는 지(智)로서 군자의 네 가지 덕"을 열거하고 있다.[37] 주자는 좀 더 구체적으로 해석한다. "원(元)이라는 것은 물을 낳는 처음이니 천지의 덕이 이보다 앞선 것이 없다. 계절로는 봄이 되고 사람에게는 인(仁)이 되어서 모든 선의 으뜸이 된다. 형(亨)이라는 것은 물을 낳는 통함이니, 계절로는 여름이 되고 사람에게는 예(禮)가 되어서 모든 아름다움의 모임이 된다. 이(利)라는 것은 물을 낳는 이룸이니, 계절로는 가을이 되고 사람에게는 의(義)가 되어서 분수의 조화를 얻는다. 정(貞)이라는 것은 물을 낳는 완성이니, 계절로는 겨울이 되고 사람에게는 지(智)가 되어서 모든 일의 근간이 된다."

『대학연의』는 원형이정과 인의예지의 관계를 『중용』을 인용해 좀 더 구체적으로 밝히고 있다. 『중용』은 "하늘이 명한 것을 성이라 하고, 성을 따르는 것을 도라 하고, 도를 닦는 것을 교라 한다(天命之謂性 率性之謂道 修道之謂敎)."[38] 이 인용에 주자의 해식을 붙이고 있다.

---

37 『주역』, 「乾卦」; 『대학연의』, 「明道術」 권5.

"하늘이 만물에 부여해 스스로 그칠 수 없는 것은 명(命)이고, 사람이 이 명을 얻어 태어나서 본체를 온전히 하지 않음이 없는 것은 성(性)이라 한다. 명은 말하자면 원형이정이고, 성은 말하자면 인의예지다. 하늘에 있느냐 사람에게 있느냐에 따라 비록 성명에 구분이 있으나 그 이치는 하나가 아니었던 적이 없고, 사람에게 있느냐 물(物)에 있느냐에 따라 비록 기품의 차이는 있으나 그 이치가 같지 않은 적이 없다"[39]라고 했다. 주자는 인의예지를 풀이해 "인(仁)은 온화하고 자애로운 이치고, 의(義)는 마음을 결단하고 제재해 잘라서 나누는 이치며, 예(禮)는 공경하고 알맞게 하는 이치며, 지(智)는 옳고 그름을 구별하는 이치"라고 하면서, "이 네 가지가 사람의 마음에서 갖추어지니 바로 성의 본체다"라고 했다.

그러나 현실의 인간은 천리의 공(公)에 머물러 있지 않고 인욕의 사(私)에 위태로워진다. "마음의 허령지각(虛靈知覺)은 하나지만 인심과 도심이 차이가 있는 까닭은 어떤 것은 형체와 기질의 사사로움에서 생기고 어떤 것은 성명의 올바름에서 근원한다. 지각한 것이 같지 않기 때문에 위태로워서 불안하고 또는 은미해서 보기 어려울 뿐이다. 지혜가 뛰어나더라도 인심이 없을 수 없고 아주 어리석고 못난 사람도 도심이 없을 수 없다."[40]

『대학연의』는 이 도심과 인심의 차이에서 천리의 공(公)과 인욕의

38 『중용』, 1장.

39 『대학연의』, 「明道術」 권5.

40 『대학연의』, 「帝王爲學之本」 권2.

사(私)를 구분해낸다. "형기가 사사롭다는 것은 성색취미(聲色臭味)의 욕구를 가리켜 말한 것이고 성명이 올바르다는 것은 인의예지의 이치를 가리켜 말한 것이다. 성색취미의 욕구는 모두 기(氣)에서 나오니 이른바 인심이고, 인의예지의 이치는 모두 성(性)에서 근원하니 이른바 도심이다."[41] 성색취미의 대표적인 사례로 궁정에서 편안함을 바라거나 음식과 의복에 맛있고 아름답기를 바라거나 비빈의 마음가짐보다 미모에 빠지거나 음주와 사냥에 빠지는 것을 인욕으로 사사로움을 취하는 경우로 보고 있다.

『중용』에서 희로애락(喜怒哀樂)의 감정이 발동하지 않은 것을 미발(未發)의 상태로 중(中)이라 하고, 그 감정이 발동한 것을 이발(已發)의 상태에서 절도에 맞는 것을 화(和)라고 했다.[42] 인간은 동(動)적인 존재라서 미발의 정(靜)적인 존재에 머물러 있지 않는다. 감정이 발동한 상태에서 인간은 성색취미로 사사로운 인욕에 따라 움직이는 존재다. "중(中)에서 주로 하는 것을 도심이라 하고, 용(庸)에서 드러나는 것을 인심이라 한다."[43]

중(中)에 관한 『대학연의』의 내용은 정이(程頤)가 말한 "치우치지 않음(不偏)이 중(中)이고, 바꾸지 않음(不易)이 용(庸)이다"라는 설명을 제시하고 있다. "감정을 발현하기 전에는 이 마음이 지극히 비어서 치우치거나 기대는 바가 없으므로 중이라 하고, 이 마음으로써 모든

---

41 『대학연의』, 「帝王爲學之本」 권2.

42 『중용』, 1장.

43 『대학연의』, 「帝王爲學之本」 권2.

일의 변화를 대응하면 가는 곳마다 중이 아님이 없다"라고 희로애락의 감정 이전의 마음 상태가 중(中)임을 강조하고 있다.[44]

『대학연의』에서 드러난 공적 가치를 서구 공익론의 관점으로 해석해 과정설과 실체설의 견해를 취한다면 객관적 실체설이라고 할 수 있다. 서구적 사유에 의한 공익의 실체설은 인간의 인식 속에서 전제되어 존재하는 관념으로서 실체다. 플라톤의 이데아와 같이 공적인 것은 공적인 실체로 사유되고 이에 따라 공사 이원론이 등장한다. 그러나 이 실체가 자연과 우주에도 존재하는 실체인지는 명확하지 않다. 자연법과 공익 간의 관계는 이론에 따라 서로 상이한 관계를 맺는다. 이에 반해 동아시아의 공(公)은 도심이며 천리다. 공은 우주와 자연의 원리와 이치로서 객관적으로 인간 이전에 실체가 존재한다고 인식되고 있다.

공(公)을 천리로 인식할 때 천리는 건(乾)의 원리로서 원형이정을 의미한다. 주자 등의 신유학은 공(公)을 천리로 인식하지만 삼대(三代)나 공자 시대의 초기 유학에서는 상제(上帝)[45]의 천명을 성(性)으로 인식하고 있다. 이 천명으로서 성과 그 작동 원리로서 천리가 인간의 도심에서도 동일하게 반영되어 인의예지로 대등한 관계를 이루고 있다. 인간의 내면에서 감정이 발현하기 이전 상태의 인의예지

---

44 『대학연의』, 「明道術」 권11.

45 상제는 호천상제(昊天上帝), 황천상제(皇天上帝) 등 상이한 용어로 쓰이지만 초기 유학에서는 하늘을 상징하는 동일한 개념들이다. 마테오 리치(Matteo Ricci)는 상제의 개념을 서양의 신과 같은 것이라고 인식하면서 '보유론(補儒論)'을 주장했다.

가 곧 공(公)이라는 것이 동아시아적 사유다.

흥미로운 것은 희로애락의 감정이 미발(未發)한 상태인 중(中)에서 인의예지의 도심과 그 감정이 이발(已發)한 상태에서 성색취미의 인심이 인간의 내면에 공존하고 있다는 점이다. 그래서 인간은 공적 인간이면서 동시에 사적 인간이다. 『대학연의』가 지향하는 인간의 실천은 '위태로운 인욕으로써 인심을 자제하고 은미한 도심에 집중하라'는 것이다. 이것은 요순 이래 동아시아 사유에서 가장 본질적인 자기성찰의 문제가 되었다.

2) 동아시아 헌정의 왕도정치

『대학연의』에서 다룬 공적 가치를 현실에서 실현하는 것은 제왕의 정치를 통해 이루어진다. 『대학연의』에서 제왕의 정치가 일어나는 공간은 '제국'이다. 제왕은 치국을 넘어 평천하를 담당하는 정치적 주체이고 그가 다스리는 정치적 공간이 제국이다.[46] 그래서 진덕수는 임금이나 군자 등 다른 용어보다 제왕이라는 개념을 사용한다. 그가 생각하는 정치는 정치지도자 개인에서 출발하지만 이것이 확대되어 마지막에는 평천하의 제국에 이르고 있다.

원 제국을 건설한 뒤에 제왕들이 국정 운영의 새로운 방법을 찾고 있을 때 신유학을 관학으로 삼고 『대학연의』를 경연[47]의 교재로 사

---

46 A. Chua, *Day of Empire*, pp.88~102.

47 경연은 '제왕의 고전연구 모임(Imperial Classic-study Meetings)'으로 번역되었다. 이는 정치 현안의 토론이 아니라 제왕이 사서 등 고전을 읽고 토론하

용했다. 이것은 제왕들의 현실적 고민에 대한 해답의 일단을 이 책이 담고 있었기 때문이다. 몽골 울루스(ulus: 몽골어로 '국가')의 최고 정치지도자인 원의 황제들은 원 제국뿐만 아니라 오고타이 울루스, 차가타이 울루스, 킵차크 울루스 등 중앙아시아, 서남아시아를 넘어 남부 러시아에 이르는 광활한 세계 제국을 통할할 정치적 책임이 있었다.[48] 그러나 이 울루스들은 개별적인 독립성을 유지하고 있었기 때문에 원 제국 내부에서와 같은 국내법적인 방법으로 관리할 수 없었다. 일방적인 정치적 힘만으로 통치할 수도 없었지만 그렇다고 개별적인 독립국가의 연합으로 통치할 수도 없었다. 제국을 운영하는 데, 일방적인 힘과 강제력을 동반하는 '제국주의'적 방식으로 통할할 수 없다.[49] 도덕적·정치적 힘과 권위로서 울루스들의 자발적 동의에 기초한 통치 방식이 고안되어야 했다. 『대학연의』의 왕도와

는 모임이었다. C. Y. Lee, "Ch'iu Chun(1421~1495) and His Views on Government and History", p.169. 신유학이 관학으로 자리 잡은 것은 남송이 아니라 원 제국부터였고, 경연도 남송도 했지만 원 제국 때부터 본격적으로 동아시아적 제도화 과정을 거쳤다고 볼 수 있다. 조선은 물론 명과 청에서도 이런 경연 형식은 지속된다.

48 김호동, 「몽골제국의 '울루스 체제'의 형성」, ≪동양사학연구≫, 131집(2015), 333~386쪽; 「몽골제국의 세계정복과 지배」, ≪역사학보≫, 217집(2013), 73~106쪽; 「몽골제국과 '大元'」, ≪역사학보≫, 192집(2006), 221~253쪽. 원 세조 쿠빌라이 이후 『대학연의』는 원 황제들로부터 가치를 인정받고 경연의 기본 교재가 되었다. C. Y. Lee, "Ch'iu Chun(1421~1495) and His Views on Government and History", p.182.

49 T. Brook, *The Troubled Empire*(Vol.5)(Harvard University Press, 2010), pp.79~95.

패술의 개념은 이러한 고민에 해답을 제시할 수 있다.

『대학연의』에서 정치 형태는 왕도와 패술로 구분되었다. "왕도와 패술을 분별하는 것은 덕과 힘뿐이다. 힘이란 부국강병을 말하니, 처음에는 인(仁)을 행하는 데 마음이 없다가 그 이름만을 빌려 일을 이루는 것이다. 덕은 몸소 행하고 마음으로 터득함을 말하니, 인이 본래 자신에게 갖추어져 그것을 확대해 남에게까지 미치는 것이다. 천리를 따르는 것이 왕도고 인욕을 따르는 것이 패술이다."[50] 그리고 맹자를 인용해 "힘으로써 인을 빌리는 자는 패자이니, 패자는 반드시 큰 나라를 소유한다. 덕으로써 인을 행하는 사람은 왕도를 행하는 자이니, 왕도를 행하는 자는 큰 나라를 필요로 하지 않는다. 탕왕이 70리의 땅으로 다스렸고 문왕은 100리의 땅으로 다스렸다. 힘으로 남을 복종시키는 것은 마음으로 복종하는 것이 아니라 힘이 넉넉하지 못해서다. 덕으로 남을 복종시키는 것은 속마음으로 기꺼이 진실로 복종하는 것이니, 70명의 제자가 공자에게 마음으로 복종함과 같은 것이다.[51] 『시경』에서 '서쪽에서, 동쪽에서, 남쪽에서, 북쪽에서 복종하지 않는 이가 없다'라고 했으니 이런 경우를 두고 말한 것이다"라고 왕도의 방법을 탕왕과 문왕의 사례로 설명하고 있다.[52]

『대학연의』는 순자와 동중서의 사례를 들어 이 문제에 대한 힘과 이익의 문제를 설명한다. 순자의 "순수하면 왕도요, 섞이면 패도"라

---

50 『대학연의』, 「明道術」 권14.

51 『맹자』, 「公孫丑(上)」; 『대학연의』, 「明道術」 권14.

52 『대학연의』, 「明道術」 권14.

는 말을 인용하면서, 진덕수는 "순수하게 인의에서 나온 것이 왕도이고, 인(仁)하면서 인하지 않음이 섞이고 의로우면서 의롭지 않음이 섞인 것이 패술이다. 왕도는 도덕에 순수하고 패술은 공리가 섞인 것"이라고 설명을 덧붙이고 있다. 동중서가 말하기를 "인(仁)한 사람은 그 마땅한 바를 하나 그 이익을 도모하지 않고, 그 도를 밝히나 그 공은 계산하지 않는다. 이 때문에 공자의 문하에서는 5척의 동자도 오패(五霸)를 일컫는 것을 부끄러워했으니, 거짓 힘을 먼저 하고 인의를 뒤로 했기 때문"이라며 오패를 경계했다. "의(義)는 천하의 적합한 이치고 도(道)는 천하에서 두루 행해야 하는 길이니, 그 실체는 하나다. 패술은 오직 이익만을 도모하고 의는 돌아볼 겨를이 없으며, 오직 공(功)만을 계산하고 도는 도울 겨를이 없으니, 이것이 공자의 문하에서 배척당한 이유"라고 진덕수는 추가적인 설명을 붙이고 있다.[53]

힘에 의한 정치가 아니라 덕에 의한 정치를 현대 사회과학의 개념으로 해석한다면, 개별 국가의 이익이 아니라 인류의 보편적 이익을 의미한다.[54] 글로벌 거버넌스가 지구적 과제로 제기되는 시대에 덕에 의한 왕도정치는 '제국주의적 패권'이 아니라 인류의 보편 이익을 추구하는 정치로 이해될 수 있다.

---

53 『대학연의』, 「明道術」 권14.

54 M. Hardt and A. Negri, *Empire*, pp.183~204.

3) 덕화 리더십으로서 성의정심

왕도정치의 정신과 주체가 도심과 제왕이라면 그 구체적인 실천은 덕화라고 할 수 있다. 제왕의 극명준덕이 스스로 명덕을 밝혀 솔선수범하면 그다음에 백성 역시 그 덕을 밝히는 백성소명(百姓昭明)이 일어난다.[55] 이 과정을 덕화라고 할 수 있다. 『대학연의』의 본문에 덕화라는 개념이 인용되는 것은 다스리고자 하는 군주는 "반드시 먼저 덕화를 베풀어야 한다(必先德化)"라고 「심치체(審治體)」에 나타나 있다.[56] 덕화의 개념은 제왕에서 백성을 넘어 동물에까지 미칠 수 있다고 했다. 『시경』에서 덕화의 사례로 문왕을 인용하며 "왕이 영유(靈囿)에 계시니, 암사슴과 사슴이 엎드려 있도다. 왕이 영소(靈沼)에 계시니, 아! 물고기들이 가득히 뛰놀도다"라고 했다.[57] 이를 진덕수는 사슴이 원유(苑囿)에 있는 것이 산림에 있는 것과 같고, 물고기가 원소(苑沼)에 있는 것이 강호에 있는 것과 같음을 노래한 것이다. 문왕의 덕이 날짐승과 물고기에까지 미쳐 각기 그 거처하는 곳을 편안하게 여기니, 이것이 이른바 "흔들지 않음(不搖)"이라고 풀이하고 있다. 맹자는 「양혜왕상(梁惠王上)」에서 왕자의 덕화를 설명하며 이 부분을 다시 인용하기도 했다.[58]

이와 같이 동물에까지 이르는 덕화의 다른 예는 『서경』에서 "백성은 집을 편안히 여기고 짐승들은 무성한 수풀을 편안히 여겼다"

---

55 『시경』, 「堯典」; 『대학연의』, 「帝王爲治之序」 권1.

56 『대학연의』, 「審治體」 권25.

57 『시경』, 「靈臺」.

58 『대학연의』, 「戒逸欲」 권34.

라는 구절에서도 찾아볼 수 있다. "옛날 하나라의 선왕들이 그 덕을 펴는 데 힘썼기에 천재(天災)가 없었고, 산천의 귀신들이 편안치 않음이 없었으며, 조수(鳥獸)와 어별(漁鼈)이 모두 이에 순했다"라고 이훈(伊訓)이 태갑(太甲)을 훈계했다.[59]

덕화는 교화와 함께 덕교(德敎)로 표현되기도 한다. 한나라 선제는 "덕교에는 맡길 수 없고 주나라의 정치는 쓸 수가 없다"라고 하면서 패술의 정치를 근본으로 하고 왕도정치를 섞어 국정을 운영한다고 했다.[60] 이것은 덕화가 아닌 힘에 의한 정치로 『대학연의』에 나오는 사례다.

덕화란 제왕의 극명준덕과 그 영향을 받아 백성소명이 일어나는 것이며, 이를 통해 관계가 함유일덕(咸有一德)으로 통일된다. 함유일덕은 '더불어 하나의 덕을 갖게 된다'라는 의미로 『서경』에서는 "나는 몸소 탕왕과 한 가지 덕을 가지게 되었다(咸有一德). 덕이 오직 한결같으면 움직이는 데 길하지 않음이 없고 덕이 한결같지 않으면 움직이는 데 흉하지 않음이 없다. 처음과 끝이 오직 한가지면 때에 맞게 날마다 새로워진다"[61]라고 하면서 덕화를 통해 상호 의존적인 관계로 발전할 수 있음을 보여주었다.

덕치가 아니라 덕화라는 개념을 사용하는 것은 덕치가 수직적 권력관계로 이해되는 경향이 있어 수평적이고 상호 의존적인 관계를

59 『서경』, 「伊訓」.
60 『대학연의』, 「帝王爲學之本」 권3.
61 『서경』, 「咸有一德」.

더 잘 나타낼 수 있기 때문이다. 덕치는 법치와 대립하는 개념으로 동아시아에서 사용되어왔지만 그 근본적인 가정은 통치자가 상하 관계에서 백성을 다스린다는 관념에 근거하고 있다. 덕치의 본질적인 가치는 현대 민주주의 정치에서 정부와 시민의 관계인 수평적 네트워크(network)로 전환되었다. 이런 관계를 전제로 '덕에 의한 거버넌스'를 덕화로 해석할 수 있다.

덕화는 관계의 개념이지만 그 근원인 덕은 인간의 성의정심에서 생성된다. 성의는 '그 뜻을 성실히 하는 것'으로 마음에서부터 그 뜻에 정성을 다하는 것이다. 『대학』에 "'뜻을 성실히 하는 것(誠其意)'은 '스스로 속이지 않음(毋自欺)'이고 뜻을 성실히 하기 위해서는 '독(獨)을 삼간다(愼其獨)'"라고 설명하고 있다. 신독(愼獨)은 "다른 사람은 알지 못하고 자기만이 아는 지경(人所不知而己所獨知之地也)"이라고 했다. "독을 삼간다"라는 것은 타인의 시선과 판단에 무관하게 오로지 자기 스스로 자기의 마음을 살핀다는 의미다.[62]

『대학연의』는 제왕의 관점에서 성의에 관해 설명하고 있다. 이는 군자의 관점에서 서술하는 『대학』과는 다른 '공경'의 내용을 제시하고 있다. "요임금은 공경하고 밝고 문장이 뚜렷하고 사려 깊고(欽明文思) 또한 진실로 공경하고 겸손했고(允恭克讓),[63] 순임금은 온화하고 공경하며 신실하고 독실했으며(溫恭允塞),[64] 우임금은 '나의 덕을 공

62 『대학』, 「經一章」; 성호훈, 「성의와 정심」, 『국가리더십연구센터 세미나 자료집』(2013).

63 『서경』, 「堯典」; 『대학연의』.

64 『서경』, 「舜典」.

경해 솔선하니 나의 행함을 어기지 않았다(祗台德先不距朕行)'[65]라고 했고, 탕왕이 제때 탄생해 성스러운 덕과 공경하는 덕이 날로 발전했고(湯降不遲聖敬日躋),[66] 거룩한 문왕은 아름답게도 공경을 계속 넓혔도다(穆穆文王於緝熙敬止)[67]라고 공경의 고전적 사례를 『대학연의』는 제시하고 있다.[68] 공자는 이를 두고 "경(敬)으로써 수기(修己)한다"라고 설명하며 "수기해서 백성을 편하게 하는 것은 요순도 힘들게 여겼다"라고 했다.[69]

이 공경은 요순 이래 대대로 전수된 것이었다. 진덕수에 따르면 공경이란 '마음의 주재(主宰)'이며 모든 선(善)의 근본이라 이해하고, 군자는 이 공경을 벗어나지 않는다고 파악한다. 성인의 공경은 하늘로부터 주어진 것이며, 군자의 공경은 자강불식(自强不息)하는 것으로 사람에서 비롯되어 하늘에 이르는 것이라고 한다.[70] 『대학연의』는 제왕의 공경으로 천명과 민심을 연결해 설명하고 있다. 『서경』에서 "하늘의 총명함이 내 백성의 총명함에서 나오고(天聰明 自我民聰明), 하늘이 선한 자를 드러내고 악한 자를 두렵게 함이 내 백성의 밝혀주고 두렵게 함으로부터 나왔다. 그리하여 하늘과 백성이 상하로 서로 닿으니 나라를 가진 자들이여, 공경할지로다"라고 하늘

65 『서경』, 「禹貢」.
66 『시경』, 「商頌」.
67 『시경』, 「大雅」.
68 『대학연의』, 「崇敬畏」 권28.
69 『대학연의』, 「崇敬畏」 권28.
70 『주역』, 「乾卦」; 『대학연의』, 「崇敬畏」 권28.

과 백성이 하나임을 적고 있다. 진덕수는 "하늘의 총명이 백성에게 있고 천하의 밝음과 권위가 백성에게 있으니 민심이 있는 곳이 곧 천심이 있는 곳이다. 하늘과 사람은 일리(一理)라 통달해 간격이 없으니, 백성과 사직을 가진 자로서 이에 어찌 공경하지 않겠는가"라고 풀이하고 있다.[71]

이훈은 "하늘은 친애하는 사람이 없어 공경하는 자를 친애하며, 백성은 항상 그리워하는 사람이 없어 어진 덕이 있는 자를 그리워하며, 덕이 있으면 다스려지고 그렇지 않으면 어려워진다"라고 하늘과 백성의 관계에서 제왕에게 공경이 필수적이라고 강조하고 있다. "공경하면 어질고 공경하지 않으면 사욕이 해쳐 어질지 않게 되며, 공경하면 정성을 다하게 되고 공경하지 않으면 사사로운 욕심이 뒤섞여 정성을 들이지 않게 된다. 덕이 있으면 반드시 잘 다스려지고 잘 다스리는 자와 더불어 도를 같이하면 반드시 홍성해진다"라는 것은 이에 대한 진덕수의 해설이다.

『대학』 등에서 나오는 성의정심은 군자의 관점에서 보는 것으로 '뜻이 성실하면 공경으로 마음을 곧게 한다'라는 일반론에 해당한다. 그런 반면 『대학연의』에서 언급되는 성의정심은 제왕이 가진 천심과 민심에 대해 뜻을 성실히 하는 것으로 국정 운영과 직접적으로 관련된 내용들이다. '공경으로써 안을 곧게 하고, 의로써 밖을 방정하게 한다(敬以直內義以方外)'[72]라는 것이 공경에 대한 큰 방향이라

---

71 『서경』, 「皐陶謨」; 『대학연의』, 「崇敬畏」 권28.

72 『주역』, 「坤卦」.

고 한다면, 『대학연의』는 『중용』의 처음에 나오는 천명에서 비롯되는 제왕의 국정 운영이 성의정심의 주요한 내용을 이루고 있다. 『대학연의』는 천명에 대한 설명으로 『시경』에서 정치적으로 가장 중요한 부분인 「대아(大雅)」의 「문왕(文王)」과 「대명(大明)」에서 천명과 민심이 다르지 않음을 반복해서 시적 표현으로 읊고 있다. 그리고 주자의 신유학이 천리를 중심으로 설명하는 데 반해 초기 유학의 경전에서는 상제(上帝)와 그 명으로 천명을 직접적으로 나타내고 있다. “그 명이 새롭다(其命維新). 위대한 천명은 상나라 자손들에게 있었다. 상나라 자손들이 그 수가 적지 않았건만 상제가 이미 명한지라 주나라에 복종하니 천명은 일정하지 않다. 너의 할아버지를 생각하지 않겠는가. 그 덕을 닦아라. 천명에 길이 합함이 스스로 많은 복을 구하는 길이다.”[73]

『대학연의』는 상제의 천명이 어느 왕조에 고정되어 있는 것이 아니라 가변적이고, 일정한 천명은 덕에 의해 민심을 얻을 때 유지된다고 가르치고 있다. 제왕의 성의정심은 『예기』의 시작에서 “공경하지 않음이 없어(毋不敬) 엄숙히 생각하는 듯이 하며, 말을 안정되게 하면 백성을 편안하게 할 것”[74]이라고 집약적으로 표현되어 있다. 『대학연의』에서 나타나는 덕화 리더십의 기초는 제왕의 성의정심으로 공경에서 출발하며 제왕은 성의의 단계에서부터 천명을 두려워하고 민심이 천심이라 염두에 두는 것에 있다. 제왕이 상제의

73 『시경』, 「文王」; 『대학연의』, 「崇敬畏」 권28.

74 『예기』, 「曲禮」; 『대학연의』, 「崇敬畏」 권28.

천명을 따르고 백성에게 솔선수범하면 백성도 덕으로 생각하고 행동하게 되어 사회 전체가 명덕을 밝히게 된다는 것이 『대학연의』가 설명하는 덕화라고 할 수 있다. 『대학연의』의 리더십을 핵심만 요약한다면 덕화의 리더십이라고 하겠다.

4. 덕화 리더십과 팔로어십의 관계

1) 군자와 소인의 택심

군자와 소인은 유학의 근본적인 인간관이기 때문에 유학적인 사유를 관통하고 있다. 『대학연의』는 이러한 군자론을 수용하면서도 제왕의 관점에서 재해석한다. 천리와 인륜으로 다섯 가지의 인간관계를 놓고 부모와 자식, 어른과 아이, 남편과 아내, 임금과 신하, 친구 사이의 관계로 격물치지의 첫 번째 요체라고 『대학연의』는 길게 설명한다. 이 유학의 일반론에서 군자와 제왕의 관점이 크게 다르지 않다. 『대학연의』의 격물치지의 두 번째 요체인 '인재론'에서는 제왕이 수레바퀴의 중심과 같이 군자와 소인을 식별하는 주체로 전환되어 등장한다. 『대학』과 『중용』의 군자론이 인간의 보편적인 덕성에 관해 밝힌다면 『대학연의』에서는 제왕의 입장에서 군자와 소인을 구분해 국정의 인재로 삼는 문제를 심도 있게 논의하고 있다. 군자와 소인이라는 특성론이 아니라 제왕과 군자, 그리고 제왕과 소인 간의 관계에 대해 다른 서술을 하고 있다고 보아야 한다.

이런 관점에서 우선 등장하는 문제는 제왕은 군자와 소인을 어떻게 식별할 수 있느냐는 것이다. 『대학연의』에서 공자는 군자와 소인의 행동이 상반되는 11가지의 예를 들고 있다. 그 대강으로 공과 사, 의(義)와 이(利)를 넘지 않는다고 사람을 분별하는 대원칙을 제시하고 있다. 공자의 의도는 배우는 사람이 군자와 소인의 구분을 알고, 버리고 취할 기미를 살피게 하려는 것이었다. 이런 공자의 입장이 유학에서 군자론을 다루는 일반적인 태도라면, 『대학연의』에서는 좀 더 구체적으로 "제왕이 군자와 소인의 분별을 알고 등용하고 버릴 때 신중할 것"을 지적하고 있다.[75]

제왕이 군자와 소인을 식별하는 능력을 택심(宅心)이라고 『서경』「입정(立政)」에서 밝히고 있다. "「입정」은 모두 관리를 임명하고 사람을 쓰는 일이니, 반드시 마음을 안정시키는 것(宅心)을 우선해야 한다. 사람을 등용하는 일은 곧 정치를 바로 세우는 근본이고, 마음을 안정시키는 것은 또한 사람을 등용하는 근본이다. 정사가 잘 다스려지는지 여부는 사람을 등용하는 득실에서 비롯된다. 오직 지극히 공(公)하여야 천하의 사사로움(私)을 볼 수 있고, 오직 지극히 발라야(正) 천하의 사악함(邪)을 볼 수 있고, 오직 지극히 고요해야 천하의 움직임을 볼 수 있다. 문왕이 사람을 등용하는 것이 모두 적당했던 것은 그가 택심하는 데서 비롯했기 때문이다."[76]

『대학연의』는 제왕의 택심으로 군자를 발탁해 성공한 사례들을 예시해서 적고 있다. 그리고 이보다 더 많은 지면을 소인인 간웅과 간신들에 대해 적고 있다. 나라를 훔치는 간웅, 임금을 업신여기는

75 『대학연의』, 「辨人才」 권15.

76 『서경』, 「立政」; 『대학연의』, 「帝王爲學之本」 권2.

간신, 남을 모함하는 참신, 아첨하면서 총애받는 신하, 재물을 긁어 모으는 신하 등의 사례를 소인의 예로 열거하고 있다.[77]

제왕이 덕화의 리더십을 갖고 신하로부터 팔로어십을 얻기 위해 가장 먼저 필요한 자질은 인재를 식별해내는 택심이다. 그리고 이 택심은 제왕이 스스로 먼저 고요하고, 사사로움에서 벗어나 공적 가치를 중심에 놓고 판단할 때 비로소 발현되는 덕목임을 『대학연의』는 강조하고 있다.

2) 배우자와 자식의 관계

덕화 리더십을 위해 『대학연의』는 군주가 덕성이 있는 배우자를 만나는 일을 매우 중요하게 인식한다. 이를 두고 "만 가지 복의 근원이고 혼인의 예가 바르게 된 뒤에야 만물이 이루어지고 천명이 온전하게 된다"라고 서술했다. 공자가 『시경』을 「관저」에서 시작한 것은 덕화 리더십에서 "임금이 백성의 부모고 배우자의 행실이 천지에 걸맞지 않다면 신령의 통치를 받들어 만물의 마땅함을 다스릴 수 없기 때문"이라고 설명하고 있다. 그리고 『대학연의』는 이 의미를 "『주역』은 「건괘(乾卦)」와 「곤괘(坤卦)」가 근본이고 『시경』은 「관저」가 으뜸인 이유는 부부의 만남이 인도(人道)의 큰 실마리이기 때문"이라고 강조하고 있다.[78]

---

77 『대학연의』 권17에서 권24까지에는 나라에 해악을 끼치는 신하들에 대해 많은 사례를 열거하고 있다.

78 『시경』, 「關雎」; 『대학연의』, 「重妃匹」 권36.

그리고 덕화 리더십에서 배우자의 본보기로 문왕의 비 태사를 들고 있다. 주자는 태사를 조용한 덕이 있었기 때문에 문왕이 훌륭한 내치(內治)를 할 수 있었다고 적고 있다.[79]

덕화 리더십이 다음 세대에도 제대로 전수되기 위해서는 자식에 대한 교육이 중요하다. 이를 『대학연의』는 자세히 적고 있다. 권력을 둘러싼 세습제도에서는 우선 세자를 빨리 세워야 한다고 지적한다. 그리고 『예기』를 인용해 "세자를 교육하는 데는 반드시 예악으로 해야 한다. 특히 악(樂)은 내면을 수련하고 예(禮)는 외면을 수련하는 것이다. 예와 악이 뒤섞이면 그 성취한 것이 기쁘고 공손하고 경건하며 온화하고도 화려하다"라고 다음 세대의 교육에 대해 논하고 있다.[80] 덕성을 쌓고 기질을 변화시키는 데 예악보다 오묘한 것은 없다고 『대학연의』는 강조한다. "음악이 비록 내면을 수양하는 것이지만 결국 안에서 밖으로 넘쳐나기 마련이며, 예절이 비록 외면을 수양하는 것이지만 밖에서 안으로 들어가기 마련"이라고 했다. 다음 세대를 위한 덕화 리더십은 배워서 아버지와 아들의 도리를 다하고, 배워서 군주와 신하의 의리를 다하며, 배워서 어른과 손아랫사람의 도리를 다하게 한다는 뜻이다.

『대학연의』는 한 개인이 수신한 것이 가족에게로 덕화 리더십의 형태로 확장한다고 보고 있다. 배우자가 덕성을 공유하고 이를 위해 솔선수범해야 하며, 다음 세대를 위한 교육이 중요하다고 강조한

---

79 『대학연의』, 「重妃匹」 권36.

80 『예기』, 「文王世子」; 『대학연의』, 「定國本」 권41.

다. 이는 가족 안에서도 배우자와의 관계, 자식과의 관계에서 덕화 리더십이 확장할 수 있음을 의미하는 것이다.

3) 환관과 외척

『대학연의』가 남송 시대에 쓰였고 그 대상이 봉건적 제왕의 국정 운영에 있기 때문에 환관 문제는 필수적으로 고려될 수밖에 없다. 환관은 국정 운영에서 긍정적인 역할을 맡기보다는 지식인을 탄압하는 등의 일로 역사에 기록된 경우가 많다. 특히 이들이 병권을 장악했을 때의 국정 혼란은 상상 이상인 경우가 많았다. 외척들도 환관과 비슷하게 국정 운영상의 비공식 집단으로 공적 가치를 실현하기보다는 그들 가문의 사사로운 이해관계를 위해 국정을 어지럽게 만든 경우가 많았다. 이런 역사적 사례를 들어 『대학연의』는 이들의 국정 참여를 경계하고 있다.

『대학연의』는 환관과 외척의 문제도 공과 사, 의와 이의 관점에서 분별해야 할 문제로 인식하고 있다. 덕화 리더십으로 공적 가치를 중심으로 이들이 국정에 개입하는 수단에 대한 통제를 주문하고 있다. 환관과 외척 문제는 현대 거버넌스에서도 비공식 집단의 문제를 이해하는 데 많은 시사를 주고 있다.

5. 동아시아적 헌정과 공적 가치

현대 정치학은 정치의 근본적 개념을 힘(power)이라고 보고 있다. 정치 영역에서 인간을 움직이는 동기는 권력이라는 것이다. 이는 국내정치와 국제정치에 구별이 없으며 정치학의 고전은 권력정치(power politics)를 다루고 있다. 거대한 국가구조에서부터 미시적인 조직 내부에 이르기까지 권력이 가장 근본적인 변수라고 가정하는 것이 현대 정치학이다.

반면 동양의 『대학연의』는 현대 정치학에게 패러다임의 거대한 전환을 제시하고 있다. 권력이 정치를 움직이는 것이 아니라 덕이 국가와 세계를 움직이는 기본 동력이라고 대안적인 패러다임을 제안한다. 『대학연의』는 일관되게 정치의 기본 동인은 권력이라는 가정을 거부한다. 정치의 영역에서 인간을 움직이는 동인은 덕이라고 주장한다.

동아시아 정치와 헌정 체제가 현실적 권력의 위력을 모르고 있었던 것은 아니다. 오히려 현실 권력이 작동하는 구조가 힘에 의해서 움직이고 있기 때문에 공공 거버넌스에서 이를 견제할 덕의 중요성을 더욱 강조한 것이다. 『대학연의』는 왕도와 패술, 군자와 소인을 대비했다. 공적인 것과 사적인 것, 의리와 이익, 권력과 덕을 구분해 사적인 것보다 공적인 것, 권력보다 덕이 공공 거버넌스에서 공적 가치로 확립되어야 한다고 주장하고 있다.

『대학연의』는 덕의 기초가 되는 공적 가치에 관한 동아시아적 사유를 잘 설명하고 있다. 도심과 천리는 공적인 것으로 사사로운 인욕에 근거한 인심과는 구별된다고 이론적으로 전개했다. 공적 가치는 원형이정이며 하늘의 소리인 천명으로 인간 인식의 이전 단계부터 객관적 실체로 존재한다고 『대학연의』는 보고 있다. 객관적 실체인 천명과 천리를 받아 인간의 마음 안에서 도심으로, 즉 인의예지로 드러나게 된다고 했다.

『대학연의』는 치국평천하의 정신적 가치를 내용으로 하는 공공 거버넌스의 새로운 패러다임 전환을 제시하고 있다. 서구 정치학의 패러다임에서 공공 분야의 가장 중요한 변수는 권력적 요인이다. 하지만 수평적 네트워크가 중시되는 현대 거버넌스에서는 평판과 신뢰 등의 가치가 새롭게 더 요구되고 있다. 현대 경영학에서도 윤리 경영과 기업에 대한 사회적 평판(reputation)이 중요해지고 있다. 이를 동아시아적인 사유로 표현한 것이 바로 덕이다. 현대 리더십 이론에서 제기하는 섬김의 리더십(servant leadership)과 윤리적 리더십(ethical leadership)은 『대학연의』의 덕화 리더십에서 숱한 시사점을 얻을 수 있을 것이다.

『대학연의』의 리더십은 천명과 천리에 대한 동아시아적 인식과 헌정 체제로서 한국, 중국, 일본 사람들에게 역사적으로나 문화적으로 공통된 의식이다. 앞으로 동아시아적 헌정과 공동체가 이 지역에서 본격적으로 논의될 때 국제정치적인 권력정치나 세력균형이 아니라 덕에 의한 상호 이해가 그 초석이 될 수 있을 것이다. 한중일 3국은 지난 100년간의 역사를 통해 권력정치와 힘을 중심으로 움직였을 때 일어났던 지역 안의 갈등과 충돌 사례를 기억하고 있다. 서구적인 권력정치가 아니라 동아시아적인 헌정 체제와 새로운 덕화 정치의 접근이 필요하다. 이것은 1000년이 넘는 시간 동안 동아시아적 사유가 꿈꾸어왔던 길이다. 힘에 의한 패술이 아니라 덕에 의한 왕도정치가 동아시아적 헌정과 공동체 구상에 새로운 지평을 열어줄 수 있다.

『대학연의』는 『대학』의 3강령 8조목 중에서 격물치지, 성의정심, 수신제가까지 서술되어 있다. 치국과 평천하는 진덕수가 의도적으로 제시하지 않았다고도 볼 수 있다. 성의정심으로 자신을 세우고 수신에 힘쓴다면 치평은 그에 따라 자연스럽게 이루어질 수 있다고 보았다. 그러나 치평이 어떻게 이런 세계관에서 연장해서 나타나는지는 궁금해질 수밖에 없다. 이런 치국과 평천하에 대한 갈증을 해소한 것이 명나라 초기의 구준(丘濬)이 쓴 『대학연의보(大學衍義補)』다.[81] 『대학연의』도 43권에 이르는 장대한 서술인데 『대학연의보』는 이보다 훨씬 많은 160여 권에 달한다. 『대학연의보』는 우리나라에 중종 때 전해졌고 특히 영조와 정조가 탐독한 것으로 알려져 있다. 정조는 『대학연의』와 『대학연의보』를 『대학』과 함께 자신이 직접 편집해서 『대학유의(大學類義)』라는 새로운 체제의 책을 만들어내기도 했다.[82]

지금까지 소개한 책들은 동아시아 헌정과 공동체 제도를 설계하는 단계에서 많은 철학적 배경과 구체적 방향을 제시해줄 수 있다. 예컨대 구준의 『대학연의보』에서 '병부(兵符)'는 동아시아 지역공동체에 필요한 공통의 방위체제를 어떻게 설계할지에 대한 시사를 던져줄 수 있다. 역사·문화적인 접근은 한중일 3국이 좀 더 긴밀하게

---

81 윤정분, 「朝鮮(中·後期)的儒教政治和『大學衍義補』」, ≪명청사연구≫, 20집(2004), 103~124쪽; 『중국근세 경제사상연구』(서울: 혜안, 2002); C. Y. Lee, "Ch'iu Chun(1421~1495) and His Views on Government and History."

82 김문식, 「正祖의 帝王學과 『大學類義』 편찬」, ≪규장각≫, 21집(1998), 59~81쪽.

동아시아적 헌정의 공적 제도와 지역공동체에 대한 공통의 인식을 형성하는 기초를 제공해줄 수 있다. 이런 점에서 『대학연의』는 한중일 지역공동체에 동아시아적 헌정이라는 새로운 패러다임을 형성하는 데 중요한 철학적 토대가 될 것이다.

6장

동아시아적 헌정으로서 '보상형' 대통령제

1. 새로운 대한민국에서 여전한 군왕과 재상에 대한 기억

87년 헌정 체제가 30년을 넘어서면서 새로운 헌정에 대한 시대적 요구가 분출하고 있다. 헌법 개정은 그동안 제도 정치권에서 꾸준히 제기되어온 정치적 사안이다. 대표적으로 지난 10여 년간 국회의장들은 정치개혁자문위원회나 헌법개정자문위원회를 통해 87년 헌법 체제의 문제점을 분석하고 대안적인 헌법 마련을 모색해왔다. 그러나 1987년 민주화 이후 2016~2017년에는 대통령 탄핵을 요구하는 시민대집회가 주말마다 열리면서 광장의 시민들은 대통령 탄핵을 넘어 새로운 민주공화국으로 전환하는 시민참여형 개헌을 요구하고 있다. '넓은 헌정(governo largo)'과 '좁은 헌정(governo stretto)'에 관한 논쟁은 16세기 이탈리아 피렌체 도시공화정의 정체성 문제에서도 찾아볼 수 있다.

서구 근대 시민혁명의 과정을 돌아보면 구체제(ancient regime)를 붕괴시키고 새로운 시민세력이 집권한 뒤에는 그에 걸맞은 헌정 체제를 만들었다. 영국은 1660년 청교도혁명과 1688년 명예혁명을 거치고 스튜어트 왕가를 지나 독일계 하노버 왕가가 집권할 때쯤 로버트 월폴(Robert Walpole) 총리에 의해 내각책임제 국가로 제도화되었다. 미국은 1776년 식민 지배에서 벗어나면서 독립과 동시에 대통령중심제 국가로 발전했다. 17~18세기 동안 대서양 양안에서는 군주제에서 벗어나 민주공화국에 대한 모색이 이루어졌고, 공화정체에 적합한 그 나라만의 권력구조를 생성시켰다.

주목할 것은 이런 근대 공화정체들은 고대 그리스와 로마의 공화정을 군주제의 대안적 국정 운영 모델로 탐색하면서도, 각자 자신들의 나라에 고유한 정치적 정체성과 당대의 정치적 환경을 고려해 자신들에 적합한 공화정체를 고안해냈다는 점이다. 그들은 고래의 헌정(ancient constitution)에 기초해 군주제를 대신하는 공화정체를 자신들의 정치 양식으로 조형했다. 자신들의 근대적 정치 체제에 보편성과 특수성을 혼용해 각자 나름대로 국정 운영 방식을 고안해냈다.

우리의 경우 헌법 개정을 포함해 87년 헌정 체제의 대안적 모델을 모색하는 과정에서 비교헌법적인 접근이 주류를 이루면서 고유한 헌정의 특성에 대한 고려를 찾기가 쉽지 않다. 우리의 개헌 논의에서 대안적인 모델이라면 미국의 대통령 4년 중임제, 영국의 내각책임제, 프랑스나 오스트리아 등의 분권형 대통령제 등이 제시되고 있다. 지금의 개헌 논의는 한국의 정치 환경과 조건의 고유성에 대해 검토하기보다는 외국의 제도에 대한 단순한 비교연구가 중심이다. 한 국가의 헌정 체제는 외래의 정치제도를 참고하면서도 자신들만의 고유한 헌정에 대한 고려가 동시에 이루어져야 한다. 그래야 새롭게 만들어지는 헌정 체제가 제도적 정합성을 가질 것이다. 그리고 새로운 헌정 체제는 고래의 헌정을 뿌리로 하고 있어야 이식된 제도들에서 생길 수 있는 시행착오를 줄일 수 있다.

이런 점에서 87년 헌정 체제를 넘어서는 새로운 헌정 체제는 동아시아적 헌정의 토대 위에서 모색되어야 한다. 한국의 헌정 체제에 역사적으로 내면화되어 있는 동아시아적 헌정은 '대통령과 국무총리의 권한 배분'이라고 할 수 있다. 이 제도의 틀은 1919년 9월 대한민국 임시정부의 제1차 개헌과 1948년 제헌헌법에서도 현행 헌법과 거의 유사한 형태로 내재해 있었다. 고래의 헌정은 역사적 뿌리를 거슬러 올라가면 동아시아 헌정의 출발이라 할 수 있는 『주례(周禮)』의 '국왕과 총재', 조선 건국에서 정도전의 재상제, 세종의 의정부서사제(議政府署事制), 조선 후기 실학파들이 주장한 의정부서사제의 부활 주장에서도 확인되고 있다.

동아시아의 헌정에서 군왕과 재상 간의 관계와 상호 역할론은 '보상(輔相)의 국정 원리'로서 『서경』, 『주역』, 『시경』 등에서도 확인되고 있다. 보상의 국정 원리는 국왕을 황극으로 수레바퀴의 중앙, 재상을 수레바퀴의 살, 육조(六曹) 등 행정관료제를 실제 업무를 담당하는 바퀴에 비유해 설명한다. 보상의 원리에 따른 군왕과 재상의 역할 분담은 군주제에서 공화제로 이행한 현대 동아시아적 헌정에서는 대통령과 국무총리의 관계로 계승되어 나타나고 있다. 이 보상의 원리를 동아시아적 헌정의 원리라고 할 수 있다.

대통령과 국무총리의 적절한 권한 배분 수준

<table>
<tr><th>결과</th><th colspan="2">현재 수준(%)</th><th colspan="2">이상적 수준(%)</th></tr>
<tr><td>0점(대통령 권한 강화)</td><td>2.6</td><td rowspan="5">64.0</td><td>0.8</td><td rowspan="5">42.5</td></tr>
<tr><td>1점</td><td>8.0</td><td>1.1</td></tr>
<tr><td>2점</td><td>17.8</td><td>6.0</td></tr>
<tr><td>3점</td><td>19.8</td><td>12.1</td></tr>
<tr><td>4점</td><td>15.9</td><td>22.5</td></tr>
<tr><td>5점(균등)</td><td>16.4</td><td></td><td>36.2</td><td></td></tr>
<tr><td>6점</td><td>8.8</td><td rowspan="5">19.6</td><td>9.9</td><td rowspan="5">21.3</td></tr>
<tr><td>7점</td><td>6.0</td><td>7.3</td></tr>
<tr><td>8점</td><td>2.8</td><td>3.5</td></tr>
<tr><td>9점</td><td>1.7</td><td>0.4</td></tr>
<tr><td>10점(국무총리 권한 강화)</td><td>0.3</td><td>0.1</td></tr>
<tr><td>10점 평균</td><td colspan="2">3.8점</td><td colspan="2">4.7점</td></tr>
</table>

자료: 서울대학교 행정대학원 서베이조사연구센터, 「정부의 역할과 범위 및 삶의 질에 대한 국민인식조사」, 유효 표본 5940표본, 조사 방법 1:1 면접 조사, 조사 기간 2014년 10월 2일~11월 24일.

자료 분석: 대통령과 국무총리의 적절한 권한 배분 수준에 대해 '현재 수준'에서는 '대통령 권한 강함'이라는 응답이 64.0%로 '국무총리 권한 강함'이라고 응답한 19.6%보다 44.4%p 높았다. '이상적 수준'에서는 '대통령 권한 강함'이 42.5%로 '국무총리 권한 강함' 21.3%보다 21.2%p 높았다. 한편 '10점 평균'으로는 '현재 수준'은 3.8점, '이상적 수준'은 4.7점으로 나타났다.

이러한 고래의 헌정은 대통령과 국무총리의 실정법적인 권한 배분과는 별개로 국민들이 생각하는 대통령과 국무총리의 권한 배분에 대한 상단의 표의 인식 조사에서도 나타난다. 현행 헌법과 법률상 대통령과 국무총리의 실질적인 권한 배분은 대통령이 90퍼센트 이상, 국무총리는 10퍼센트가 채 되지 않을 것이다. 그런데 2014년 대통령과 국무총리의 권한 배분에 대한 국민인식조사에서는 놀랍게도 '이상적인 수준'에서 두 사람의 권한 배분은 36.2퍼센트의 국민이 균등해야 한다고 생각하고, 대통령과 국무총리가 6 대 4로 권한을 나눠야 한다고 보는 국민들도 22.5퍼센트에 이르고 있다.

이 연구에서는 이런 조사결과가 동아시아적인 군왕과 재상의 관계에 대한 역사적 맥락에 기원한 것으로 본다. 그러면서 현행 87년 헌법 체제까지 유구하게 계승되고 있는 동아시아적 헌정에 관한 내용을 분석한다. 이 연구는 '대통령과 국무총리의 권한 배분'이 동아시아적 혼합 정체(East Asian Mixed Constitution)로 자리 잡아 고유한 공화주의적 정체로서 진화해온 것임을 밝히고 있다. 동아시아적 헌정의 역사적 맥락에서 대통령과 총리의 권한 배분을 접근할 때만 실정법 규정보다 국무총리의 권한을 훨씬 높게 인식하는 국민의식조사의 결과를 설명할 수 있다. 현행 헌법이 군주국이 아니라 공화정체인데도 국민들은 대통령과 총리의 권력관계를 '군왕과 재상의 관계'와 유사하게 인식하고 있다고 할 수 있다.

동아시아적 헌정은 군주정체하에서도 군왕과 재상의 합리적인 권한 배분을 이상적인 정치 형태로 보고 있다. 이 고래의 헌정은 세습하는 군주가 임금의 자리를 차지하지만, 동시에 관료제의 정점에 있는 재상과 권력을 나눠서 통치했다. 그리하여 국왕의 자의적인 권력 행사를 견제하고 천심과 민심에 따르는 정치의 실현이 가능하다고 보았다. 『주례』의 총재제(冢宰制)나 조선의 건국정신, 세종의 의정부서사제, 실학의 개혁 정치는 모두 이러한 동아시아적 사유에 근거해 있다.

군주제를 부정하며 등장한 동아시아의 공화정체인 손문(孫文, 쑨원)의 중화민국 헌법, 대한민국 임시정부의 헌법, 대한민국의 제헌 헌법도 군주정에서 공화정으로 이행했다. 하지만 동아시아 공화정체의 제도적 맥락은 '임금과 총재(재상)'의 관계를 '대통령과 국무총리'의 관계 속에 투영했다. 이 헌법의 건국 아버지들은 군주제가 아닌 공화정체로서 미국의 대통령제와 영국의 내각책임제를 수용했지만 당대의 정치 세력들은 각각의 제도를 지지하는 정치적 이해관계가 있었다. 그리고 이 정치적 이해를 조정하는 과정에서 두 제도를 결합한 동아시아적인 공화주의적 혼합 정체가 생성되었다.

이 연구는 정책적 함의로서 동아시아적 혼합 정체를 고래의 헌정으로 인정하고, 87년 헌정 체제 이후 '보상(輔相)형 대통령제'로서 동아시아적 헌정을 제안한다. 이 연구는 2017년 헌정으로서 동아시아 정치의 맥락을 바탕으로 대통령, 1인의 국무총리, 2인의 부총리를 두는 헌법 체제로, 총리와 부총리를 모두 국회의원으로 국회에서 선출하는 제도를 제시한다. 보상형 헌정 체제에서 국무총리는 경찰, 검찰 그리고 안전 등 관리형 국정 운영을 총괄하고, 경제부총리는 경제정책을 담당하며, 사회부총리는 교육을 포함하는 사회정책을 담당한다.

동아시아적 헌정을 바탕으로 하는 2017년 헌정은 다른 비교헌법적인 헌법제도와 비교해 급격한 제도 변화에 따라 겪을 수 있는 시행착오를 최대한 줄일 수 있다. 그럴 뿐만 아니라 우리 몸에 맞지 않는 외국의 옷이 아닌, 우리에게 역사·문화적으로 체화되어 있는 제도라고 할 수 있다. 이 연구는 동아시아적 헌정의 뿌리를 기초로 하는 헌정 체제가 2017년 헌정으로서 최적의 헌정 체제라는 정책적 맥락을 제시한다.

2. 이중적 집행부와 혼합정체론

대통령제와 의회제에 대한 논쟁은 한 세기 이상 지속되어왔다. 하지만 1990년대 후안 린츠(Juan Linz)가 대통령제의 위험과 의회제의 미덕에 관한 글을 발표하며 다시 점화되었다. 라틴아메리카의 대통령제를 연구한 린츠는 라틴아메리카 정치가 불안정한 원인을 대통령제에서 찾았다. 그는 체제 유형으로 대통령제와 의회제를 구분하고 그에 따라 민주주의의 공고화(democratic consolidation)가 대통령제에서는 충족되기 어렵다는 결론을 제시했다. 정치제도로서 의회제가 대통령제보다 우위에 있다는 강력한 주장은 민주주의 정치제도를 양분하는 두 제도에 대한 비교정치 연구에 새로운 경향을 제공했다. 행정부와 입법부의 이중적 정당성, 대통령의 고정된 임기에 따른 경직성, 승자 독식, 정치적 반대파에 대한 불관용, 인기 영합적 후보의 난립이 대통령제가 겪는 정치적 불안정성의 원인이라는 것이다(Linz, 1990).

린츠는 대통령제를 놓고 '대통령제의 저주'라고까지 표현하면서 의회제가 대통령제에 비해 우월하다고 주장하며 두 제도 간의 비교연구에 새로운 활력을 불어넣었다. 하지만 대통령제와 의회제의 고전적인 비교연구는 모리스 뒤베르제(Maurice Duverger)가 시작했다. 그의 관심은 프랑스의 준대통령제(semi-presidency)였다. 준대통령제에서 대통령은 국민에 의해 직접 선출되고 상당한 헌법적 권위가 있는 반면 수상과 내각도 의회 다수당의 신임에 기초해 있는 정치제도다(Duverger, 1980). 이를 이중적 집행부라고 했다. 대통령제와 의회제의 순수형이 아닌 혼합형(hybrids)인 준대통령제가 의회와 행정부 관계의 비교연구에서 다양한 형태로 등장했다(Shugart, 2005).

린츠 이후 제2세대 대통령제와 의회제 연구는 의회와 행정부 관계의 제도 외에 정당 시스템과 리더십 파워 등 한 가지 설명 변수 이상을 고려하는 연구들로 진행되었다. 대통령제와 의회제라는 하나의 설명 변수로 헌정 체제를 분석할 때 발생할 수 있는 오류를 지적하며 양당제나 다당제 등 정당 변수를 고려하거나(Mainwaring, 1990), 대통령의 입법적 권력과 비입법적 권력을 분리해서 접근하는 정치체제에 관한 새로운 연구들이 등장했다(Shurgart & Carey, 1992).

제3세대 연구들은 사회과학의 보다 일반적인 이론에 영향을 받았고 설명 변수를 다양화했다. 대통령과 의회제 연구가 좀 더 추상적이고 논리정합적인 이론적 연구로 주목받고 있다. 제3세대 연구에는 우선 신제도주의 중에서 합리적 제도주의의 양적 방법과 질적 방법을 병행하는 거부점(vetor player)에 관한 연구(Tsebelis, 1995, 2002)를 들 수 있다. 그리고 본인-대리인의 문제로 대통령제와 의회제를 분석하는 연구(Stom, 2000)가 대표적이다. 합리적 제도주의가 대통령제와 의회제의 유사성을 강조한다면 본인-대리인 이론은 두 제도의 차이점을 부각시킨다(Elgie, 1999).

이 연구는 주로 대통령제와 의회제에 관한 제2세대 연구의 방법론을 따른다. 이 연구 방법에 따르면 준대통령제에 대한 다양한 연구가 가능해진다. 이 연구는 대통령제와 의회제, 준대통령제의 비교연구 중에서도 준대통령제의 이중적 집행부(dual executive)와 혼합적 권위(mixed authority)를 중심으로, 역사적 접근법으로 주로 분석한다(Shurgart, 2005). 왜냐하면 헌정제도의 다양한 변수와 역사적 맥락까지 고려하는 방법이 개별 국가의 헌정제도를 연구하는 데 적합하기 때문이다. 제2세대 연구 방법에 따라 행정부의 권력, 정당제도, 선거제도 등 다양한 변수에 의한 제도 연구가 가능하다. 양당제와 다당제라는 정당 구조에 따라 대통령제와 의회제의 안정성에 관한 연구가 있었다(Mainwaring, 1993). 1960년대 후반부터 1990년대 초반까지 수행된 연구에 따르면 안정적인 민주주의는 상대적으로 의회제를 채택한 나라들에서 발견된다고 하고 있다. 대통령제와 의회제의 이분법적인 연구에서 벗어나 준대통령제의 다양한 형태에 관한 연구들도 있다. 이러한 연구들은 행정부와 의회가 서로 독립적인지 상호 의존적인지에 따라, 그리고 그 의존하는 정도에 따라 정치제도에 차이가 나타난다고 보았다(Shurgart & Carrey, 1992; Shurgart & Haggard, 2001).

이와 비슷한 연구지만 다소 차이가 나는 다른 연구도 있다. 같은 대통령제에서도 대통령제 내부의 정치 관행에 다양성이 있고, 이에 따라 대통령제 안에서도 그 내부 제도가 중요하다고 보는 관점이다(Mainwaring & Shurgart, 1997). 또 다른 연구는 의회제의 다수결주의 형태, 의회제가 협력을 형성하는지 여부, 정책 결정 과정에서 중앙집권적인지 여부 등에 따라 대통령과 의회제 모두에서 제도적 다양성이 나타난다는 견해도 있다(Cheibub & Limongi, 1996). 이러한 대통령제와 의회제의 비교연구를 바탕으로 준대통령제에서 이원적 집행부와 혼합적 권위에 대한 다양한 형태의 헌정제도를 다룬 비교연구도 있다(Shurgart, 2005).

이 연구는 의회와 행정부, 정당 같은 정치제도 내부에 관한 대통령제와 의회제의 비교연구뿐만 아니라 좀 더 거시적인 역사적 맥락도 고려한다. 한 국가의 정치제도가 외래 제도를 수용하는 것을 넘어 고래의 헌정에 기원을 두고 있음에 주목한다(Pocock, 1987: 5~29). 이 연구는 동아시아적 헌정으로서 '보상의 국정 원리'를 역사적 맥락 속에서 재발견한다. 군주정에서 공화정으로 이행하는 과정에서 개별 국가들은 각자의 역사와 문화적 맥락에서 정치제도를 바탕으로 그리스, 로마 등 외부의 공화정체를 수용하기에 그 국가의 고유한 헌정 특성을 갖게 된다(Pocock, 1987: 1~20). 1912년 중화민국 '임시약법'(임시헌법)과 1919년 대한민국 임시정부 임시헌법, 1948년 대한민국 제헌헌법에서 동아시아적 군주제가 공화정으로 이행하면서 군주와 재상의 관계가 보상의 국정 원리에 따라 대통령과 국무총리의 관계로 전이되어 나타나고 있다. 이 연구는 고래의 헌정의 관점에서 동아시아적인 헌정에 주목해 한국의 헌정 체제가 어떻게 진화해왔는지 탐색한다.

3. 고래의 헌정으로서 동아시아적 혼합정체론

존 포콕은 15~16세기 이탈리아 도시공화정과 17~18세기 미국 헌법을 포함하는 대서양 양안의 공화주의적 헌정 체제에 관한 이론을 연구했다. 이를 통해 영국의 헌정이 고대 로마공화정과 15~16세기 베네치아 도시공화정 등 외부에서 온 제도에 영향을 받았다는 사실을 발견했다. 동시에 포콕은 영국의 역사에 기원을 둔 고래의 헌정에도 주목했다. 공공선과 그 제도로서 혼합정체론이 영국의 봉건제도에서 유래한 향신(country man)들의 고유한 공화주의적 정신으로부터 영향을 받았다는 것이다(Pocock, 1987).

권력을 분산해서 공적 가치를 지향하려고 했던 고래의 헌정과 그 제도의 원형인 혼합정체론은 동아시아의 유구한 역사 속에서도 발견된다. 동아시아적 혼합정체론의 원형은 보상의 국정 원리로서 군왕과 재상의 관계를 『서경』과 『주역』에서 보여주고 있다. 동아시아적 헌정 체제는 주나라의 총재제에서 발견되고 있으며, 여말선초에 새로운 국가를 설계한 정도전의 총재제론(冢宰制論)이나 세종의 의정부서사제, 실학파들이 국정개혁의 목표로 삼았던 관부일체론(官府一體論) 등에서도 드러나고 있다. 실학파의 국정개혁은 율곡 이이의 관부일체론, 성호 이익의 의정부기능회복론, 반계 유형원의 의정부회복론, 다산 정약용의 의정부육조체제강화론 등으로 나타났다.

1) 보상의 국정 원리

동아시아적 헌정에서 이상적인 군왕과 재상의 관계는 보상의 국정 원리로 설명할 수 있다. 이 국정 원리는 국왕을 황극으로[1] 수레바퀴의 중앙, 재상을 수레바퀴의 살로, 육조 등 행정관료제를 실질적으로 정책을 집행하는 수레의 테두리로 인식했다. 한자의 뜻에서도 보상(輔相)의 보(輔)는 수레바퀴의 살을 의미하며 상(相)은 재상을 의미한다.

---

1 『대학연의』, 권11.

조선을 설계한 정도전도 군왕과 재상의 관계를 보상의 국정 원리로 설명했다. "재상인 총재는 인주(人主)가 『중용』의 길인 대중(大中)의 지경에 들게 해야 한다. 이를 상(相)이라 하니 보상(輔相)한다는 뜻이다"[2]라고 이상적인 군왕과 재상의 관계를 설명하고 있다. 국왕을 보상한다는 것은 국왕의 명령을 맹목적으로 집행한다는 뜻이 아니다. 국왕이 올바르게 국정을 운영할 때는 순응하며 적극적으로 봉사하지만 옳지 못한 일을 할 때는 끝까지 거부하며 그 일을 막아내 왕을 올바른 길로 인도해야 한다는 의미다.[3]

보상의 원리가 동아시아 역사에서 가장 먼저 확인되는 것은 탕왕과 그의 재상인 이윤(伊尹)과의 관계다.[4] 이윤은 국왕이 마무리를 못하면 보상을 하는 재상도 마무리를 못함을 경계하고 있다. 보상의 국정 원리를 『주역』에서는 국왕의 역할로 만들고 이룬다는 의미인 '재성(財成, 裁成)'에 대비되는 재상의 역할로 보고 있다(財成天地之道 輔相天地之宜).[5] 군왕과 재상의 이상적인 형태는 동아시아의 이상적인 정치 형태인 하·은·주 삼대 시대의 초기에도 나타나고 있으며, 이후 동아시아적 헌정에서 중요한 국정 운영 원리로 자리 잡았다.

2) 『주례』의 총재제

동아시아적 헌정 체제에서 제도적 기원은 주나라의 제도를 기록

---

2 『조선경국전(상)』, 권7(『삼봉집』, 하권13).

3 김운태, 『조선왕조 정치·행정사』(서울: 박영사, 2002), 34쪽.

4 『서경』, 「虞書」·「太甲(上)」, 제3장.

5 『주역』, 「兌卦·彖傳」.

한 『주례』라고 할 수 있다. 『주례』에 나타난 권력구조는 군왕과 재상인 총재의 혼합 헌정을 중심으로 백관들이 계서제적인 관료 기구를 형성하고 있다. 『주례』는 권력구조를 천하춘하추동(天下春夏秋冬)으로 여섯 개의 범주로 나누고 있다. 주나라 관료 기구의 첫 번째 순위인 천관(天官)은 총재로 방치(邦治)를 담당하면서 나라의 정치를 총괄했고, 지관사도(地官司徒)는 방교(邦敎)로서 나라의 제사와 교육을 담당했다. 춘관종백(春官宗伯)은 방례(邦禮)로서 나라의 예법을 담당했고, 하관사마(下官司馬)는 방정(邦政)으로서 나라의 제정을 담당했다. 추관사구(秋官司寇)는 방금(邦禁)으로서 나라의 법률을 담당했고, 동관사공(冬官司空)은 방토(邦土)로서 나라의 국방을 담당했다. 주나라의 관리인 주관(周官)은 육경(六卿)으로 천관(天官), 지관(地官), 춘관(春官), 하관(下官), 추관(秋官), 동관(冬官)을 말한다. 육전(六典)은 주나라 관제인 육경에 따라 혼합 정체의 헌정 체제를 제도화했다.[6]

『주례』가 공식적인 법과 제도라면 주나라의 정치와 행정의 현실을 반영하는 것은 『서경』이다. 주공(周公)이 편찬한 것으로 받아들여지고 있는 『주례』에는 원래 동관(冬官)이 빠져 있다. 이런 누락분을 보완하고 당시 주나라의 현실을 반영해서 기록한 것이 『서경』의 「주관(周官)」이다.

"총재는 나라의 디스림을 관장해 백관(百官)을 통솔하고 사해(四海)를 고르게 다스리는 역할을 맡았다. 총(冢)은 큼이고 재(宰)는 다스림이다. 천관경(天官卿)은 다스리는 관원의 우두머리니, 이를 총재라

---

6 김운태, 『조선왕조 정치·행정사』, 33쪽.

한다. 사도(司徒)는 나라의 교육을 관장하니, 오전(五典)을 펴서 도민을 길들인다. 지관경(地官卿)은 나라의 교화를 관장한다. 종백(宗伯)은 나라의 예법을 관장하니, 신과 사람을 다스려 상하를 조화롭게 한다. 사마(司馬)는 나라의 정사를 관장하니, 육사(六師)를 통솔해 방국(邦國)을 평안하게 한다. 사구(司寇)는 나라의 금함을 관장하니, 간특함을 다스리며 포악해 난을 일으키는 자를 징벌한다. 사공(司空)은 나라의 땅을 관장하니, 사민(四民)을 살게 하며 땅의 이로움을 때에 맞게 일으킨다. 육경이 직책을 나누어 각기 관속을 거느려서 구목(九牧)을 창도해 도민을 후하게 이룬다."[7] 이와 함께 『서경』에는 『주례』와 달리 삼공(三公)에 대해 기록되어 있다. "태사(太師), 태전(太傳), 태보(太保)를 세우니 이가 삼공이다. 도를 논하고 나라를 다스리며 음양을 조화해 다스리니, 관원을 반드시 구비해야 하는 것은 아니고 오직 그런 사람이 있으면 임명해야 한다"라고 육전(六典)과는 다른 역할에 주목하고 있다. 훗날 당나라의 3성 6부제의 원형이 이때 나왔다고 할 수 있다.

주나라 총재는 관료제의 정점에서 단순히 국왕의 명령을 수행하는 수동적 존재가 아니라 왕과 함께 국정을 운영하는 파트너로 보는 것이 타당하다. 제왕과 총재는 국정에 공동 책임을 지고 권력을 나눈 것이며, 이것이 동아시아 혼합 정체의 원형이라고 할 수 있다.[8]

---

7 『서경집전(하)』, 성백효 역주(서울: 전통문화연구회, 2016), 331~337쪽.

8 김운태, 『조선왕조 정치·행정사』, 33~38쪽.

3) 조선 건국의 제도적 정신으로서 혼합정체론

동아시아적 헌정 체제가 우리나라에서 국정 운영의 완성된 틀로 제도화된 것은 정도전의 개혁 정치에서부터였다. 정도전은 세습적인 국왕과 과거제를 통해 선발된 관료의 혼합 정체를 국정 운영의 기본 방향으로 제시했다. "국왕의 직책은 한 사람의 재상을 논리적인 이성에 근거해 정하는 것이다. 재상인 총재는 위로는 국왕을 받들고 아래로는 백관을 통솔해서 만민을 다스리는 것이니, 그 직책이 매우 크다. 또 인주(人主)의 자질에는 어리석은 자질도 있고 현명한 자질도 있으며, 강력한 자질도 있고 유약한 자질도 있어서 한결같지 않다. 총재는 인주의 아름다운 점은 순종하고 나쁜 점은 바로잡으며, 옳은 일은 받들고 옳지 않은 것은 막아서 인주가 『중용』에서 말하는 대중(大中)의 경지에 도달하게 해야 한다. 그러므로 재상의 상(相)은 보상(輔相)의 의미로서 대신을 거느리고 임금을 도와 나라를 다스림을 말한다."[9]

정도전의 이러한 세습 군주의 능력과 자질에 대한 관점은 재상제의 정당성을 확보하기 위한 논리로 자연스럽게 연결되었다. 왕권은 상징적이고 개념적인 것이지 실제 권력을 장악하고 통치로 이어져서는 안 된다는 것이다. 그래서 정도전은 왕의 권한을 크게 두 가지로 보았다. 하나는 재상을 선택하고 임명할 권한이며 다른 하나는 선택한 재상과 국정 운영을 협의해 결정하는 것이다. 『조선경국전(朝鮮經國典)』에 나오는 보상(輔相)이라는 의미는 단순히 하급자가 상

9 『조선경국전(상)』, 권7(『삼봉집』, 하권12), 「治典」·「摠序」.

급자에게 보완적으로 봉사하거나 왕의 명령에 무조건 복종한다는 것이 아니다. 왕의 결정 중 옳다고 동의하는 데는 적극적으로 봉사하지만 옳지 않다고 생각하는 것은 끝까지 토론해서 잘못된 정책이 시행되는 것을 막아 왕을 올바른 길로 인도해야 한다는 것이다.[10]

이러한 정도전의 정치철학을 반영한 제도들은 태종 3년과 4년에 출간된 『조선경국전』과 『경제문감(經濟文鑑)』에 주나라의 총재제를 원형으로 삼은 조선 건국의 제도적 정신으로 잘 드러나 있다. 정도전이 조선을 설계한 정책 아이디어(policy idea)의 핵심은 『주례』의 총재제론이라 할 수 있다. 그의 정책 아이디어를 체계화한 『조선경국전』에서 총론 부분에 해당하는 「치전(治典)」은 총재에 의한 국정 운영의 방향을 제시하고 있다. "「치전」은 총재가 관장하는 것이다. 사도 이하가 모두 총재의 소속이고, 이는 곧 「교전(敎典)」 이하 역시 총재의 일이다. 총재가 그 직책에 사람을 얻고 육전(六典)을 잘 거행하면 모든 직책이 잘 수행된다. 그러므로 인주의 직책은 한 사람의 재상을 논하는 데 있고 이를 일컬어 총재라고 한다"[11]라고 했다.

정도전이 설계한 조선 국정 운영의 기본 틀은 『주례』의 총재라는 동아시아적 헌정에 기초해 있다. 국왕은 재상인 총재를 임명하고 총재가 천관으로서 지관인 사도 이하의 육전을 관할한다. 이러한 정책 아이디어는 『주례』의 육전 체계에 근거해 있다. 세습 군주인 국왕과 과거를 통해 선발된 재상 이하의 관료제에 의한 동아시아적

---

10 김운태, 『조선왕조 정치·행정사』, 34쪽.

11 『조선경국전(상)』, 권7(『삼봉집』, 하권12), 「治典」·「摠序」.

혼합 정체가 정도전이 설계한 조선의 권력구조에 나타나는 제도적 정신이었다.

총재는 국왕의 명령을 피동적으로 수행하는 것이 아니라 자신의 의사를 개진하는 파트너십인 보상(輔相)으로서 정부의 모든 관료를 감독하고 만민을 평안하게 다스리고 궁중의 대소사까지 감시했다. "백관은 제각기 그 직책이 다르고 만민은 제각기 그 직업이 다르니, 재상은 공평하게 해서 그들이 각기 자신의 자리를 잃지 않도록 하고, 고르게 해서 그들이 각기 그 처소를 얻게 해야 한다. 이를 재(宰)라 하니, 즉 재제(宰制)한다는 뜻이다. 또한 궁중의 비밀을 비롯해 궁내의 모든 사실을 오직 총재만은 알아야 한다. 총재는 중신(重臣)이므로 인주가 예우하게 되는데, 몸소 이렇듯 자질구레한 일까지 살피고 관여하는 것이 옳다"[12]라고 했다. 재상은 국정을 총괄할 뿐만 아니라 궁정의 대소사까지 직접 살피고 감시하는 역할을 포함해 조정과 왕실을 모두 통할하는 역할을 맡았다.

이러한 총재제에 관한 정책 아이디어는 『경국대전(經國大典)』이 나오기 전에 조선의 헌법 체계를 이론적으로 구성했다고 할 수 있는 『조선경국전』 외에 정도전의 다른 저서인 『경제문감』에도 상세히 서술되어 있다. 재상의 직책은 "음양을 조화롭게 하고 아래로는 서민을 어루만져 편안하게 하고 안으로는 백성을 밝게 다스리고 밖으로는 사방의 오랑캐를 진정하고 무마하는 것이다. 국가의 작록과 포상과 형벌이 이에 관련 있고 천하의 정치와 덕화, 가르침과 명령

12 『조선경국전(상)』, 권7(『삼봉집(하)』, 권13), 「治典」·「摠序」.

이 이로 말미암아 나오는 것이다."[13]

그리고 "정권은 재상에게 있지 않아서는 안 된다. 정권은 하루라도 조정에 있지 않아서는 안 된다. 조정에 있지 않으면 대각(臺閣)에게 있게 되고, 대각에 있지 않으면 궁위(宮闈)의 왕후에게 있게 되는 것인즉, 조정에 있으면 다스려지고 대각에 있으면 어지러워지고 궁위에 있으면 망하니 국가의 흥망과 치란이 모두 이에 근본한다"[14]라고 했다. 그렇게 재상제를 강조하면서 사간원 등 언론의 인기영합적인 정책이나 황후 등의 비공식 비선 조직에 의한 국정의 파행적 운영을 경계했다. 『경제문감』의 기술에서 주목할 것은 재상의 경쟁 상대로 국왕과의 경쟁이 아니라, 황후 등 비공식 부문을 더 경계하고 있다는 점이다. 정도전은 세습 군주보다 국정 운영의 기간 조직이 아닌 다른 예기치 않은 개인이나 봉건적 조직이 국정을 파행으로 몰고 가는 것을 더 염려했다. 그가 권력의 속성에 대해 깊이 통찰하고 있었던 것으로 이해된다.

정도전이 조선의 국정 운영을 설계할 때는 주나라의 총재제를 기본적인 모델로 제시했다. 하지만 조선 초기의 국정 운영에서는 정도전의 구상을 반영한 의정부서사제와 육조직계제(六曹直啓制) 사이에서 시대에 따라 끊임없는 갈등과 논쟁이 발생했다. 왕권 강화를 노리는 태조와 태종은 육조직계제를 유지해 국왕의 권력을 강화하는 방식을 선호했다. 이는 재상과의 협치보다 국왕의 전제 권력을

13 『삼봉집』, 권9; 『경제문감(상)』, 「宰相之職」.

14 『삼봉집』, 권9; 『경제문감(상)』, 「宰相之職」.

지향하는 국정 운영 모델이었다. 이러한 국정 운영 방식은 서구에서 공화정보다는 왕정이나 제국의 제왕을 선호하는 방식과 일맥상통한다. 로마공화정 말기인 삼두정치 시기에 브루투스가 왕정을 시도하는 카이사르를 원로원에서 암살한 것처럼 정도전도 왕권 강화를 노리는 태종 이방원에 의해 살해되었다. 왕권과 재상권 또는 왕정과 공화정의 관계에서 발생하는 갈등의 한 측면을 정도전의 사례를 통해 고대 서구의 공화주의 논쟁과 동일한 시각으로 이해할 수 있다. 세조의 계유정난(癸酉靖難)도 의정부의 권한을 강화하려는 김종서 중심의 신권 세력과 이를 견제해 왕권 강화를 도모하려는 세조 사이의 갈등으로 볼 수 있다.

4) 세종의 의정부서사제와 『경국대전』의 법제

그럼에도 동아시아 혼합정체론에 가장 근접한 조선의 국정 운영은 세종 후반기에 국정 운영의 모델이 되었던 의정부서사제였다. 정도전이 구상한 총재 중심의 국정 운영에 반발한 태종은 육조직계제를 정착시켰지만, 세종은 즉위 18년에 의정부서사제를 도입해 재상 중심의 국정 운영을 부활시켰다.

세종 때 의정부서사제가 부활할 수 있었던 것은 세종의 신병 때문이라는 견해도 있다(좌승희, 1974: 141; 한충희, 1980: 134; 한충희, 2007: 141~142). 하지만 고래의 동아시아적 헌정을 조선에서 실행해보려는 세종의 정치적 이상이 반영된 것이라고 할 수 있다. 즉위 초부터 설립한 왕립학술기관인 집현전의 가장 중요 업무가 '고제 연구(古制硏究)'였고, 이를 통해 『주례』 등 동아시아의 이상적인 헌정 체제를 정책으로 개발하고 제도화하려고 했다. 이러한 세종의 노력으로 동아시아 고래의 헌정으로 가장 중추적인 제도인 총재제는 의정부서사제라는 형태로 결실을 맺었다(김운태, 1995: 135~136; 좌승희, 2002: 179).

의정부서사제에서 국정 운영의 사소한 일상 업무는 육조에서 육조직계제일 때와 같이 처리한다. 그리고 인사, 군사, 형정 등 왕권 유지와 치명적인 이해관계를 가진 분야는 해당 이조, 병조, 형조 등의 부처에서 왕에게 직계해 시행했다. 그 밖의 나머지 중요한 정책 현안은 각 부처에서 가부를 의정해 의정부에 올리면 의정부에서 영의정 등이 다시 가부를 정해 왕에게 올리도록 했다(김운태, 135).

"이조, 병조의 인사, 병조의 군사작전, 형조의 사형수 외 재결 등은 각 부처가 왕에게 직계하고 정책을 시행하고 연이어 의정부에 보고하도록 했다. 육조의 보고 가운데 합당하지 않은 것이 있으면 의정부가 재심해서 다시 올려 시행하도록 했다. 또한 의정부 안에서의 권력관계도 달라졌다. 이전에는 좌의정과 우의정이 서무를 총괄하고 영의정은 간여하지 않았는데, 이때부터 영의정 이하가 가부를 동의해 의정부서사제를 시행하도록 했기에 영의정이 의정부에서 논의를 주도하게 되었다."[15] 『세종실록』에는 의정부서사제에 대한 또 다른 기록도 찾아볼 수 있다. "사소한 일상 사무는 그대로 육조에 맡겨 예전처럼 시행하게 했고, 한양 이외의 지역에서 육조에 보고한 공무를 해당 부처에서 가부를 의정해 의정부에 보고하면 의정부가 심의해 계문하게 했으며, 그중 변경의 긴급 사항이나 시기를 맞춰

15 『세종실록』, 권72, 세종 18년 4월 경술(庚戌).

처리할 일은 해당 부처에서 계문한 뒤 의정부에 보고하게 했다."[16]

의정부서사제는 세종 18년부터 세종 22년까지 제도의 취지대로 총재제의 전형적인 국정 운영의 틀로 자리 잡았다. 이 시기에는 정책 현안에 대해 각 부처가 관여한 것보다 의정부에서 관장한 경우가 더 많았다. 또한 정책 현안이 부처에서 의정부를 거치는 것뿐만 아니라 세종이 의사 결정 과정에서 의정부와 논의했던 정책 사안을 다수 확인할 수 있다. 의정부가 실질적으로 국정 운영의 최종 책임자인 임금의 의사 결정에 상당한 영향을 미쳤고 최고 행정 기구로서 역할을 충실히 수행했다.[17]

세종 때의 의정부서사제는 이후 『경국대전』에서 법제화되어 명문규정으로 남아 있다. 세조 때 편수되고 반포된 『경국대전』에는 의정부의 역할로 "모든 관리를 통솔하고 일반 정사를 처리하며 음양을 고르게 하고 나라를 운영해나가는 것(總百官 平庶政 理陰陽 經邦國)"으로 규정되어 있다. 눈여겨볼 것은 의정부의 기능에 관한 규정이 『경국대전』에서 독창적으로 만들어진 것이 아니라, 중국 한(漢)나라의 재상제도 규정을 그대로 이어받았다는 점이다. 이를 통해서 봐도 조선의 국정 운영이 동아시아적 헌정에서 공통의 틀을 받아들이고 있음을 알 수 있다.

---

16 『세종실록』, 권72, 세종 18년 4월 신유(辛酉) 의정부계(議政府啓).

17 차세영, 「조선초기 중앙행정기구의 네트워크 구조에 관한 연구」(한국행정학회 동계학술대회, 2010).

5) 실학파의 관부일체론

관부일체론은 『주례』에 기원을 둔 것으로 정도전의 총재제 이래 조선왕조의 관료제에 도입된 제도로 천관인 총재가 본래의 직분을 실천하는 것이었다. 총재인 재상의 직분은 "왕실의 일을 관장하는 것을 포함해서 재상권에 의해 부중과 궁중이 일원적으로 통합"하는 것이었다. 왕실과 각 부처의 행정 기구들이 재상의 감독하에 하나로 통일해 운영되어야 한다는 것이다. 이 제도의 취지는 왕실이 공적 재산인 국가재산을 왕족 개인의 사적 재산으로 자의적으로 남용하는 일을 경계하는 것이었다. 이러한 입장은 이미 임진왜란 전에 이이의 관부일체론으로 제시되었다. 하지만 일정한 학파를 형성한 것은 유형원의 의정부회복론이 있은 뒤에 그의 제자였던 이익의 의정부기능회복론, 정약용이 의정부와 육조체제 강화론을 제기한 때였다.[18] 이 개혁안들은 유형원이 시작해 막스 베버가 이야기했던 가산(家産) 관료제적인 국왕의 사적 소유를 배제하고 국왕의 가족이나 외척 등 왕과 사적 관계에 있는 세력이 국정 운영에 영향을 주는 것을 반대하는 입장을 견지하고 있다. 왕을 국가를 대표하는 상징적인 존재로 인정하지만, 정치적 실권은 재상을 중심으로 하는 관료집단에 두고 정부 행정 기구에 의해 국정을 운영하려는 것이었다. "내외의 작고 큰 일이 모두 비변사로 돌아가고 의정부는 이름만 빌린 관청이 되었으니 관료 기구가 기강을 잃게 되어 그 해악이 이루 말할 수 없다. 마땅히 이를 폐지하고 의정부의 제도를 회복해야 한다"[19]라고 했

---

18 김운태, 『조선왕조 정치·행정사』, 38쪽.

다. 의정부를 복원해 재상에 의한 일원적인 명령 체계를 만들고, 그에 따라 관료적인 책임 소재를 명확히 해 정책의 합리성을 높이려는 시도였다.

유형원의 제자였던 이익은 스승에 비해 좀 더 현실적으로 접근했다. 이익은 명종 때의 을묘왜변과 선조 때의 임진왜란을 거치며 파행적 국정 운영의 중심에 있던 비변사를 비판했다. 하지만 비변사 폐지와 의정부 부활이라는 원론적인 입장보다는 현실적으로 의정부 기능의 회복을 주장했다. 비변사를 현실적으로 혁파할 수 없다면 이를 제한하고 의정부의 기능을 회복시키는 개혁론을 제기했다. 이러한 주장을 하게 된 가장 중요한 이론적 근거는 비변사 탓에 사장된 조선의 건국정신인 재상권의 강화와 의정부 기능의 복원이었다. "재상은 최고의 신하로서, 원칙적으로 궁중의 살림살이를 절제 있게 하고 왕의 일상적 행동을 규제할 수 있는 유일한 사람이므로, 이러한 역할에 그 권능을 다할 수 있어야 한다"[20]라고 보았다. 이익이 주장한 의정부 기능 복원의 초점도 관료제의 효율적인 운영보다는 국왕과 왕실의 자의적인 권력 남용을 경계하는 데 있었다. 조선 후기에 의정부서사제라는 공적 시스템 대신 비변사가 파행적으로 국정을 주도하면서 권력 부서인 왕실과 왕족의 자의적인 전횡으로 국가의 기본 질서가 위협받았다. 의정부 재상의 통제를 받지 않는 왕권과 비공식 측근 그룹인 왕족들에 의한 농단으로 국정 운영의 기본

---

19 유형원, 『반계수록』, 권16, 「職官之制(下)」.

20 이익, 『성호사설』, 권18, 「官府一體」.

틀 자체가 위험해졌다. 이익은 이에 대한 개혁안으로 재상에 의한 국정 주도를 주문했다. 이익의 개혁안을 보면 오늘날 제왕적 대통령제에서 비선 조직이나 청와대 비서실에 의한 비정상적인 국정 농단 사례가 조선 후기에도 중요한 개혁 과제였음을 확인하게 된다.

유형원과 이익이 요구한 국가 주도의 개혁과 재상이 이끄는 의정부 중심의 국정 운영은 정약용에 의해 다시 제기되었다. 정약용은 "선왕의 법에 모든 관원은 육관(六官)에 예속되고 오직 삼공(三公)만이 육관의 위에 있다"[21]라고 원칙을 강조했다. 그는 조선의 기본 행정조직인 육조를 중심으로 관료체제를 강화하고, 이를 바탕으로 삼공이 중심이 된 의정부가 실질적으로 국정을 주도하는 일원적인 운영체제를 정부혁신의 방향으로 제안했다. 정약용 같은 실학자들은 국정을 농단하는 주요 세력으로 왕실과 외척을 꼽으며 그들이 자의적이고 사적으로 이익을 편취하고 있다고 보았다. 재상권에 의해 통제받지 않는 비공식적인 실세들은 국정에 음성적으로 개입하며 사적 이익을 추구했다. 이를 방지하기 위해서는 재상이 중심이 된 의정부가 왕과 왕실 주변에서 자의적으로 남용되는 권력을 통제해야 하며, 그 제도적 장치로서 의정부가 복원되어야 함을 제안하고 있다. 동아시아적 혼합 정체에서 국왕이나 대통령과 같은 제왕적 권력에 대한 합리적인 관료 기구의 통제가 가장 중요한 쟁점임을 조선 후기의 실학자들은 다양한 사례와 근거를 들어 주장한다. 그들의 혁신안을 관통하는 중심 주장은 군왕과 재상의 혼합 정체이며,

21 정약용, 『경세유표』, 「天官吏曹」·「宗親府曹」, 전서5.

이는 동아시아적인 총재제로서 재상이 중심이 되는 의정부의 복원이라고 할 수 있었다.

4. 제헌헌법의 제도적 정신

1) 군주정에서 공화정의 이행에서 보상형 대통령제

고래의 헌정인 동아시아적 혼합 정체가 군주제에서 공화제로 바뀌는 과정에서 제도적 지속성을 갖고 나타나는지를 분석하는 것은 한국의 근대적 헌정에 관한 중요한 쟁점이 될 수 있다. 군주제에서 군주가 사라지고 난 뒤에 국정 운영은 어떤 새로운 방식으로 가능한가 하는 헌법적 질서에 관한 모색이 1919년 대한민국 임시정부의 헌정사에서도 나타나고 있다.

시민혁명으로 군주제가 붕괴하고 난 뒤 새로운 헌정 체제를 모색하는 중의 시행착오는 군주제 국가에서 벗어난 공화정체 모두가 겪은 문제였다. 아리스토텔레스는 1인 지배의 국왕과 소수의 귀족, 다수의 평민이 모두 국정에 참여하는 혼합 정체를 가장 이상적인 정치 형태라고 했다.[22] 하지만 시민혁명 이후 권력의 정점이었던 군주가 사라진 뒤에 새로운 국정 운영 모델을 찾는 일은 근대국가 대부분이 겪은 고민이었다.

영국은 청교도혁명 과정에서 국왕 찰스 1세를 단두대로 보내고

---

22 Aristoteles, *Politika*, 1279a25~1279b4, 『정치학』, 천병희 옮김(파주: 도서출판 숲. 2009), 151~152쪽.

난 뒤 공화정에 의한 국정 운영을 시도했다. 제임스 해링턴이 주장한 영국적인 혼합 정체는 군주정, 귀족정, 민주정의 세 정부 요소가 혼합된 정체로 세 요소가 견제와 균형을 이루는 체제였다. 그는 귀족정 성격을 가진 상원이 법안을 제안하고, 민주정 성격의 하원이 제안된 법률을 결정하고, 군주정 성격의 행정부가 법률을 집행하는 견제와 균형의 원리를 강조했다.[23] 영국은 1688년 명예혁명을 거치고 스튜어트 왕가의 집권이 끝난 뒤 하노버 왕가가 들어서면서 내각책임제로 국정 운영 방식이 진화적으로 변화했다. 영국의 국정은 군주는 존재하지만 군림하지 않는 체제가 되었다. 영국의 헌정은 외형상 여전히 군주제로 운영되지만 내용상으로는 민주공화정체로 변화했다. 이러한 17세기 잉글랜드의 헌정 변화를 놓고 영국 내부에서 고유하게 공화정체의 뿌리를 갖고 있었다는 고래의 헌정으로 이해하는 견해도 있다.[24]

반면에 대서양 반대편에서 다른 공화정체를 설계한 미국의 헌법은 단일정부와 연맹정부의 혼합형이라는 국정 모델을 제시했다. 베네치아 국정 모델을 세습적인 국왕이 아닌 혼합 정체의 원형적 모델로 상정한 휘그의 전통을 계승했다.[25] 하지만 새로운 공화국의 국정

---

23 James Harrington, *The Commonwealth of Oceana*; J. G. A. Pocock, *The Commonwealth of Oceana and A System of Politics*(Cambridge University Press, 1975).

24 J. G. A. Pocock, "The Ancient Constitution and the Feudal Law"(Cambridge University Press, 1957).

25 Robert Blake, *Disraeli*(Faber & Faber, 2012).

형태는 세습 군주가 남아 있는 영국과는 달리 주정부와 연방정부가 권한을 합리적으로 배분하는 것이었고, 그 방식을 마련하는 것이 건국의 아버지들이 겪은 고민이었다.[26] 아리스토텔레스의 혼합 정체가 미국 건국 헌법에서는 몽테스키외의 입법, 행정, 사법 간의 삼권 분립으로 견제와 균형의 원리로 작동하도록 설계되었다. 이 공화국의 헌법은 1인, 소수 또는 다수에 의해서나 세습, 임명 또는 선거에 의한 당선 등에 상관없이 권력집중을 경계하고 권력의 혼합에 의한 견제와 균형을 찾으려고 했다.[27] 미국 건국 헌법도 공화주의적 혼합 정체에 의한 국정 운영을 모색했지만, 그 구체적인 내용은 건국 당시의 현실적인 제도적 제약 속에서 모색되었다.

영국과 미국에서 17~18세기 국왕의 전제 왕권을 견제하며 군주정에서 공화정으로 이행하는 중에 일어났던 민주적 공화정체에 대한 헌정 문제가 동아시아에서는 1910년대 본격화되었다. 일본에서는 메이지 헌법이 입헌군주제를 중심으로 근대적 헌정 체계를 모색했기에 제2차 세계대전 전까진 공화정체에 대한 구체적이고 현실적인 필요가 크게 제기되지 않았다. 동아시아에서 군주제가 아닌 공화적 헌정 체계의 문제는 당대의 중국과 한국이 직면한 현안이었다.

중국에서 동아시아적 공화주의 정체에 대한 정치적 모색이 일어

---

26 알렉산더 해밀턴(Alexander Hamilton), 제임스 메디슨(James Madison), 존 제이(John Jay), 『페더랄리스트 페이퍼』, 김동영 옮김(파주: 한울엠플러스, 1995), 235~241쪽.

27 알렉산더 해밀턴, 제임스 메디슨, 존 제이, 『페더랄리스트 페이퍼』, 294~306쪽.

난 계기는 신해혁명 이후 '중화민국 임시약법' 제정 과정에서 손문의 미국식 대통령제와 송교인(宋教仁, 쑹자오런)의 의원내각제에 관한 논쟁 때문이었다. 두 제도 모두 대서양 양안의 공화주의에서 파생한 것이지만 역사적 맥락과 제도 생성의 이해관계는 달랐다. 이 두 제도 중 어느 하나를 일방적으로 도입하기보다 중국의 역사적 맥락과 당시의 정치적 이해관계가 적절하게 타협하는 과정에서 근대적이고 동아시아적인 혼합 정체가 등장했다. 그리고 이 과정에서 중화민국 헌법의 기초가 된 총통제와 국무원 제도가 동아시아적인 맥락 속에서 생성되었다. '국무총리'라는 용어가 동아시아에서 최초로 등장한 것도 이 헌법에서였다. 우리나라 제헌헌법에서 나타나는 국무총리 제도의 동아시아적 출발점이라고 할 수 있다.

미국식 대통령제를 선호하는 손문 측은 이 헌법이 제정될 당시 미국의 'president'를 대총통으로 'vice-president'를 부총통으로 번역했다.[28] 그리고 입법부로서 참의원이 오늘날의 의회 같은 법률 제정권을 갖고 있었다. 이 헌법은 미국식 대통령에 가까운 임시 대총통과 부통령을 두었고, 임시 대총통이 의회인 참의원에서 간선으로 선출되는 것을 제도화했다. 의회에서 간선으로 국가원수면서 행정수반인 임시 대총통이 선출되는 독특한 권력구조가 고안되었다.

이것이 동아시아에서 공화주의적 헌법의 시작이었다. 군주제에서 공화정으로 이행하고 난 뒤에 가장 먼저 제기되는 문제는 세습되었

---

28 총통령과 부통령의 용어는 현재 타이완의 중화민국 헌법에서 통령과 부통령이라는 용어로 계속 사용되고 있다.

던 군주를 대신해 국민을 대표하는 국가원수를 어떤 방식으로 선출하느냐는 것이었다. 당시 중화민국 건국의 아버지들이 고려한 미국 헌법은 연방제 국가라는 현실을 고려해 주정부를 대표하는 선거인단에 의한 간접선거로 국가원수를 선출하는 방식이었다. 그런 반면 영국의 불문법은 의회 다수당을 대표하는 수상이 행정수반을 맡는 제도였다. '중화민국 임시약법'은 미국의 대통령제와 영국의 의원내각제를 참고해 동아시아에서 변형된 새로운 유형의 공화주의적 제도를 만들어냈다.

군주제를 대신하는 공화주의의 동아시아적인 권력구조라고 할 수 있는 매우 독특한 제도가 국무원과 국무총리 제도다.[29] 동아시아의 공화정체는 군주제에서 공화제로 이행했지만, 그 제도의 기원은 동아시아 고래의 헌정에서 진화한 보상의 국정 원리가 면면히 작동하고 있다. 중화민국 헌법은 행정부에 해당하는 내각인 국무원을 두었고, 국무총리와 총장이 모두 국무원에 소속하면서 임시 대총통을 보좌하는 책임을 졌다. 국무원은 임시 대총통이 제출한 법률안과 법률의 공포와 명령의 발포에 있어서 반드시 부서해야 했다. 이 제도는 주나라의 총재제나 조선의 의정부서사제를 연상시킨다. 국무원은 참의원에 출석해 발언할 수 있는 권한이 있다.[30]

---

29 이러한 동아시아적인 권력구조는 주나라의 주공(周公)이 시행했던 총재제와 조선 건국 초기 정도전에 의해 시도되었던 내각제 등을 고려해볼 수 있다. 국가원수와 재상 간의 관계에 대한 동아시아적 사유와 제도는 추가적인 연구가 필요하다. 한 가지 분명한 점은 이 두 사례는 중화민국이나 한국의 권력구조의 역사적 기원으로 충분히 볼 수 있다는 것이다.

중화민국의 초대 헌법은 군주제가 아닌 공화정체의 권력구조를 대통령제를 중심으로 하면서도 의원내각제적인 요소를 많이 수용한 독특한 제도로 만들었다. 이 헌법은 국가원수이자 행정수반인 임시 대총통과 내각책임제의 내각에 해당되는 국무원을 동시에 제도화했다. 그러나 국무총리는 어디까지나 임시 대총통을 보좌하는 지위에 있는 내각의 일원이었고, 의원내각제의 수상과 같은 행정수반의 지위를 가진 것은 아니었다. 이 아시아 최초의 공화정체 헌법에는 군주제의 잔영이 짙게 남아 있지만, 군주제에서 공화제로 이행한 제도적 형태로서 보상형 대통령제를 보여주고 있다.

중화민국 헌법은 근대적인 서구 공화주의 정체면서 서로 이질적인 대통령제와 내각책임제를 동시에 종합적으로 수용했다. 그리고 외래 제도의 수용 기준으로 의도했는지는 알 수 없지만, 주나라의 총재제나 조선의 의정부서사제 같은 동아시아적 혼합 정체의 헌정 체제를 적용하고 있다. 세습하는 군주에서 국민이 선출하는 대통령으로 국가원수의 자리를 바꾸었지만, 국왕과 총재의 관계는 대통령과 국무총리의 관계에 그대로 투영되어 있다. 군주제를 타파하고 등장한 동아시아적 공화정체는 동아시아에서 고래의 헌정이라 할 수 있는 총재제나 재상제가 고스란히 녹아들어 있다. 이런 시스템을 현대 동아시아의 독특한 헌정 체제로서 동아시아적 혼합 정체라고 부를 수 있다. 현대 동아시아의 공화정체는 고래의 헌정에서 역사적 기원을 가진 보상형 대통령제로 진화했다고 할 수 있다.

---

30 '중화민국 임시약법' 제42조~제45조.

2) 1919년 대한민국 임시정부 임시헌법의 헌정 체제

1912년의 '중화민국 임시약법'의 권력구조는 1919년 9월에 제1차로 개정된 대한민국 임시정부의 '대한민국 임시헌법'에 크게 영향을 미쳤다.[31] 원래 1919년 4월에 3·1 운동을 언급한 전문과 본문 10개조로 구성된 '대한민국 임시헌장'이 제정되었다. 임시헌장은 대한민국을 국호로 정하고 민주주의 원리에 입각한 한국 최초의 기본법이었다. 하지만 임시헌장은 4월 11일에 공포된 것으로 3·1 운동이 있은 지 불과 한 달 만에 급하게 제정해서 헌법 체제에 대한 법률적 성찰이 부족했고, 한성정부 등 다른 독립운동단체들의 견해도 제대로 반영하지 못해 잠정적인 성격이 강했다. 이에 같은 해 9월 11일에 다양한 독립운동단체의 견해와 인적자원을 통합하고 조소앙 등의 체계적인 법률 검토를 거쳐 제1차 개정안인 대한민국 임시헌법이 공포되었다.

먼저 제정된 임시헌장은 제1조에서 "대한민국은 민주공화국으로 함"이라고 규정해 국호와 함께 국가의 정체를 군주제가 아닌 민주공화정으로 선포했다. 이 규정은 향후 임시정부 헌법이 다섯 차례의 개정을 거쳐 다양한 통치구조로 변화를 모색했지만 모든 개정 과정에서 제1조로서 자리를 지키게 된다. 군주제를 부정하고 민주공화정을 선언하게 되면 국민이 선출한 국민대표에 의해 국가원수와 입법부가 규정되어야 한다. 임시헌장은 제2조에서 행정부인 임시정

---

31 김운태, 『일본제국주의의 한국통치』(서울: 박영사, 2002), 397쪽; 정종섭; 진영재.

부와 입법부인 임시의정원을 규정하고 있다.[32] 이 헌법에 따라 이승만을 국무총리로 하는 내각이 조직되었고 4월 13일에 정부성립을 선포했다. 이때의 권력구조는 국무총리를 중심으로 하는 내각책임제 형태의 정부로 대통령은 따로 규정되어 있지 않았다.

제1차 개정안인 대한민국 임시헌법은 당시의 정치적 필요에 따라 이루어진 측면이 있지만, 전문과 8장 58개조로 구성되어 근대헌법의 체제를 갖춘 것이었다. 기존의 임시헌장을 개정했다기보다는 그 전문에서 표현한 대로 비로소 대한민국 임시정부의 헌법이 실질적으로 제정되었다고 할 수 있었다. 이 개정안은 전문에 3·1 독립선언문의 서두를 그대로 실어 헌법정신의 기초가 무엇인지 분명히 밝히고 있으며, 10개의 대한민국 임시헌장을 기본으로 해 본문 58개조로 구성되었다.[33]

이 개정안은 '중화민국 임시약법'의 영향을 받았지만, 당시 임시정부는 조선에 자리를 잡지 못한 망명정부로 실질적인 국가권력을 행사할 수 없었다는 점에서 중국의 임시약법과는 다른 법적 지위에 있었다. 또한 대통령제를 받아들인 현실적인 이유가 이승만이 미국에

---

32 김정기 편, 『조선독립운동II』, 3~4쪽, 188~189쪽; 박은식, 『한국독립운동지혈사』, 108~109쪽; 김운태, 『일본제국주의의 한국통치』, 387쪽.

33 홍순옥, "상해임시정부의 정통화과정", ≪신동아≫(1968년 3월), 319~349쪽; 국사편찬위원회 편, 『한국독립운동사3』, 임시의정원 관계자료 참조; 손세일, 「대한민국 임시정부의 정치지도체계: 임시헌법 개정과정을 중심으로」, 『3·1운동 50주년기념논문집』(동아일보사, 1969), 914~915쪽; 김운태, 『일본제국주의의 한국통치』, 396쪽.

서 대한민국 임시정부의 헌법 규정에도 없는 대통령이라는 명칭을 자의적으로 사용해 이를 헌법의 틀 안으로 불가피하게 수용한 측면도 있었다. 이런 파행은 제1차 개정안에서 권력구조의 내용이 중국의 임시약법보다 체계적 일관성이 부족한 이유가 되었다.

이 개정안에 따르면 대한민국의 주권행사는 헌법의 범위 안에서 임시대통령에게 전임하되(A.6), 삼권분립과 그중 행정권은 대통령이 아니라 국무원에게 귀속되어 있다(A.5). 국무원(國務院)은 국무원(國務員)으로 조직해 행정사무를 일체 처리하고 그 책임을 진다(A.35). 국무원은 국무총리와 각 부의 총장과 노동국 총변을 말하며, 이들은 임시대통령을 보좌해 주관 행정사무를 집행한다(A.37).

이 개정안에서 국무원의 임명은 대통령이 하지만 임시의정원의 동의를 얻어야 하며(A.15~A.21), 임시의정원은 임시대통령이나 국무원을 탄핵할 수 있고, 임시대통령은 임시의정원에서 선거에 의해 선출되는 것으로 규정했다. 하지만 임기에 관한 규정은 없으며 대통령으로서 주요한 직권행사에는 임시의정원의 결의나 동의를 요하게 했고(A.15), 국무원은 임시대통령이 법률안을 제출하거나 법률을 공포하거나 명령을 발포할 때 반드시 부서(副書)하도록 했다(A.39).

대한민국 임시정부의 제1차 개헌으로 공포된 대한민국 임시헌법은 중국 임시약법의 영향을 받았다. 하지만 그 기본 토대는 역시 동아시아적 혼합 정체라고 할 수 있다. 미국식 대통령제와 영국식 의원내각제를 섞어놓은 것으로, 그 혼합의 기준은 동아시아의 군왕과 재상 간의 관계에 기초한 주나라의 총재제나 세종의 의정부서사제라고 할 수 있다. 대한제국과 같은 군주국을 부정하면서 민주공화국을 천명한 대한민국은 서구의 공화정체를 참고해 동아시아적 헌정으로 변용했다.

대한민국 임시정부에 모인 건국의 아버지들은 입헌군주제를 제도화했던 대한제국의 군주 지배를 넘어섰다. 그리고 1919년 4월의 대한민국 임시헌장에서 1944년 4월의 제5차 개헌인 대한민국 임시헌장까지 제1조는 한결같이 "대한민국은 민주공화국"이었다. 군주제에서 공화제로 이행하면서 동아시아 공화정체의 원형은 동아시아 고래의 헌정 체제인 총재제와 재상제를 원용했다. 그 전형적인 예가 바로 1912년 '중화민국 임시약법'에서 크게 영향을 받은 1919년 9월의 제1차 개헌헌법인 대한민국 임시헌법이었다.

그 후 임시정부의 개정헌법들은 망명정부의 내부 사정에 따라 국무원 중심이거나 주석 중심으로 변화했다. 이 같은 개헌은 진지한 헌법적 성찰이 있었다보다는 인적자원의 한계와 재정 여건에 따른 현실적 필요를 반영한 변형이라 할 수 있었다. 이는 1948년 제헌헌법이 1919년의 제1차 개정헌법을 가장 많이 닮았다는 점만을 봐도, 제1차 개정헌법의 헌법적 위상을 확인할 수 있다.

3) 제헌헌법의 동아시아적 보상형 대통령제

제헌헌법의 제도적 정신을 이해하기 위해서는 서구 국가들과는 다른 군주제에서 공화제로의 독특한 이행 과정에 대한 고려가 필요하다. 우리 제헌헌법의 제1조도 임시정부의 헌법들과 같이 "대한민국은 민주공화국이다"라는 조항이 들어가 있다. 서구 국가들의 공화정체의 역사는 군주제에서 시민혁명을 통해 군주를 몰아내고 근대적인 공화정체를 수립한 것이다. 가령 영국은 청교도혁명 때는 국왕을 단두대로 보냈고, 명예혁명 때는 국왕을 설득해 국민주권이 확립되는 공화정체를 만들어냈다. 미국은 식민지에서 독립하는 형태로 영국 국왕의 권력을 몰아내고 공화정체를 수립했다. 이들 국가는 군주제에서 공화제로 이행하는 과정에서 시민권력이 형성되었고, 사실상(de facto) 권력을 법률상(de jure) 권력으로 만들면서 자연스럽게 권력구조를 헌법에 규정하게 되었다. 그러나 한국은 군주제 국가의 몰락과 제헌헌법에 따른 민주공화국의 수립 사이에 36년 동안의 식민 지배라는 공백 기간이 있었다.

서구 국가들의 건국 헌법은 시민혁명 과정에서 논쟁을 거치며 형성되었지만, 우리 헌법은 대한제국을 부정하는 대한민국 임시정부에서 헌법 논의가 시작되었다. 임시정부 헌법의 제도적인 유산들은 제헌헌법에 어떤 식으로든지 반영되었다. 특히 그중에서도 1919년 9월 제1차 개정헌법의 제도적 틀은 제헌헌법에 지대한 영향을 미쳤다고 볼 수 있다. 1912년 중화민국 임시헌법과 1919년 9월의 대한민국 임시정부 임시헌법에서 나타난 보상형 대통령제의 기본 틀이 해방 이후 1948년 제헌헌법에도 그대로 나타났다고 할 수 있다.

제헌헌법의 제정 과정에서 헌법 내용을 둘러싸고 여러 정치 세력이 벌인 갈등과 협상도 중화민국 정부나 대한민국 임시정부가 헌법을 제정할 때처럼 발생했다. 유진오가 중심이 되어 작성한 헌법기초위원회의 초안에서 권력구조는 내각책임제로 제안되었지만 헌법 제정 과정에서 대통령중심제로 전환되었다. 초안은 내각책임제였지만 당시 국회에서 진행된 제1독회에서 이승만의 제안을 반영해

1948년 6월 21일에 하루 만에 졸속으로 권력구조가 대통령제로 바뀌게 되었다(손세일, 1979; 유진오, 1980; 조용중, 1990; 이영록, 2002). 내각책임제를 선호하는 한민당 세력과 대통령제를 고수한 이승만 세력 간에 타협의 산물로 대통령과 국무총리 제도가 함께 도입되었다.

홍미로운 것은 권력구조 내용의 변화에 따라 국무총리와 국무원 제도에 대해 논란이 예상되었지만 이 과정에서 국무총리에 관한 논란은 거의 없었다는 점이다. 원안에 있었던 국무총리와 국무위원은 대통령제로 바뀌었는데도 그대로 수용되었다(정종섭, 2004). 헌법 원안에서도 대통령, 국무총리 그리고 국무회의에 대한 규정은 있는 반면, 그 내용이 내각책임제를 중심으로 이루어져 있었는데도 수상이라는 직책은 초안에도 없었다. 국무총리와 국무위원으로 조직된 합의체인 내각에 해당하는 국무원이 국정전반에 대해 의결권을 행사하는 것으로 되어 있었다.

국무총리는 대통령이 임명하고 민의원의 승인을 받아 내각회의의 의장이 되었다. 국무위원은 국무총리가 제천(提薦)하고 대통령이 국무위원을 임명하는 것으로 되어 있었다.[34] 대통령은 형식상 행정수반으로 규정되어 있었지만 내각이 실질적인 권력을 갖고 국무 전반을 장악하고 그것에 책임을 지는 내각제의 성격이 강했다. 제헌헌법에서 내각책임제에서 대통령제로 전환이라는 것은 새로운 직책이 생긴 것이 아니라 대통령과 국무총리의 권력구조가 변화하는 것을 의미했다.

34 헌법기초위원회 헌법 원안 제54조~제72조.

제헌헌법이 대통령제를 채택하면서 국무원을 합의제로 운영해 대통령의 권한사항을 국무회의의 의결을 거치도록 했다. 이는 내각제가 아니면서도 내각제적인 요소를 포함한 것으로 한민당의 의사가 제헌헌법에 포함된 것으로 볼 수 있다.[35]

그 결과 제헌헌법은 대통령제를 선호하는 정치 세력과 내각제를 선호하는 정치 세력 간의 타협의 산물이 되었다. 대통령과 국무총리 간의 권한 배분에 대해서는 원칙만 밝히고 있으며 그 구체적인 내용은 누락되었다. 국무총리는 대통령의 명을 받아 각 부처를 '통할'한다는 규정과 국무회의는 각 부처의 업무를 '심의'한다는 모호한 절충적 개념이 도입되었으나 이에 관한 법적규정이나 내용을 발견할 수는 없었다.

제헌헌법은 대통령중심제와 국무총리 간의 권한 배분을 규정하면서 1912년 '중화민국 임시약법'과 1919년 9월 임시정부의 제1차 헌법 개정인 대한민국 임시헌법처럼 동아시아적인 근대 헌정 양식을 수용했다. 대통령 중심주의를 채택하면서도 국무총리와 국무회의라는 제도를 혼합하는 방식으로 동아시아적 혼합 정체가 헌법에서 제도화되었다. 세 헌법의 헌정구조를 살펴보면 보상의 국정 원리가 공화정체에서도 전이되어 나타났다고 할 수 있다. 군주정에서 공화정으로 전환하면서 서구의 대통령 중심주의와 내각책임제를 각각 주장했던 정치 세력 간의 타협의 산물이었다.

서구의 공화정체에서 핵심적인 제도적 원리는 1인 군주, 소수인

35 서희경, 『대한민국 헌법의 탄생』(서울: 창비, 2012), 295~296쪽.

귀족, 다수인 평민이 혼합 정체를 이루어 국정을 운영한다는 것이다. 시민혁명으로 군주제에서 공화제로 변화하면서 군주가 사라지고 그 권력 공백을 어떻게 재설계하느냐의 논쟁이 서구 근대헌법의 핵심적인 권력구조 문제였다. 동아시아에서는 입헌군주제를 채택한 일본은 예외로 하고, 서구의 근대 공화주의 논쟁이 1912년 중화민국의 임시약법과 1919년 9월 대한민국 임시정부의 제1차 개헌인 대한민국 임시헌법, 1948년 우리 제헌헌법에서 동아시아의 공화주의적 권력구조 문제로 제기되었다.

근대 동아시아의 공화주의 논쟁은 이론적 문제이면서 현실 정치세력 간의 정치적 갈등과 협력의 문제이기도 했다. 세 차례 진행되었던 동아시아의 근대 공화주의 헌법 논쟁에서 모두 대통령제를 선호하는 정치 세력과 내각책임제를 선호하는 정치 세력 간의 갈등이 있었다. 그리고 정치적 합의의 산물로 '대통령과 국무총리의 권력 분점'이라는 동아시아적인 혼합 정체가 탄생하게 되었다. 이 공화주의적 헌정 체제를 동아시아적인 '보상형' 대통령제라고 할 수 있다.

제헌헌법에 관한 기존의 헌정사 이론들은 이승만의 정치적 야심 때문에 내각책임제 초안이 하루 만에 졸속으로 대통령중심제로 바뀌었고, 그 바람에 제헌헌법의 권력구조가 불안정한 상태로 남게 되었다고 지적한다. 그러나 제헌헌법의 권력구조는 동아시아의 근대 공화주의의 제도적 틀을 그대로 간직한 독특한 형태를 그대로 계승하고 있다. 하루 만에 권력구조론이 합의될 수 있었던 것은 1912년 중국의 임시약법과 1919년 대한민국 임시정부의 임시헌법 등 유구한 동아시아 근대 공화정체의 제도적 유산을 계승했기에 가능했던 것이다. 부분적으로 불완전한 구조가 남아 있지만 이러한 동아시아 공화정체의 고유성은 인정되어야 할 것이다.

5. '보상형' 대통령제로의 개헌 제안

87년 헌정 체제는 민주화 이후 지난 30년간 대통령 직선제로 국민주권을 실현시킨 훌륭한 제도다. 그럼에도 여섯 번에 걸친 5년 단임제 정부들은 안정적이고 지속적인 국정 운영이라는 측면에서 성공한 정부들이었다고 평가하기 힘들다. 거의 모든 정부가 정권인수위원회 시절에는 높은 지지율로 국민적 기대를 모았지만, 임기의 반환점을 돌 때면 지지율이 급격히 하락했고, 정권 말기에는 대통령의 권력이 대부분 식물 상태가 되면서 마감했다. 진보와 보수 정권을 막론하고 이런 일이 한두 번도 아니고 여섯 번이나 반복하고 있다면 이 헌정제도 자체에 근본적인 결함을 갖고 있음을 인정해야 한다.

87년 헌정 체제의 제도적 결함은 대부분의 정치·행정학자들이 인정하는 것처럼 대통령에게 과도하게 권한이 집중된 제왕적 대통령제로 운영되었기 때문이다. 1987년의 개헌은 민주화 과정에서 일관되게 터져 나왔던 '호헌 철폐와 대통령 직선제'라는 국민적 요구를 담아내는 데 집중했다. 대통령 선출 방식을 간접선거에서 국민투표에 의한 직접선거로 전환했지만, 그 밖의 다른 권력구조는 제5공화국 체제를 별다른 수정 없이 받아들였다. 그 말은 유신헌법과 제5공화국 헌법에서 제도화되었던 대통령에게 집중된 헌법구조를 바꾸는 데는 별달리 주목하지 않았다는 의미가 된다. 1987년의 개헌으로 대통령 선출 방식은 직선제로 전환되었지만 대통령에게 과도하게 집중된 권한은 여전히 그대로 남아 있다.

30년간 대통령에게 지나치게 집중된 권력으로 국정 운영의 한계를 노출했다면, 이제 새롭게 만들 헌법은 이 문제를 해결하기 위한 권한 배분 방식이 모색되어야 한다. 지금도 다양한 비교헌법적인 논쟁이 있지만 그 해답은 의외로 가까운 곳에 있다. 1948년 제헌헌법 당시의 정신으로 돌아간다면 대통령의 권한을 어떻게 배분할지 그 방법을 쉽게 찾을 수 있다. 그리고 제헌헌법의 정신은 대한제국이라는 군주정에서 대한민국이라는 공화정으로 정체를 다시 정립한 1919년 대한민국 임시정부의 대한민국 임시헌법에 내재되어 있다.

87년 헌정 체제에서 드러난 제왕적 대통령제의 문제를 해결하는 것은 1919년 대한민국 임시정부 임시헌법과 1948년 제헌헌법대의 제도적 정신을 살리면 가능하다. 그 핵심은 대통령과 국무총리의 권한 배분을 헌법정신에 따라 재설계하는 것이다. 군주제에서 근대적 공화정체로 이행하는 1910년대의 동아시아 헌정 체제에서 중국은 대통령제와 내각제를 혼합한 동아시아적 헌정을 제도화했다. 2016년 이후 새로운 헌정 체제는 87년 민주화 이후 대통령 선거 방식을 간선제에서 직선제로 바꾼 성과를 바탕으로 대통령과 국무총리의 권한을 합리적으로 배분함으로써 재설계할 수 있을 것이다.

대통령과 국무총리의 권한 배분은 '고래의 헌정'으로서 주나라의 총재제 이래 조선 건국 시기의 정도전에 의한 재상제, 세종의 의정부서사제, 실학파의 관부일체론에 이르기까지 동아시아의 유구한 역사적 맥락에서 이상적인 정치 체제로 추구되어온 동아시아적 헌정정신이다. 미국의 대통령제나 영국의 내각책임제 또는 프랑스의 준대통령제보다 우리 역사와 문화에 녹아 있는 헌정정신을 되찾는 것이 우리 몸에 맞는 옷을 입는 것과 같은 일이다. 우리의 역사적 유전자에 있는 헌법정신과 헌정 체제를 되찾는 것이 외국의 제도를 수용하면서 겪을 불필요한 시행착오를 줄일 수 있는 역사적 지혜다.

여기서 또 하나 주목할 것은 고래의 헌정에서는 『주례』에서부터 재상제를 논할 때 한 명의 재상보다는 3인의 의정부체제를 제시하고 있다는 점이다. 조선의 정도전과 세종도 의정부를 세 명의 재상으로 구성했다. 한국 정치의 문화와 구조를 고려할 때 대통령과 국무총리라는 두 권력기관으로 권한을 배분할 경우 극한적인 갈등이 만성적으로 일어날 수 있다. 이미 1919년에 대통령 이승만과 국무총리 이동휘 사이에 있었던 정치적 갈등은 두 권력기관 간의 갈등을 예고하는 것이다. 동아시아 헌정에서는 한 명의 재상보다 세 명의 재상을 선호했다. 새로운 헌정에서도 한 명의 총리와 두 명의 부총리를 고려할 수 있다. 이 제도에서 총리는 경찰, 검찰, 안전 등 권력기관을 비롯한 관리형 국정을 총괄하고, 경제부총리는 경제부처를 담당하며, 사회부총리는 교육을 포함한 사회정책을 담당한다. 그리고 이들 총리와 부총리는 모두 국회의원으로 국회에서 선출되어야 한다. 정부수립 이후 다양한 형태의 국무총리를 경험했지만, 대독총리, 의전총리 신세를 벗어나 실세형 총리로 대통령과 권한을 배분한 경우는 대부분 총리 스스로가 정치적 자원을 가진 국회의원을 겸직한 경우들이었다. 제왕적 대통령제가 문제고 대통령의 권한을 총리, 부총리와 합리적으로 배분하는 것이 문제해결의 방법이라면 이들이 국무의원으로 국회에서 선출되어 정치적 정당성과 자원을 확보하는 것이 자연스러운 해법이라 하겠다. 고래의 헌정에 기초한 동아시아적 공화정체를 보상형 대통령제라고 할 수 있다.

이렇게 새로운 헌정제도를 실천하는 일은 지금 헌법을 개정하고 않고 법률을 제정하는 것으로도 가능하다. 지금의 헌법 규정은 제헌헌법 이래로 '국무총리의 국정통할권'과 '국무회의의 심의권'을 모호하게 입법 미비의 상태로 방치하고 있다. 대통령의 정치적 재량권을 확대하기 위해 모호한 규정으로 남겨둔 입법적 공백을 법률을 제정해 제도적으로 보충할 수 있겠다.

1987년 민주화 시대보다 2016년에 훨씬 다수의 그리고 훨씬 다양한 계층의 사람들이 시민대집회에서 새로운 헌정을 요구하고 있다. 시민들은 87년 헌정 체제를 끝내는 새로운 헌정을 바라고 있다. 2019년이면 대한민국 임시정부 수립 100주년이 된다. 아직 미완인 민주공화국 헌정 체제를 대한제국의 군주제에서 벗어난 임시정부 100주년이 오기 전에 완성하기를 시민대집회는 요청하고 있다. 시민대집회에서 여전히 시민들은 '대한민국은 민주공화국'이라는 사실을 확인하고 있다. 이들은 혼돈과 방황의 민주공화정체를 마감하고 정부 수립 100주년이 되는 2019년 이전에 고래의 헌정에 기초한 우리 몸에 맞는 새로운 헌정 체제를 기다리고 있다. 그에 대한 한 가지 해답이 바로 동아시아적 헌정으로 대통령, 1인 총리, 2인 부총리의 혼합 정체일 수 있다.

3부

광화문 일기

2016~2017년 박근혜 대통령 탄핵 및 시민대집회 주요 기록

2016년 10월 29일(토)	제1차 시민대집회, 2만 명 참여
2016년 11월 05일(토)	제2차 시민대집회, 30만 명 참여
2016년 11월 12일(토)	제3차 시민대집회, 106만 명 참여
2016년 11월 19일(토)	제4차 시민대집회, 전국 96만 명 참여
2016년 11월 26일(토)	제5차 시민대집회, 광화문 150만 명, 전국 190만 명 참여
2016년 11월 29일(화)	오후 2시 30분, 박근혜 사퇴 선언 대국민 간담회
2016년 12월 02일(금)	오후 2시 야당 3당의 공동 대통령 탄핵소추안 발의
2016년 12월 03일(토)	제6차 시민대집회, 광화문 150만 명, 전국 232만 명 참여
2016년 12월 09일(금)	오후 4시 대통령 탄핵소추안 가결
2016년 12월 10일(토)	제7차 시민대집회, 전국 104만 명 참여
2016년 12월 17일(토)	제8차 시민대집회, 광화문 65만 명, 전국 77만 명 참여
2016년 12월 24일(토)	제9차 시민대집회, 전국 70만 2000명 참여
2016년 12월 31일(토)	제10차 시민대집회, 전국 110만 4000명, 누적 1000만 명 참여
2017년 01월 07일(토)	제11차 시민대집회, 세월호 1000일 추모, 전국 64만 3000명 참여
2017년 01월 14일(토)	제12차 시민대집회, 전국 14만 7000명 참여
2017년 01월 21일(토)	제13차 시민대집회, 전국 35만 2000명 참여
2017년 01월 28일(토)	설날 합동 차례로 대체
2017년 02월 04일(토)	제14차 시민대집회, 전국 42만 6000명 참여
2017년 02월 11일(토)	제15차 시민대집회, 전국 80만 6000명 참여
2017년 02월 18일(토)	제16차 시민대집회, 전국 84만 5000명 참여
2017년 02월 25일(토)	제17차 시민대집회, 광화문 100만 명, 전국 107만 8000명 참여
2017년 03월 01일(수)	제18차 시민대집회, 삼일절 기념, 전국 30만 명 참여
2017년 03월 04일(토)	제19차 시민대집회, 광화문 95만 명, 전국 105만 1000명 참여
2017년 03월 10일(금)	오전 11시 헌법재판소의 대통령 파면 선고
2017년 03월 11일(토)	제20차 시민대집회, 전국 70만 8000명 참여

2016년 10월부터 2017년 3월까지 광화문 시민대집회의 기록

11월 1일 오후 11시[1]

상제임여 무이이심(上帝臨女 無貳爾心).

"하늘의 상제가 너에게 임했으니 너는 두 마음을 갖지 마라." 이 문장은 『시경』의 「대아」, 「대명」에 나오는 『시경』 전체의 하이라이트다. 주나라 무왕이 역성혁명을 일으킬 때, 목야 땅에서 영화 〈브레이브하트(Braveheart)〉의 멜 깁슨처럼 들판에서 군사들을 향해 전쟁을 선포할 때 부르짖은 포효다. 전차까지 갖춘 10배 규모의 상나라 군대와 맞붙을 때 이야기다. 하늘의 뜻이 우리에게 있으니 뭐가 두렵겠느냐?

---

1 2016년 10월 29일(토) 제1차 시민대집회에 2만 명의 시민들이 참여했다.

11월 2일 오후 1시

박원순 서울시장이 광화문광장에서 도시공화정의 첫발을 떼었다. 광장정치와 제도권 의회정치의 이중 권력이 시작되었다. 박원순 시장은 이 흐름의 기폭제가 되었다. 2008년 촛불집회가 있은 뒤 주기적으로 등장하는 광장의 공화정치에 참여하는 주류 정치인은 이재명 성남시장과 박원순 시장이다. 드디어 87년 헌정 체제의 30년을 마감하는 광장정치가 개막했다. 박원순 시장은 지금 서울의 시정을 담당하고 있으니, 그가 새로운 시대의 광장을 열어젖히지 않을까 하는 기대가 앞선다.

1494년 이탈리아의 피렌체에서 시작된 도시공화정의 역사를 오늘날 한국에서 다시 볼 수 있다는 것 자체가 우리 세대의 행운이다. 500년 전의 피렌체 도시공화정이 2016년 서울에서 부활하고 있다. 2008년의 촛불집회와 2016년의 시민대집회에서 새로운 공화주의의 길이 열리고 있다.

> 이미 한국 정치는 베네치아 같은 시민대집회와 국회의 이중 권력 체제가 되었다. 시민과 호흡하지 못하는 국회의 역할은 제한적일 수밖에 없다. 이런 공백을 시민대집회가 메워갈 것이다. 시민대집회의 에너지는 공화적 에토스에서 나온다. 이 에너지는 때로는 잔잔한 물결로, 때로는 분노의 화염으로 한국 정치의 원동력이 될 것이다. 그리고 한국 정치를 중요한 국면에서 결정짓는 직접민주정치의 원류가 될 것이다. 제도권 정치와 정당이 한국적 에토스를 수용하지 못하는 한 이 원류는 계속적·주기적으로

> 분출할 것이다. 제도권 정치가 1987년 이후 성장한 공화적 에토스를 수용하지 못하는 한, 시민대집회는 무정형의 형태로 앞으로 한국 정치를 판결하는 직접민주주의의 심판자가 될 것이다.[2]

2008년 촛불집회가 막 불타오를 때, 출판사에서 넘어온 편집본을 교정하면서 『공화주의적 국정운영』이라는 책의 끝에 실은 '수고(手稿)의 후기'다. 2007년 대선이 끝난 뒤에 촛불집회와 같은 공화주의의 화마가 일어날 것 같은 예감이 들었다. 광화문광장에서 실제 그 일을 보았을 때 느꼈던 희열이 새롭다. 그때부터 벌써 8년의 세월이 흘렀다. 광화문의 광장정치를 돌아보면서 분출하는 민주·공화의 열정을 다시 만나게 된다.

11월 4일 오전 7시

> 1987년 민주화 이후 주기적으로 분출되고 있는 공화적 에토스의 엄청난 화마(火魔)를 누가 어떻게 묶어낼까? 올바른 길잡이가 없다면 이 화마는 국가를 삼켜버릴 만큼 거세질 수 있다. 그러나 이 에너지가 적절히 제어되기만 한다면 우리 민주공화국은 세계가 부러워할 만한 공동체가 될 수도 있다. 이 에너지 자체가 공화국을 발전시킬 원동력이기 때문이다. 이런 에너지는 아무 사회에서나 어느 때나 생기는 것이 아니다.[3]

---

2 임채원, 『공화주의적 국정운영』, 171~172쪽.

촛불집회의 형태로 등장하고 있는 시민대집회의 진원지는 공화적 에토스다. 시민대집회가 손쉽게 가능해진 가장 큰 이유는 뭘까?

> 민주화 이후 어느 누구도 시민들의 입을 막을 수 없고 발을 묶을 수 없기 때문이다. 민주화의 가장 큰 과실은 어떤 위정자도 억압적으로 시민의 자유 발언을 막을 수 없다는 것이다. 이러한 정치적 분위기가 인터넷이라는 공간과 결합해 시민들의 직접적인 참여로 나타나고 있다. 이들은 누구나 자유롭게 말하고 어디든지 갈 수 있다. 1000년 공화국 베네치아에서도 시민들의 여론을 주도한 것은 리알토 다리 근처에서 활동한 부유한 거주상들의 신문이 아니라 공방과 거리를 자유롭게 뛰어다니며 소문을 전한 재기발랄한 꼬마들의 입이었다. 꼬마들의 입은 동지중해의 소식을 싣고 온 배에서 가장 먼저 이야기를 전해 듣고 성 마르코 광장과 베네치아 전역으로 퍼뜨렸다. 공화국 국회에서 일어난 사건을 가장 먼저 6구제 전체 지역으로 전한 것도 꼬마들의 입이었다. 인구 15만 명 정도가 사는 도시국가에서 주요 뉴스가 전달되는 데는 채 몇 시간이 걸리지 않았다. 이런 나라에서 위정자가 언론을 통제한다는 것은 어불성설이다. 막으면 막을수록 입소문은 눈덩이처럼 불어났다. 그래서인지 몰라도 베네치아의 어느 위정자도 언론을 통제하려고 하지 않았다.[4]

---

3 임채원, 『공화주의적 국정운영』, 182쪽.

4 임채원, 같은 책, 172~173쪽.

11월 4일 오후 1시

오늘부터 한국 정치는 마키아벨리적 계기로 들어갔다. 1987년 6월 항쟁에 이어 30년 만에 제7공화국의 문이 열렸다. 개헌과 새 공화국은 기존 정치인들의 합의가 아니라 시민대집회의 열기에서 시작한다. 6월항쟁이 87년 헌법을 낳았듯, 광장에서 시민들의 힘으로 새로운 정치적 합의가 도출될 것이다. 1494년 피렌체에서 지롤라모 사보나롤라가 메디치가의 과두제를 끝냈듯이, 한국 정치에서 박 씨 가문의 낡은 정치를 끝장내는 시민의 광장정치가 시작되었다.

새로운 민주공화정의 전야(前夜)다. 긴 꼬리를 물고 박정희 시대가 역사 속으로 저물어간다. 내일 서울광장에서 민주공화정의 새 역사를 쓰게 될 것 같다. 새로운 민주공화정의 역사가 시작된 곳은 포에니 전쟁부터 삼두정치까지 로마공화정, 근대 도시공화정을 연 16세기 이탈리아 피렌체와 1000년 공화국 베네치아, 건국 과정부터 『페더랄리스트 페이퍼』로 새로운 헌정에 대해 치열하게 논쟁한 미국 건국 공화정, 마지막으로 2008년 촛불집회에서부터 주기적이고 지속적으로 분출되는 열정에 휩싸인 한국의 민주공화정을 들 수 있다.

내일 이 민주공화정의 정치에서 새로운 주인공들이 탄생하기를 기대한다. 4년마다 열리는 축구 월드컵에서도 기존의 명성에 취한 스타를 대신해 신성이 등장한다. 새로운 시대가 오는 전야에 부패한 권력을 향해 탄핵과 하야를 명확하게 주장한 정치인과 엉거주춤 우왕좌왕한 정치인을 시민들은 구분할 것이다. 지금이라도, 내일의 대규모 집회가 시작되기 전까지라도 수많은 정치인과 시민들이 탄핵과 하야의 목소리에 힘을 실었으면 좋겠다. 행동적 삶의 실천에 동참하는 시민과 정치인에 의해 내일부터 새로운 민주공화정의 역사가 시작된다. 지금은 그 전야다.

11월 5일 오후 11시[5]

광화문에서 시민적 공화주의의 '위대한 절연(great dislocation)'을 경험하고 있다. 시민들은 오늘 밤 이전과 이후의 역사를 달리 느끼고 있다. 어떤 계기를 통해 공동체 전체가 잠재해 있던 시민적 공화주의를 함께 경험하고 자각하게 되는 순간이 있다. 이 공동의 체험이 새로운 역사를 만들기 시작했다.

공화주의적 계기는 불연속적으로 때때로 '암흑의 막간극'을 경험한다. 2008년 촛불집회에서 공화주의적 자각이 폭발하고 난 뒤 8년간의 어두운 막간극을 지나 2016년에 다시 민주공화정에 대한 시민적 자각이 불붙고 있다. 광화문 집회에서 시민들은 부패한 권력에 분노하며 민주공화정이 권력으로부터 위협받는 하나의 공동체임을 강하게 공유하고 있다. 이 도시공동체가 공화적 에토스와 가치에 기초해 있음을 공감하는 시민적 공화주의를 확인하는 밤이다.

11월 6일 오전 11시

조그만 도시공화정이 아니라 영토국가에서 시민적 공화정체가 가능한가? 이 논쟁은 미국 건국 헌법의 논쟁을 담은 『페더랄리스트

---

5 2016년 11월 5일(토) 제2차 시민대집회에 30만 명의 시민들이 참여했다.

페이퍼』에서도 중요한 쟁점이 되었다. "공화국의 표본으로 고대 그리스와 현대 이탈리아의 혼란스러운 민주주의를 인용하면서 공화국은 소규모의 지역 안에서 사는 소수 국민 사이에서만 확립될 수밖에 없다." "공화국의 자연적 한계는 공공 업무의 수행이 필요할 때마다 대표들이 중심지로 모일 수 있는 거리 안이다." 그렇다면 미국의 한계가 이런 거리를 초과한다고 주장할 수 있는가? 그 대안으로 직접 민주주의가 아닌, 대의제의 간접민주주의를 통해 영토국가에서도 공화정체가 가능하다는 주장을 하고 있다.

그런데 2016년 광화문 집회에서는 고대 아테네와 로마, 피렌체와 베네치아에서 가능했던 민주공화정치가 주말마다 열리고 있다. 1494년 피렌체는 인구 15만 명 정도의 도시로 시민 누구든지 한두 시간 거리를 걸어 나오면 중앙광장인 시뇨리아 광장까지 닿을 수 있었다. 낮 시간 동안 공방에서 일과를 마친 사람은 누구나 중앙광장까지 걸어 나와 저녁을 먹고 술을 한잔하면서 장안의 정치 이슈와 사건, 사고에 대해 농담 섞인 토론을 할 수 있었다. 그리고 그 광장에서 때때로 정치집회가 열리고는 했다.

인구 2000만 명이 사는 대한민국의 수도권에서 피렌체나 베네치아 같은 인구 10만 명 남짓한 도시국가에서나 가능했던 민주공화정치가 주말마다 열리고 있다. 시민적 열기가 더 뜨거워진다면 매일 저녁 열릴 수도 있겠다. 인천·수원·의정부 등 수도권 어디에서나 한두 시간 전철을 타고 이동하면 광화문 집회에 참여할 수 있다. 정보와 뉴스가 스마트폰뿐만 아니라 대형 인터넷 커뮤니티의 자유게시판이나 페이스북, 트위터 등으로 유통되면서 시민들은 '내 손안의 민주주의'를 실현할 수 있는 통신수단을 갖게 되었다. 미국 건국 시기에 유통된 팸플릿은 종이 한 장에 글씨를 빼곡히 적어 종이를 한 번 접고 다시 접는 것을 반복해 여섯 번을 되풀이해 64면으로 접어 만든 책자였다. 그렇게 만들어 우편마차에 실어 멀리는 한두 달이 걸리는 거리까지 13개 주 곳곳으로 배달되었다. 미국 건국 시기에 전파되는 데 최소 한 달이 걸렸던 뉴스들이 지금은 실시간으로 전국으로 유통되고 있다. 2016년 대한민국에서는 피렌체나 베네치아 같은 도시국가보다 소문이 더 빨리 퍼진다. 말 그대로 소문이다. 소문은 특정 언론사가 찍어내는 종이신문도 아니고 지상파 방송도 아니다. 페이스북이나 카카오톡의 친구를 통해 ≪딴지일보≫의 자유게시판을 통해 어디서나 누구든지 언론을 만들 수 있다. 지금은 모든 시민이 뉴스의 생산자다. 말 그대로 소문이고 이것이 도시공화정이 가능한 조건이다. 한두 시간이면 전철이나 버스로 누구나 도심으로 모일 수 있고, 치맥을 한잔할 수 있고, SNS로 시민 각자가 뉴스를 생산해 누구에게나 전할 수 있다.

지금 대한민국에서는 공화주의자들이 꿈꾸었던 1494년의 피렌체, 그리고 그 피렌체가 닮고 싶어 한 모델이었던 베네치아의 시민적 광장정치가 만개하고 있다. 이런 조건에서 부패한 정권이 버틸 재간은 없다. 어젯밤 시민들은 이것을 다시 한번 확인시켜줬다. 다음 주 토요일에는 열 배 더 많은 시민들이 전국의 광장에서 외칠 것이다. "박근혜는 하야하라."

11월 7일 오후 1시

서울대학교 교수들이 4·19 기념탑 앞에서 시국선언을 하고 있다. 기자들도 탑 주변을 가득 메우고 있다. 보수적인 여기 선생님들도 더는 참고 있을 수 없어 시국선언에 동참한 것 같다. 아쉬운 점은 "대통령과 집권당은 헌정 파괴의 책임을 져라"라는 하나 마나 한 맹탕인 소리를 하고 있다는 것이다. 많은 교수들이 참여하도록 이 정도 수위에서 주장하는 것이라지만, 주말에 광화문광장에라도 좀 나갔다 온다면 이러지는 못할 것이다. "대통령은 퇴진하라"라고 짧고 굵게 얘기하면 안 되나?

11월 8일 오전 1시

니콜로 마키아벨리의 『군주론』을 처음 읽을 때 제일 난감한 것이 핵심개념으로 나오는 'virtus(덕성, 역능, 역량)'와 'fortuna(운, 운명, 운명의 여신)'다. 이탈리아적인 맥락을 모르니 더 난해하다. 우리에게 익숙한 덕(德)이나 도(道)를 서양인들은 어려워하는 것과 비슷하다.

그런데 2008년 촛불집회를 보며 마키아벨리가 무엇을 보고 역능(virtus)과 운(fortuna)을 말했는지 금방 알게 되었다. 촛불집회의 시민의 힘이 바로 역능이고, 시민의 힘을 방해하는 갖가지 정치적 상황이 운이다. 촛불집회는 더 크게 번질 수 있지만, 정치적 탄압이나 부패한 정치 세력의 역습인 운에 의해 꺼질 수도 있다. 아마도 마키아벨리가 15세기 피렌체가 아니라 2008년이나 2016년의 한국에서 살았으면 역능을 촛불이라고 불렀을 것이다.

2016년 시민적 공화정치에서 virtus를 덕성, 역능, 역량 등 뭐라고 번역하든지 지난 토요일 광장에 나온 중고교생들도 이해하는 말이 되었다. 이들이 본 시민적 힘이 바로 정치사상에서 그렇게 이해하기 난해하다는 역능 자체다. 그리고 이 학생들은 마키아벨리가 이야기한 민주공화정을 미국의 어떤 정치학자들보다 더 잘 이해하게 되었다. 미국의 학자들은 민주공화정치를 15~16세기 자료에서 훈고학적으로 추측하지만, 한국의 학생들은 매주 친구들과 참여하는 광장정치에서 직접 체험하고 있기 때문이다.

11월 9일 오전 8시

2008년 촛불집회 이후 6년 만에 공화적 에토스가 시민광장에서 다시 폭발했다. 그때는 MB정부의 실정으로 민주공화정의 정체를 묻는 시민의 힘이 폭발하지 않을까 하는 우려 반, 기대 반의 감정을 가졌다. 그래서 2008년 3~5월의 그 촛불집회에 깊은 감회가 있었다. 다음은 그때 낸 책의 '수고의 후기'에 적었던 글이다. 지금의 상황과도 별반 다르지 않다.

> 출판사에서 넘어온 교정지를 다시 보고 넘긴 지금 서울시청 주변은 촛불집회로 인산인해를 이루고 있다. 집권자들은 이 촛불집회가 휘발성 강한 일회성 정치 이슈로 마감하기를 간절히 바라고 있을 것이다. 그러나 이 촛불집회의 진원지는 좀처럼 쉽게 사그라지지 않을 것이다. 오히려 중요한 정치적 국면에서 지속적이고 반복적으로 서울시청과 광화문을 채우지 않을까? 한동안 정치의 중심은 여의도 국회의사당이 아니라 시민대집회가 될 것이

다. 모든 권력의 궁극적 원천이 시민에게 있고 이 시민대집회가 제도화되어가고 있다. 베네치아에서도 시민대집회는 공화국의 국회와 함께 권력의 쌍벽을 이루었다. 중요한 입법이나 국가원수의 선출은 원래 국회가 아니라 성 마르코 광장에 운집한 시민대집회에서 결정되었다. 그리고 그 결정 과정은 환희와 축제의 의식이기도 했다.[6]

11월 9일 오후 11시[7]

지금 대한민국은 시민대집회가 열리는 마키아벨리적 계기 속에 있다. 광장정치는 박근혜 대통령이 하야할 때까지 멈추지 않을 것이다. 대통령의 2선 후퇴와 거국중립내각의 목소리는 시민들의 열정 속에 점점 묻혀가고 있다. 지난 토요일을 기점으로 국회와 시민대집회의 이중 권력 시대가 열렸다. 주말에 광화문광장에 나온 시민들은 대통령 퇴진과 하야를 외치고 있다. 여론조사 결과를 보면 이미 95퍼센트의 국민이 대통령에게서 등을 돌렸다. 시민대집회 주최 추산으로 30만 명의 시민이 광화문 집회에 참여했다고 한다.

누구도 예상하지 못한 놀라운 일이다. 30만 명의 시민이 평화로운 광장에 모여 대통령 하야를 요구하는 광경은 흔히 볼 수 있는 것이 아니다. 1987년 6월항쟁에서 분노한 시민들이 경찰과 싸웠던 광

---

6 임채원, 『공화주의적 국정운영』, 171쪽.

7 임채원, "공화주의적 계기에서 대통령 퇴진", ≪뉴스토마토≫, 2016년 11월 9일자 칼럼을 수정·발췌했다.

경과는 전혀 다른 시민행동이다. 자유스러운 축제 분위기에서 일상의 삶을 사는 시민들이 광장으로 모여들었다. 공화적 에토스가 분출되는 것은 2008년 촛불집회 이후에 6년 만의 일이다. 그러나 6년 전과는 또 다른 양상으로 전개되고 있다. 새로운 공화정치가 시작되고 있다.

시민적 공화주의가 분출하는 일은 역사적으로 아무 곳에서 아무 때나 일어나는 것이 아니다. 세계사에서도 예외적인 일이다. 공화적 시민행동은 포에니 전쟁 전후 삼두정치가 끝날 때까지 로마공화정에서 발화했다. 아테네 민주정치 이후 긴 막간극을 지나 로마에서 나타났고, 어두운 암흑기를 지나 15~16세기 피렌체 도시공화정에서 재점화했다. 존 포콕은 피렌체 도시공화정이 17~18세기에 대서양 양안의 영국과 미국에서 연속적으로 계승되었다는 입장이다. 중세의 긴 암흑기를 지나 이탈리아 도시공화정과 대서양 양안에서 새로운 시민의 시대를 만든 것을 마키아벨리적 계기라고 한다.

이탈리아 도시공화정이 어떻게 영국에 이식될 수 있었는지에 대해서는 오랫동안 논쟁이 있었다. 이탈리아 도시공동체와 대서양 공화주의를 잇는 끈은 시민적 덕성이었다. 피렌체 시민들은 시민혁명의 운명에 대해 덕성을 발휘해 새로운 공화정치를 만들어가는 것이라고 믿었다. 이들 시민은 도시공화정을 타락시키는 것이 바로 권력자의 부패라고 보았다. 영국에서는 반부패가 더 큰 관심이었다. 정치적 대립을 이탈리아적인 운명 대신 '부패와 덕성'으로 보고 반부패운동을 전개했다. 피렌체의 도시공화정과 영국의 공화정치에서는 권력자가 공적인 일을 사적 이익을 위해 남용하는 것을 최악의 부패로 경계했다.

이러한 공화주의적 계기가 대한민국에서 분출하고 있다. 2008년 촛불집회에 나온 여고생들이 대한민국은 민주공화국이란 시민적 덕성을 일깨웠다. 그리고 2016년 광화문광장의 시민대집회에서 등장한 공화적 에토스도 시민적 덕성을 가장 중요한 가치로 제시하고 있다. 권력자가 사적 이익을 위해 국가권력을 남용한 일을 더는 용납하지 않는다.……

정치권은 두 개의 입장으로 양분되어 있다. 즉각적인 대통령 퇴진을 주장하는 입장과 대통령의 2선 퇴진을 전제로 거국중립내각을 주장하는 입장이 대립하고 있다. 아직 제도권 정치에서는 절차적인 이유를 들어 거국중립내각 구상이 다수를 차지하는 것으로 보인다. 그러나 이런 주장은 시민대집회에서 외치는 대통령 퇴진 요구와는 일정한 거리가 있다. 제도권 정치와 광장정치의 간극을 실감하게 된다.

지난 토요일 광화문광장에 모인 시민 30만 명이 내놓은 요구는 대통령의 퇴진이다. 사적 이익을 위해 국가권력을 비선 실세들과 남용한 것을 시민들은 용서할 수 없다는 점을 분명히 했다. 시민적 덕성으로는 국가권력을 사적 편익을 위해 자의적으로 오용한 부패를 용납할 수 없다. 광장의 시민들은 1494년의 피렌체 도시공화정이나 미국 건국의 아버지들보다 공권력 부패에 대해 더 단호한 입장을 견지하고 있다. 그들은 광장에서 한목소리로 대통령의 하야를 외치고 있다. 마키아벨리적 계기 속에서는 광장정치가 제도권을 끌고 가게 마련이다.

11월 10일 오후 6시

"결국 청와대로 가서 대통령을 시민들이 불러낼 것이다. 아니면 이렇게 불러 나와 대화할 수 있는 인물을 다음 대통령으로 선택할 것이다." 2008년 촛불집회를 바라보며 이런 글을 쓴 적이 있다. 민주화 이후 극단적인 갈등이 어느 정도 잦아들어, 베네치아처럼 국가 원수인 도제의 관저 앞으로 시민들이 몰려가 불만을 외치면, 부랴부랴 잠옷을 갈아입은 도제가 나와 시민들과 대화하는 세상을 그린 것이었다. 그러나 아직 대한민국은 '명박산성'에 청와대가 갇혀 있다. 이번 토요일 집회도 광화문의 이순신 동상 앞까지만 허용할 뿐, 세종대왕 동상 너머로는 나갈 수 없다고 한다. 청와대 앞 30미터까지라도 언제든, 누구나 가서 자기 요구를 외칠 수 있어야 최소한의 민주공화정이라 할 수 있다. 다음 대통령은 잠옷 차림으로 야심한 시각에라도 나와 시민과 만날 수 있는 대통령이기를 고대한다.

> 민주화 이후 시민들의 열린 언론은 인터넷을 통해 몇 시간 안에 전국으로 번져 나간다. 밀집한 도시가 많은 한국에서는 여론의 전파속도가 베네치아 같은 도시국가 못지않다. 여론의 속도에서 이제 한국의 인터넷 매체는 직접민주주의를 가능하게 만들었다. 도시국가에서나 가능할 것 같은 쌍방향 의사소통과 토론이 영토국가인 한국에서도 가능한 조건을 맞고 있다. 이런 역동성 덕분에 어느 때인가는 결국 시민들이 청와대로 가서 대통령을 불러낼 것이다. 아니면 이렇게 불러 나와 대화할 수 있는 인물을 다음 대통령으로 선택할 것이다.[8]

11월 11일 오전 11시

광화문광장의 시민대집회에서 분출하고 있는 공화적 에너지는 지난 100년 동안 없었다. 그리고 앞으로 100년 이상 달리 찾아오지 않을 수도 있다. 1997년 IMF 외환위기 때 전 국민이 호응한 금모으기 운동은 민주화 이후 성숙하고 있는 한국의 공화적 에토스가 처음 발화한 것으로 볼 수 있다. 그리고 한국의 공화적 에토스는 고전적 공화주의의 내용을 고스란히 담고 있다.

> 폴리비오스의 혼합 정체가 가장 전형적으로 나타난 삼두정치 전의 초기 로마나, 제4차 십자군원정으로 비잔틴 제국을 움켜쥔 베네치아나, 영국의 기득 권력을 몰아내고 새로운 공화국 건설의 꿈에 부풀어 있던 건국 초의 미국이나 비슷한 에토스를 품고 있다. 이러한 공화적 에토스가 살아 숨 쉬는 마키아벨리적 계기는 역사에서 찾아내기가 쉽지 않다. 그만큼 마키아벨리적 계기는 공동체의 부흥을 위해 중요한 기회의 순간이다. 한국에서 이런 에너지는 아마도 지난 100년 동안 없었고, 앞으로 100년 이상 달리 찾아오지 않을 수 있다.[9]

11월 12일 오전 7시

새날이 밝았다. 새로운 대한민국, 새로운 민주공화정이 열리는 날

---

8 임채원, 『공화주의적 국정운영』, 173쪽.

9 임채원, 같은 책, 176쪽.

이다. 오늘 광장으로 나오는 시민들은 일상에서 어떤 소망을 갖고 있을까? 어떤 나라를 꿈꿀까? 아마도 가난한 집안에서 태어나더라도 안정적인 삶의 터전을 마련할 수 있고, 인생에서 한두 번 실패하더라도 패자 부활이 가능한 나라를 꿈꿀 것이다. 이것이 시민들이 원하는 새로운 대한민국의 모습이 아닐까?

앞에서 베네치아의 표준적인 시민이던 로마노 마이라노의 삶을 소개한 바 있다. 마이라노는 베네치아에서 흔히 볼 수 있었던 선원이자 상인이었으며 동시에 투자자였다. 가난한 집안에서 태어났지만 그 자신의 근면성실함과 베네치아 공동체가 제공한 각종 제도 덕택에 일생 동안 충분한 부를 축적할 수 있었다고 했다.

오늘 광화문광장에서 만날 20~30대 청년들뿐만 아니라, 시민대집회에 나온 대부분의 시민들도 베네치아의 시민 마이라노가 누린 것과 같은 기회와 패자 부활을 통해 보통 사람이 안정된 삶을 영위하는 민주공화국을 열망하지 않을까? 오늘이 새로운 대한민국으로 가는 첫날이기를 기대한다.

11월 12일 오후 1시[10]

1986년 5·3 인천사태 때보다 더하다는 느낌이 든다. 그 전날까지 전두환의 숨 막히는 세상이었다. 1980년 5월 광주 이후 폭력적 방식으로 집권한 전두환 군사정권은 7년 동안 철권통치로 시민들을 억압했다. 이에 저항하는 시민들의 기습적인 집회가 있었지만 학생

---

10 2016년 11월 12일(토) 제3차 시민대집회에 106만 명의 시민들이 참여했다.

과 일부 재야 단체 중심으로 국민적 저항운동이라 하기에는 역부족이었다. 1986년 5월 3일 사람들과 최루탄 사이를 아무 생각 없이 휩쓸려 다녔다. 그다음 날 신문을 보니 세상이 바뀌어 있었다. 그날로 5공은 정치적으로 끝났다.

오늘은 시민들이 그날보다 훨씬 자유롭고, 축제를 즐기려고 광장에 나오는 것 같다. 새로운 세상으로 가는 시대의 변곡점 같다. 광화문에서 보자. "100년 만에 나오겠다"라는 사람들이 여기저기서 막 쏟아지고 있다.

이 정부가 모두 나쁜 것만은 아니다. 100년 만에 친구들을 만나게 해준다. 오랜만에, 어떤 친구는 20대 이후에 처음 만났다. 저녁 9시에 뒤풀이 장소인 중국집에서 만나 모둠 접시를 하나둘 시키고 소주를 마셨다. 예전의 짬뽕 국물에 마시던 소주에 비하면 진수성찬이다. 다음 토요일 집회에는 다들 다른 모임에 가기로 하고 해산했다. 오는 12월 17일 토요일에 송년회를 겸해 같은 장소에 다시 모여 뒤풀이하기로 했다. 그때도 오늘처럼 좋은 날씨에, 화기애애한 즐거운 모임이 되었으면 좋겠다. 이 정부는 독할 것이다. 쉽게 '하야'하지는 않을 것이다. 그러니 우리도 더 독해져야 한다. 헤어지기 전에 1920년대 조선의 아나키스트들처럼 스마트폰으로 한 장의 기념사진을 남겼다. '새로운 대한민국, 새로운 민주공화국'의 첫날에.

11월 13일 오전 11시

광화문광장의 역동적인 정치는 어떻게 진화해갈까? 대통령이 퇴진한 뒤에 새 대통령을 선출하기만 하면 능사일까? 그 전에 시민대집회로부터 대통령의 퇴진 과정은 어떻게 진행될까? 그리고 새로운 대한민국의 국정 운영은 어떻게 해야 할까?

이것은 비단 우리만의 고민이 아니다. 역사상 숱하게 있었던 시민혁명 과정에서 나온 고민이기도 하다. 예컨대 영국은 청교도혁명 중에 찰스 1세의 처형과 올리버 크롬웰의 독재를 겪었다. 그 뒤에 다시 명예혁명이라는 과정을 거치면서 오늘날의 영국식 헌정에 이르렀다.

제임스 해링턴과 같은 당대 영국의 지식인들은 혁명 이후 새로운 국정 운영의 철학과 방법론으로 공화주의를 탐색했다. 해링턴의 문제의식은 군사적 의무를 지닌 봉건적 토지 보유자들이 사라진 뒤에 안정적인 정치 체제를 어떻게 만들 것인가 하는 것이었다.

이러한 영국의 혁명 후 경험은 지금 한국의 광장정치에서 대통령이 퇴진한 뒤에 있을 정치 변화에도 어떤 시사점을 줄 수 있을 것이다. 이제 광화문 집회도 점점 더 이 단계에 들어서는 것 같다. 새로운 대한민국, 새로운 민주공화국으로 가는 첫날이다. 그 어느 때보다 시민적 힘과 지혜를 시대가 요구하고 있다.

11월 13일 오후 7시

지난 30년간 이어진 87년 헌정 체제를 넘어 새로운 대한민국, 새로운 민주공화국으로 갈 시간이다. 그 첫걸음은 대통령 퇴진이다.

11월 14일 오전 6시

사상 초유의 규모로 국민연금 게이트가 드러나고 있다. 오래전 박근혜-최순실 게이트와 판박이처럼 닮은 부패가 미국 건국혁명의 발단이 되었던 영국 정부의 궁정파에게서도 그대로 나타났다. 새로운 민주공화정은 이러한 부패를 몰아내는 시민의 힘에서 시작된다. 지금 한국에서는 신도 아닌 무당이 등장하고 있어 시민들은 더한 모욕과 굴욕감을 느끼고 있다. 부패한 청와대를 뜯어먹는 메뚜기들의 약탈에 시민들은 자존심에 회복할 수 없는 상처를 입었다. 더는 시민들이 부패한 권력과 아첨꾼, 정상배들을 용서하지 않을 것이다.

> 현재 내각은 악마의 사주 아래 사악하고 부패한 정신을 갖게 되어, 우리 재산을 박탈하고 영원히 예속시키려는 계략을 갖고 있다. 모든 시민은 우두머리(대통령)에게 그처럼 혐오스러운 조치를 취하라고 권하는 뚜쟁이와 기생충을 철저히 증오해야 하고, 우리 뒤의 모든 세대는 그들의 이름에 저주를 퍼부어야 한다.[11]

청와대 비서실과 행정부뿐만 아니라, 그들을 움직인 비선 실세들의 형태는 부패한 권력 어디에서나 나타나는, 파괴적인 파벌의 속성을 적나라하게 보여주고 있다. 광장으로 나온 시민들이 이를 더는 용납하지 않을 것이다. 해도 해도 너무 무지막지한 부패 스캔들이다. 이제 시민들은 한 방향으로 움직이고 있다. "박근혜 퇴진."

---

11 버나드 베일린(Bernard Bailyn), 『미국 혁명의 이데올로기적 기원』, 배영수 옮김(서울: 새물결, 1999), 160~161쪽.

11월 15일 오전 7시

시민혁명 과정에서 언제나 그림자처럼 따라 등장하는 망상이 '질서 있는 퇴진'이다. 이런 발상은 1494년 피렌체 시민혁명에서도 단골메뉴처럼 등장했다.

피렌체 시민대집회가 점점 열기를 더해가자, 두 개의 세력과 입장이 형성되었다. 다수인 포폴로(popolo, 평민)는 시민정치를 확대하는 '넓은 헌정'을 원했고, 소수 오티마티(ottimati, 귀족)는 '좁은 헌정'을 찾았다. 시민대집회가 정점을 향해 달려갈수록 소수인 오티마티들은 광장정치를 불신하면서 기존 권력과 타협하려고 했다.

오티마티들의 태도는 언제나 이중적이었다. 기존 권력인 메디치가가 그들과 협력할 때는 메디치를 칭송하고 협상도 진지하게 했다가 자신들을 하급자로 취급할 때는 증오했다. 지금 제1야당의 대표가 하루 사이에 보인 오락가락한 태도를 보면 시민혁명 과정에서 우왕좌왕하던 오티마티의 전형적인 모습을 확인하게 된다. 오티마티의 이중성은 시민혁명이 끝날 때까지 잠복해 있을 것이다. 포폴로의 힘이 조금 약해질 때나 약간의 실수가 있을 때, 오티마티는 끊임없이 시민정치를 괴롭힐 것이다.

오티마티들이 미덕으로 삼는 가치는 분별(prudencia)이다. 그들은 포폴로들이 외치는 자유를 상시적으로 불신한다. 오티마티들은 포폴로의 시민정치를 포퓰리즘이라는 대중 선동과 같은 부정적인 이미지 안에 끊임없이 가두려고 한다. 정치는 원래 자신들처럼 분별을 가진 소수의 것이라는 확신으로 가득 차 있다. 그들은 좁은 헌정이 민주공화국을 구하는 길이라 철석같이 믿고 있다.

16세기 피렌체에도 포폴로를 대변하는 마키아벨리가 있었던 반면 오티마티를 대변하는 프란체스코 귀치아르디니와 같은 맞수도 있었다. 귀치아르디니의 얼굴은 어제 본 야당 대표의 모습과 겹쳐 우리 시민대집회에도 출현하고 있다. 우리는 한국 정치에서 폭발하는 '공화주의적 계기(republican moment)' 안에서 끊임없이 질서 있는 퇴진의 망령을 확인하게 될 것이다. 새로운 대한민국, 새로운 민주공화국을 소수의 오티마티들은 그들이 미리 설계해놓은 좁은 틀(좁은 헌정)에 가두려고 되풀이해서 시도할 것이다. 새로운 대한민국의 적은 기존의 기득 권력도 있지만, 혁명적인 포폴로와 기득 권력 사이에 낀 오티마티에게서도 상시적으로 나타난다. 어제 야당 대표의 오락가락하는 행보와 질서 있는 퇴진을 주장하는 이중적인 태도에 한시라도 경계를 멈추지 말아야 한다. 시민대집회는 보수 권력 못지않게 오티마티의 질서 있는 퇴진을 주장하는 사람들로부터도 위협받고 있다. 누구의 머릿속에 설계되어 있는 질서 있는 퇴진 따위는 세상에 존재하지 않는다. 그냥 '박근혜 퇴진'만 존재할 뿐이다.

11월 17일 오전 9시

적반하장이다. 안하무인이다. 부산 엘시티 사건을 두고 대통령이 엄정한 수사를 지시했다고 한다. 수사를 하면 전형적인 권력형 부패로 드러날 사건이다. 그런데도 왜 대통령은 자신 있게 엄정한 수사를 지시할까? 그와 측근들의 투명함을 믿어서? 아닐 것이다. 대통령은 여전히 자신이 검찰을 손아귀에 넣고 주무를 수 있다는 강한 확신을 갖고 있기에 이런 지시를 하는 것이다. 부패한 정권의 전형적인 말로다. 하지만 검찰은 더는 대통령의 바람대로 움직이지 않을 것 같다. 이미 권력의 수명이 다한 것을 누구보다 검찰이 잘 알기 때문이다. 권력형 부패의 실상이 드러날까?

공화주의자들이 가장 경계한 부패가 바로 권력형 부패였다. 마키아벨리는 부패란 권력자가 그의 지지자들의 사적인 이익을 위해 특정한 서비스를 제공하는 것이라고 보았다. 베네치아도 이러한 부패로부터 자유롭지 못했다. 그렇기에 베네치아는 끊임없이 부패를 경계했고 특정인에 의한 관직의 장기화와 독점을 방지하려고 노력했다. 베네치아의 정치제도를 거칠게 말하자면 반부패를 위한 1000년간의 노력이라고 요약할 수 있다.

11월 18일 오전 7시

박근혜의 사적 이익 추구에 분노한 시민들이 광화문광장에서 '공공성'을 묻기 시작했다. 지금의 권력자들은 공적인 것을 제도화한 국가를 사적 이익을 위해 약탈했다. 이번 토요일 광화문광장에서 시작되는 네 번째 시민대집회에서 새로운 공화국의 토대에 대한 자각이 시작되지 않을까?

1494년 피렌체 도시공화정의 시민대집회에서 시민 자신들이 무엇을 원하는지에 대한 사각이 일기 시작했다. 새로운 공화국은 참주정이나 과두정의 사적인 것과 구별되는 공적인 것에 대한 시민적 자각에서 출발했다. 피렌체 시민들이 사보나롤라에게 열광한 가장 큰 이유는 개인의 탐욕과 사치에 젖어 있던 시민들에게 공공의 것이란 무엇인가 하는 자기반성을 낳게 했기 때문이다. 1500년대 반천년기(half-millennium)에 천년왕국의 도래에 관한 예언자, 사보나롤라의 외침은 새로운 세상에 대한 열정을 불러일으켰다. 하지만 더 깊은 곳에서는 시민들 스스로가 잊고 있었던 도시공화정의 정신적 토대, 즉 공공성을 다시 불러 일깨웠다.

이제 광화문 시민대집회에서도 새로운 대한민국, 새로운 민주공화국의 토대는 공적인 것이라는 사회적 합의가 형성되기 시작했다. 박근혜 정부가 공공영역에서 사적 이익을 위해 편취한 것이 시민의 분노를 부른 원천이다. 이에 대한 반대급부로 우리 사회의 각 영역에서 공공성을 다시 세워야 한다는 자각이 시작되고 있다.

공적인 것을 다른 말로 하면 곧 '국가'다. 키케로가 플라톤의 『국가론(Politeia)』을 그리스어에서 라틴어로 옮길 때 '국가(Res Publica)'로 번역했다. 키케로에게 공적인 것이 곧 국가였다. 국가는 사적인 것을 넘어 공동체 전체의 이익이라는 좀 더 높은 차원의 가치에 대한 사회적 합의다. 그는 플라톤의 『국가론』을 번역했을 뿐만 아니라, 자신의 『국가론(De Re Publica)』을 쓰기도 했다. 여기에서 공화국(the republic)의 어원이 나왔다.

토요일 집회에서는 이제 새로운 대한민국, 새로운 민주공화국의 공공성이 넓게 시민들의 마음속에서 잠복 상태를 벗어나 발화하기 시작하지 않을까? 이런 시민적 자각에서 새로운 민주공화국의 싹이 튼다. 공공성이 곧 국가다.

11월 19일 오전 6시

오늘도 광화문 시민대집회에서 위대한 절연이 일어날 것 같다.

10여 년 뒤의 누군가가 오늘을 역사의 기록으로 남기면서 시민적 공화주의에 관한 「광화문 찬가(Laudatio)」를 쓸 것 같다. 이 장대한 역사적 서사는 2016년의 이 나라가 새로운 세계로 가는 역동적인 문을 열었다고 기록할 것이다.

1494년 피렌체 시민혁명이 있기 100여 년 전인 1390~1402년에 시민적 휴머니즘이 발화했다. 피렌체 북쪽 밀라노 공국의 비스콘티 독재(Visconti Tyranny)가 힘으로 피렌체를 위협하자, 공화정을 지키려는 피렌체의 자유시민들이 들고 일어났다. 그러면서 왕족이나 귀족이 다스리는 주변의 1인 지배나 소수 과두제가 아니라 시민들의 자발적 참여에 의한 공화정이 얼마나 소중한 정치적 자산인지 시민들 스스로 체험하게 되었다.[12] 20세기 이탈리아 르네상스 정치 연구로 세계적 석학이 된 한스 바론은 이를 '위대한 절연'이라 했다. 이 사건 전의 시민과 후의 시민은 전혀 다른 세상을 체험했고, 그 결과 새로운 공화정을 만들기 시작했다. 그 유명한 바론 테제다.[13]

10여 년이 지난 뒤에 오늘 광화문에서 열릴 역사적 시민대집회를 어느 걸출한 문인이 「광화문 찬가」로 기록하지 않을까? 『피렌체 찬가』를 넘어서는 세계사의 새로운 「광화문 찬가」의 역사적인 현장이 오늘도 펼쳐질 것 같다.

---

12 Hans Baron, *The Crisis of the Early Italian Renaissance: civic humanism and republican liberty in an Age of classicism and tyranny*(Princeton University Press, 1966), p.8.

13 Hans Baron, *The Crisis of the Early Italian Renaissance*, pp.61~74.

11월 19일 오후 5시[14]

감회가 새롭다. 일어날 듯하면서도 일어나지 않았던 시민대집회를 볼 수 있으니, 더 없는 행운이다. 고대하고 고대했던 광장의 시민대집회를 볼 수 있고 참여할 수 있으니. 오늘 같은 날이 올 것 같아 2000년대 초중반부터 공화주의를 다룬 책들을 사 모았다. 그간 집 베란다에 버려둔 공화주의에 관한 책들을 다시 책상으로 가져왔다. 대략 40~50권은 되는 것 같다. 공화주의에 관한 자료들은 2005년 전후부터 열심히 모으기 시작했다. 16세기 이탈리아 도시공화정, 17~18세기 대서양 양안의 공화주의, 1000년 공화국 베네치아, 르네상스와 시민적 휴머니즘의 피렌체, 미국 건국의 아버지들이 탐독했던 포에니 전쟁 전후부터 삼두정치 이전의 로마공화정까지.

역사의 큰 물줄기를 바라보고 참여할 수 있는 것만으로도 인생의 큰 행운이다. 6년 동안 광장의 시민대집회를 기다리다가 지쳐 거의 포기하고 공화주의에 관한 책들을 일부는 버리고, 나머지는 베란다에 내다두었다. 그 책들을 오늘 다시 책상 한가운데로 가져왔다. 이 책들 속의 역사적 공화주의와 광화문에서 일어나고 있는 현재의 공화정치를 동시에 볼 수 있는 것만으로도 행운이다.

11월 20일 오전 7시

박근혜의 퇴진은 수용하지만 보수 권력은 지속되기를 원하는 기

---

14 2016년 11월 19일(토) 제4차 시민대집회에 전국적으로 96만 명의 시민들이 참여했다.

득권층은 어떤 일을 도모하고 있을까? 네 번째 시민대집회를 거치고 난 뒤에 보수 세력은 이 집회에 배후 세력이 있다고 여론 몰이를 할지도 모른다. 그러나 밀실에서의 회합과 음모는 광장정치가 아니라 기득권의 보수 세력에 의해 매일매일 일어나고 있을 개연성이 더 크다. 그들은 '오리첼라리 원회(園會, Orti Oricellari)'의 비밀결사를 사회 곳곳에 만들고 있을 것이다.

1960년대 미국 공화주의 논쟁을 대표하는 학자 중 한 사람인 펠릭스 길버트(Felix Gilbert)는 1494년 피렌체 헌정에 반대하는 제도적이고 이데올로기적인 소수 기득권층의 움직임을 탐색했다. 보통 시민인 포폴로들이 피렌체 중앙광장인 시뇨리아 광장을 차지하고 근처 저잣거리인 베키오 다리에서 집회 뒤풀이를 하는 동안, 재집권을 꿈꾸는 몇몇 귀족들은 베르나르도 루첼라이(Bernardo Rucellai)를 중심으로 그의 정원인 오리첼라리에서 지속적인 회합을 갖는다. 이 회합이 시민대집회가 여는 광장정치의 반대편에서 진행되었던 소수 귀족들의 음모의 대명사인 오리첼라리 원회다.[15]

소수 귀족 세력인 오티마티는 메디치가의 대표자인 피에로 데메디치(Piero de Medici)의 재집권을 포기하고, 메디치가를 제외한 핵심 권력층이 직접 통치하는 형태로 정치 체제를 전환하려고 했다. 이런 조치는 그들이 메디치가의 지배 자체를 싫어했다기보다는 피에로로는 통치가 불가능하다고 보았기 때문이다.

시민대집회를 지켜보는 한국의 수많은 소수 기득권 루첼라이들도

---

15 J. G. A. Pocock, *The Machiavellian moment*, pp.119~120.

그들의 비밀스러운 회합장소인 오리첼라리 원회에서 숱한 모임과 밀담을 반복하고 있을 것이다. 보수언론사 오너와 간부들, 보수 성향의 일부 학자들, 보수 종교인들이 모여 다양한 형태의 비밀회합이 진행되고 있을 것이다. 박근혜 대통령은 지지율 5퍼센트를 3주째 이어가고 있고, 시민대집회의 양상은 시간이 갈수록 폭발적으로 확대해가고 있다. 메디치 상속자, 피에로를 포기했듯이 위기를 느낀 보수 세력은 박정희 상속자, 박근혜를 포기하려고 할 것이다. 박정희 일가를 보호하려다가, 그들의 존재기반인 박정희 신화 자체가 송두리째 날아갈지도 모른다는 위기감이 보수 세력을 엄습하고 있다. 1500~1502년 사이에 피렌체의 오티마티들이 오리첼라리 원회에서 메디치가의 상속자를 제외한 채 또 다른 귀족정치를 도모했듯이, 한국의 보수 세력은 박근혜를 제거하고 난 뒤에 계속적인 집권을 획책하고 있을 것이다.

새로운 민주공화정에 대해서는 서로 의견이 다를지라도 '박근혜 퇴진'이라는 단일한 목표에 대해서는 일단 광장과 밀실이 정치적 합의를 이끌어낼 수 있을 것 같다. 우선은 광장과 밀실 모두 '조건 없는 박근혜 퇴진'에 힘을 모을 때다. "조건 없는 박근혜 퇴진."

11월 20일 오전 9시

오늘 문재인, 안철수, 박원순, 이재명, 안희정, 김부겸 등 야권 대권 주자들이 비상시국회의를 연다고 한다. 박근혜 퇴진을 위해 여야 정치권이 가장 시급하게 합의해야 할 일은 무엇일까? 박근혜가 퇴진한 뒤 새로운 대한민국의 국정 운영은 어떤 방향이어야 할까?

지금은 여야가 대통령 권한대행을 맡을 책임총리를 합의하는 것이 가장 급선무다. 시민대집회의 공론을 등에 업은 야권이 추천하고, 새로운 활로를 모색하는 여당이 이를 수용한다. 국무총리 인선을 합의로 이끌어내는 것이 제도 정치권이 가장 먼저 할 일이다. 대통령 권한대행을 맡을 수도 있는 총리 후보자는 어느 일방의 지지를 받는 정파의 총리가 아니라, 진보와 보수 모두의 교집합이어야 한다. 여야 합의형 총리는 시민대집회의 힘으로 만들어지는 새로운 대한민국의 첫 번째 인사다.

2016년 시민대집회 이후 국정 운영은 지난 30년간의 국정 운영을 반복하는 것이 아니라 새로운 차원으로 승화되어야 한다. 30년 동안 민주화 세력과 산업화 세력이 번갈아서 집권했지만, 두 세력 모두 상대를 배제하는 정파 중심의 정치를 해왔다. 한쪽을 배제하는 정치는 결국은 정치적인 고립을 불러와 대통령 지지율이 지지부진한 중에 국정 운영은 실패로 끝나는 경우가 허다했다.

> 민주화 이후 새로운 국정 운영의 기본적인 틀이 필요하다. 개혁 세력이 집권하든 보수 세력이 집권하든 시민들에게 안정성과 지속성으로 삶의 안정을 줄 수 있는 국정 운영이 절실히 요구된다. 민주화 이후 30년 동안의 국정 혼돈은 새로운 국정 운영의 틀을 요구하고 있다.
>
> 인류사의 위대한 정치인들은 문제해결의 아이디어를 역사에서 찾았다. 그들은 당대의 시대적 과제에 대한 해법을 역사적 안목과 통찰에서 구했다. 지금 한국에 필요한 민주화 이후의 국정 운

영의 틀 역시 이에서 크게 벗어나지 않는다. 민주화 이후의 안정적이고 지속성 있는 국정 운영은 비단 우리만의 문제가 아니었다. 아니, 인류사의 보편적 문제였다.……

해답은 역사 속에 있다. 1인을 대변하는 국가원수, 소수를 대변하는 귀족, 다수를 대변하는 시민이 공존할 수 있는 새로운 국정 운영의 방법을 로마공화정과 당시 살아 있던 베네치아 1000년 공화국에서 찾았다. 가스파로 콘타리니의 표현대로 베네치아 공화주의 정체에서 다수제는 공화국 국회에, 소수제는 원로원과 10인 위원회로 대표되는 중추 그룹에, 군주제는 군주제의 이점을 살리고 결점은 배제한 원수에 의해 각각 구현되어 이들을 모두 혼합한 형태로 국정이 운영되었다. 다수는 다수의 횡포로 흐르지 않고, 소수는 소수대로 권력을 남용하지 않으며, 원수도 지위와 명성을 이용해 군주제로 몰고 가려고 하지 않았다. 그들에게 민주화 이후의 새로운 국정 운영은 바로 공화주의적 국정 운영이었다. 그들은 역사 속의 공화주의를 다시 살려내서 민주화 이후에 안정적 국정 운영의 길을 개척할 수 있었다.[16]

아리스토텔레스 이후 인류사에서 가장 성공적인 국정 운영의 진수라고 하는 혼합 정체를 이번에 책임총리를 선출하는 과정에서 제대로 시도해볼 수 있다. 한국 정치의 균열 구조는 군주, 귀족, 평민의 고전적인 공화정치 형태가 아니라, 야권 3당의 민주화 세력과 새

---

16 임채원, 『공화주의적 국정운영』, 6~8쪽.

누리당의 산업화 세력으로 양분되어 있다. 지금 시민대집회의 광장 정치는 '다수의 민주화 세력은 다수의 횡포에 빠지지 않고, 여전히 집권여당으로 권력을 가진 소수의 산업화 세력은 권력을 남용하지 않으며, 식물 상태에 빠진 1인 대통령은 지위와 명성을 활용해 집권 연장의 꼼수를 쓰지 않고 권력을 내려놓는' 공화주의적 국정 운영의 시험대에 올랐다. 새로운 대한민국, 새로운 민주공화국은 이 3자 사이의 타협과 협력으로 가능하다.

그 첫 단추가 대통령 권한대행을 위한 책임총리의 여야 합의와 이를 수용하는 대통령의 권력 내려놓기 의지에 달려 있다. 민주화 이후 30년 만에 공화주의적 국정 운영의 문이 열렸다. 이제 성공하는 국정 운영을 위해 3자가 실천할 때다.

11월 21일 오전 8시

대통령 권한대행을 할 책임총리의 선출은 고대 아테네와 1000년 공화국 베네치아의 공직 선출에서 자주 활용했던 '추첨제(lotto)'로 하는 것이 가장 현실적인 해답이다. '원내교섭단체별 상호 비토(veto)권이 인정되는 추첨제'다. 방법은 간단하다. 여야 합의로 책임총리를 선출할 피선거권을 가진 정당들이 자신들이 선호하는 후보를 각각 한 명씩 추천한다. 그리고 각각의 후보에 대해 나머지 정당들이 비토권을 행사한다. 비토권의 행사로 일차로 걸러진 각 정당 후보들에게는 모두 기본적인 신뢰를 가질 수 있다. 그런 다음 이 후보들이 전 국민이 지켜보는 앞에서 제비뽑기를 해서 책임총리를 선출한다. 즉, '복불복'이다.

지금 정치권에서 논의되고 있는 합의제(consensus)나 교황 선출 방식(conclave)으로는 이해관계가 상이한 정당들이 정국의 결정적 이해관계가 걸린 책임총리제에 합의하는 것이 거의 불가능하다. 시간을 끌면 끌수록 시민들의 불신은 팽배해지고 그 반사 이익은 박근혜 정부가 가져갈 것이다.

추첨제는 자유시민이 주도한 공화정체에서 선거(election)만큼 자주 사용되었던 제도다. 현대 민주주의에서 친숙한 선거제가 결함도 많은 제도임을 고대 아테네 시민들은 잘 알고 있었다.

고대 아테네 도시공화정에서는 특수 직종인 장군(將軍)을 제외한 나머지 공직은 추첨을 통해 선출했다. 선거가 공화정치의 가장 큰 폐해인 부패와 독재(dictatorship)를 불러오기 때문이다. 선거에서 후보자가 몇 명 등록하면 그때부터 선거까지 각각의 시민들이 자유롭게 투표한다고 생각하면 큰 오산이다. 그리스와 로마, 중세 베네치아의 공화정치는 인간의 투표 형태에 대해 깊은 통찰을 갖고 있었다. 공직 후보자 등록부터 선거권자를 매수하거나 협잡을 벌이는 부패가 발생할 가능성이 증가한다. 무엇보다 후보자와 그 지지자들이 다른 후보 진영과 연합하거나 거래를 시작한다. 공화정이 공동체 전체의 공공성을 유지하는 데 가장 큰 적인 파벌이 형성되기 시작한다. 공화정체에서 공동체의 이익을 해치는 가장 경계해야 할 존재라면 단연 파벌이다. 공직 후보자를 선출하는 방법 중에 선거는 파벌을 조장하는 온상이라고 생각했다.

그리고 선거제도는 공화정이 그토록 경계하는 독재자를 만들어내는 부작용을 낳는다는 깊은 통찰도 갖고 있었다. 자유시민의 투표는 인기투표의 성격이 있어서, 한번 인기를 얻은 정치지도자나 전쟁 영웅 등에게 선거를 통한 장기집권의 길을 열어놓는다. 공화정치에서 문제가 되었던 사람들은 거의 대부분 자유시민들의 전폭적인 지지를 받고 성장한 정치인이었다. 대표적으로 로마의 가이사르가 이에 해당한다.

추첨제도 역시 만능인 제도는 아니다. 인간이 만든 제도에는 양면성이 있기 때문이다. 그래서 베네치아에서는 중요한 공직자를 선출하기 위해 '추첨과 선거(lot and election)'를 반복적으로 섞는 복잡한 과정을 거쳤다. 선거의 사전연합도 제거하고 무능한 후보가 추첨을 통해 당선되는 것도 방지하기 위해서였다.

2016년 시민대집회와 국회의 이중 권력 속에서 '대통령 권한대행을 위한 책임총리'는 여야 정당이 원포인트(one point) 제도로 고대도시공화정과 베네치아 1000년 공화국에서 선호되었던 추첨제를 통해 선출해볼 것을 권고한다. 지금 정국에선 추첨제가 선거나 합의제, 교황 선출 방식인 콘클라베보다 훨씬 현실적이고 강력한 방식으로 보인다. 물론 우리에게 익숙하지 않지만, 공화정치에서 선거만큼 의미 있는 제도다. 책임총리 선출 방식은 공화주의적 추첨제로. 이런 제안을 받아들일 만큼 한국 정치가 담대하게 열려 있을까?

11월 22일 오전 3시

이 정도면 박근혜 정부는 종지부를 찍은 것이라고 봐야겠다. "해바라기도 고민을 한다." 어느 보수 일간지가 지정 칼럼에서 공무원들에게 대통령을 버리라고 선동하고 있으니. 러시아 혁명에서도 제정러시아 군인들이 시위대의 편에서 차르를 향해 총구를 돌리자 상황은 끝났다. 이제 박근혜 정부도 상황 끝이다. 토요일에 100만 명이 나오면 종지부를 찍을 듯하다. 같은 날, 같은 신문의 사설 제목은 "박 대통령, 다 내려놓고 현실을 직시하라"였다. 이제 박근혜 정부는 다음 주를 넘기기 힘들다고 봐야 하지 않을까? 하야까진 몰라도 완전한 식물 상태로, 청와대는 진짜 고립된 섬으로 되어갈 것이다.

11월 22일 오전 8시

대통령이 권력형 부패의 몸통이자 공범이라고 검찰이 공식 발표했다. 60대 이상의 보수 성향 국민들마저 이제 박근혜에게서 등을 돌리고 있다. 박정희 신화가 뿌리부터 무너지고 있다. 그 신화는 긴 꼬리를 그리며 사라지는 유성처럼 역사 속으로 퇴장하고 있다. 질기고 완고하기만 했던 박정희 신화는 정작 그 상속자에 의해 내부로부터 허물어지고 있다. 한 시대가 가고 새 시대가 오고 있음을 토요일에 열리는 전국 시민대집회와 검찰 발표에서 극적으로 체험하고 있다. 역사를 보아도 이런 사례를 찾기는 어렵다. 미래는 이미 우리 곁에 와 있다. 박근혜는 탄핵이든, 자진 사퇴든, 역사에서 퇴출당하는 중이다. 반면 광장에서 시민들은 이제 본격적으로 새로운 대한민국에 대해 묻기 시작했다. 박정희 신화가 사라진 뒤 이 나라에서 어떤 새로운 미래를 설계할지 묻고 있다.

미국이 독립선언을 하기 2년 전인 1774년 미국의 건국 아버지들은 저 '미래의 기회'가 다가왔다고 믿었다. 그들은 "이제 미국에 조금이라도 남아 있는 영국에 대한 애국의 정신이나 자유의 정신이 꺼져가는 등불의 마지막 불빛에 불과한 반면, 한때 그리스와 로마에서 그토록 경탄스러운 빛을 밝혀주었던, 바로 그 신성한 불꽃이 미국에서 밝고 힘차게 타오른다"라고 말할 수 있었다.[17]

영국의 권력형 부패의 몸통이 국왕과 그 비선 측근들임을 확인하자, 신대륙의 신민들은 모두 돌아섰다. 단절의 과정을 거치면서 영국의 충직한 신민들은 미국의 건국 아버지들로 변모했다.

지금 한국에서도 미국의 건국 초기와 같은 공화적 에토스가 전국의 시민대집회에서 일어나고 있다. 이제 새로운 대한민국에 대해 정치인들이 답해야 할 차례다. 박정희·박근혜 신화 이후 대한민국을 어떻게 설계할지, 전국의 시민대집회는 묻고 있다.

11월 23일 오전 8시

이번 토요일 시민대집회에 100만 명 이상의 시민이 모일 것이라는 전망이 나오고 있다. 이들은 박근혜 퇴진과 함께 새로운 대한민국, 새로운 민주공화국을 묻고 있다. 다음 정부는 단순히 5년 단임제 정부를 반복하는 것이 아니라, 이전과는 다른 질적 변화를 보여줄 것을 시민들은 기대하고 있다.

새로운 시대, 새로운 나라에 대한 시민들의 열망은 비단 2016년 한국 사회만의 문제는 아니었다. 청교도혁명과 명예혁명을 거치는

---

17 버나드 베일린, 『미국 혁명의 이데올로기적 기원』, 161~179쪽.

과정에서 영국 시민들이 원했던 것도, '새로운 영국, 새로운 민주정체'였다. 새로운 영국에 대해 자유주의자인 휘그들이 꿈꾸었던 미래는 역설적이게도, 토리(Tory)당 출신으로 영국 보수당을 만든 벤저민 디즈레일리(Benjamin Disraeli)가 잘 보여주었다. 그리고 휘그들이 원하는 새로운 영국의 국정 운영 모델은 놀랍게도 베네치아였다.

> 정치적으로 더 중요한 것은 휘그당의 목적이 베네치아 모델을 한 귀족적 공화제(aristocratic republic on the model of the Venetian)의 설립이라는 점이다.…… 베네치아는 1000년 동안 도시국가에 불과했지만 공화제를 유지했을 뿐만 아니라 경제적 풍요를 누렸다.…… 영국에서도 1640년대에 시작된 청교도혁명 당시 크롬웰에 의해 공화정이 시도되었다.[18]

디즈레일리는 정치를 하는 와중에도 영국의 진로에 대한 정치소설을 계속 써서 출간했다. 그는 정치소설 3부작을 포함해 모두 여섯 권의 정치소설을 통해 '새로운 영국'을 모색했다. 『시빌의 '두 개의 나라'(Sybil or the two nations)』는 귀족과 평민으로 둘로 쪼개진 영국을 풍자했다. 지금 한국도 양극화로 중산층은 몰락하고 재벌과 서민의 '두 개의 나라(two nations)'로 쪼개져 있다. 『코닝스비의 '새로운 세대'(Coningsby or the new generation)』는 청년과 노인 인구가 두 개의 세대로 나뉘어 언어도, 문화도, 생활방식도 달라 서로를 이해하지

---

18 Robert Blake, *Disraeli*, p.195.

못하는 영국의 세대균열을 풍자했다. 지금 한국도 2040세대인 청년층과 6070세대인 노인층이 두 개의 세대로 나뉘어 있다. 50대는 그 사이에 낀 세대다. 18세기 영국과 크게 다르지 않은 세대 갈등을 한국도 겪고 있다. 『탄크레드의 '새로운 십자군'(Tancred or the New Crusade)』은 앞의 두 책과 달리 사회 비평 의식은 줄어든 대신 보수주의의 새로운 십자군에 대한 신앙 문제로 귀결하고 있다. 디즈레일리답게 영국 토리 보수주의의 정신과 철학을 대변한다고 볼 수 있다. 이 3부작만큼 영국 사회에서 반향을 불러일으키지는 못했지만 다른 세 권의 정치소설을 더 쓴다. 그중 하나는 아예 책 제목이 『베네치아(Venetia)』다. 베네치아는 이 소설의 여주인공 이름이지만, 동시에 베네치아 공화정에 대한 영국 사회의 로망을 읽을 수 있다.

보수 성향의 디즈레일리와 토리들은 휘그들이 바라본 베네치아 공화정체를 의도적으로 왜곡했다. 우선 제네바와 베네치아의 전쟁에서 왕정인 제네바가 공화정인 베네치아를 이겼다는 편견을 만들었다. 두 도시국가 간에 있었던 몇 차례의 전쟁에서 제네바가 베네치아를 봉쇄해 우위를 보인 적도 있었지만 결국은 베네치아가 승리했다. 베네치아 연구의 전문가인 프레더릭 레인은 베네치아가 승리한 요인은 제노바에 비해 탁월했던 국정 운영 능력 덕분이라고 평가했다. 디즈레일리의 또 다른 왜곡은 베네치아는 귀족정체이며, 똑같은 방식으로 영국의 자유주의자들인 휘그 역시 시민사회를 꿈꾸는 것이 아니라, 재산을 가진 사람들의 금권 귀족정을 원하고 있다고 비난하며 지나치게 과장한 점이다.

디즈레일리의 사례에서 볼 수 있듯이 18세기 내내 영국은 새로운 영국의 비전을 만들기 위해 휘그와 토리가 지속적인 논쟁을 벌였다. 공화정체인 베네치아 모델을 추구한 휘그들과 영국의 고유한 헌정으로 왕정을 원한 토리들은 이상은 달랐다. 하지만 각자가 그린 미래 영국의 비전을 두고 치열하게 논쟁하고 정치적으로 대립했다.

2016년 전국의 시민대집회가 정치인들과 지식인 사회에 묻는 것도 새로운 대한민국, 새로운 민주공화국의 국가 모델과 비전이다. 개별 정책 차원이 아니라, 새로운 대한민국에 대한 국가 모델을 원하고 있다. 현역 정치인으로 새로운 국가 비전을 제시했던 디즈레일리 같은 정치지도자들을 시대는 원하고 있다. 디즈레일리가 진보냐, 보수냐는 부차적인 문제다. 영국의 미래와 국정 운영 모델에 대한 그들의 치열한 고민을 한국의 정치인들과 지식인 사회가 공감했으면 좋겠다. 지금 광화문을 비롯한 전국의 시민대집회는 '새로운 대한민국의 국정 운영 모델'을 보고 싶어 한다.

11월 24일 오전 6시

광화문을 비롯한 시민대집회는 시민적 공화주의를 바탕으로 민주화 세력이 중심이 되어 민주화 세력과 산업화 세력을 통합하는 공화주의적 국정 운영을 요구하고 있다.

이번 토요일 시민대집회에서 전국적으로 100만 명이 운집할 것으로 예상된다. 시민행동은 박근혜 퇴진뿐만 아니라, 새로운 대한민국, 새로운 민주공화국의 국정 운영 모델을 요구하고 있다. 87년 민주화 이후 경험하고 있는 불안정한 국정 운영체제가 아니라 시민들이 호흡하고 공감할 수 있는 체제를 바라고 있다. 민주화와 산업화를 넘어선 지금까지와는 다른 국정 운영을 제도 정치권에 요구하고 있다.

87년 민주화 이후 30년이 경과했지만 한국은 안정적인 국정 운영의 기본 틀을 만들어내는 데 실패하고 있다. 그간의 5년 단임제 정부들은 대통령의 철학과 정치적 비전이 달랐음에도 국정 운영의 방식은 거의 유사했다. 민주화 이후 등장한 대통령들은 초기 정권인수위원회 시절에는 국민적 지지와 기대를 받았지만 5년 뒤에는 모두 낮은 지지율로 실패한 대통령이라는 비난 속에서 대통령직을 마감했다. 이런 일이 예외 없이 반복되는 것은 대통령 개인의 자질이나 철학의 문제가 아니라 좀 더 근본적으로 국정 운영의 틀 자체에 결함이 있기 때문이다.

87년 민주화 이후 권위주의 시대의 국정 운영과는 다른, 민주화 시대의 국민적 요구에 부응하는 새로운 국정 운영의 틀이 제시되어야 했다. 1987년 이후의 정부들은 집권 세력 교체에는 성공했지만 새롭고 안정적인 국정 운영의 방법을 제시하는 데는 실패했다. 민주화 이후 새로운 국정 운영(statecraft)이 요구되고 있다. 박정희 정부는 권위주의적인 나쁜 정부였지만 자신만의 국정 운영 방법을 지니고 있었다. 1인 지배 또는 과두제 지배의 국정 운영으로 국민적 지지와 동원을 끌어내 개발독재의 국가 동원 체제를 만들었다. 그는 오늘날에도 여전히 보수 세력으로부터 성공한 대통령이라는 대중적 평가를 받고 있다. 지식인 사회에서 그를 비판하는 것과 무관하게 그는 보수 세력을 통해 대중적 지지를 확보하고 있다.

민주화 세력은 국민적 지지와 높은 기대에도 권위주의적 국정 운영을 넘어서는 민주화 시대에 걸맞은 국정 운영을 보여주지 못하고 있다. 5년 단임제 정부가 여섯 차례 운영되었지만 자신들의 지지기반을 근거로 하는 배제적인 국정 운영 방식을 반복하고 있다. 민주화 세력과 산업화 세력 모두 집권기간 동안 자기 세력만으로 절반의 국정 운영을 반복해왔다. 폐쇄적 국정 운영은 국민의 합의를 이끌어내는 데 실패하고, 정권 하반기에는 지지율 저하로 국정 운영의 동력을 상실해 예외 없이 국정 실패로 귀결하고 있다.

민주화 이후 30년, 민주화 세력은 좀 더 담대한 국가 비전과 국정 운영 모델을 제시할 때가 되었다. 국민의 정부와 참여정부 10년의 국정 운영 틀을 뛰어넘는 시민대집회의 새로운 시대와 호흡하는 국정 운영의 틀을 모색해야 한다. 5년 단임제 정부들의 실패를 넘어 민주화 세력이 주도권을 갖고 새로운 대한민국의 미래를 제시할 때다. 민주화 세력이 중심이 되어, 민주화 세력과 산업화 세력의 통합적 국정 운영 모델로서 공화주의적 국정 운영을 모색할 때다. 2008년 촛불집회와 2016년 광화문 시민대집회에서 요구하는 새로운 대한민국, 새로운 민주공화국의 대안적 모델로서 공화주의적 국정 운영의 철학적 기반인 공공선과 그에 따른 제도와 정책을 제도 정치권은 제시해야 한다.

2016년 시민대집회에 주말마다 100만 명 이상의 시민이 모여 요구하는 것은 기존의 틀 안에서 좀 더 도덕적이고 윤리적인 대통령을 뽑아달라는 것이 아니다. 대통령 개인의 도덕성과 자질 문제를 넘어 민주화 이후 지난 30년간의 국정 운영과는 다른 새로운 대한민국의 국정 운영 모델을 요구하고 있다. 지난 30년간의 국정 운영 실패를 반복하지 않고 보다 안정적이고 지속 가능한 성공적인 국정 운영 모델에 대한 시민적 요구가 점점 거세지고 있다. 다음 정부와 대통령의 가장 중요한 국정과제는 새로운 대한민국의 국정 운영 모델을 제시하는 것이다. 이 시대적 과제를 이번 토요일 시민대집회에서는 100만 명이 넘는 시민들이 시민행동으로 요구할 것이다. 이제 제도 정치권이 이에 대한 해답을 내놓을 때다.

11월 25일 오전 7시

박근혜 탄핵 과정에서 걸림돌은 국회보다 헌법재판소일 가능성이 더 높다. 이번 탄핵사건의 국가적 명운을 결정할 헌재 재판관들은 국민이 뽑은 사람들이 아니다. 대통령, 국회, 대법원장이 각각 세 명씩 추천하거나 임명하는데, 이들 아홉 명이 헌법에 대한 최종 해석에서 국민적 대표성을 띤 할 수 있을까? 미국 건국 헌법의 공화주의 논쟁을 공식적으로 기록한 『페더랄리스트 페이퍼』에 따르면 탄핵심판의 권한은 국민이 직접 뽑은 입법부에 전일적으로 속한다고 명시되어 있다. 적어도 민주공화국에서 탄핵심판은 이론의 여지없이 입법부가 권한을 행사해야 한다고 보고 있다.

만약 이번 탄핵심판에서 헌법재판소가 매주 100만 명 이상이 모인 시민대집회의 민의를 실정법 해석을 빌미로 엉뚱하게 왜곡한다면 어떻게 해야 할까? '헌재의 탄핵심판' 권한이라는 제도 자체를 근본적으로 재검토해야 한다. 원래 탄핵제도 자체가 생긴 기원부터 사법부가 아닌 입법부에 심판 권한을 두는 것으로 설계되었다. 국민이 선출한 대표인 입법부가 탄핵소추와 심판을 해야 한다는 것이 탄핵제도를 성문화한 미국 주(州) 헌법과 건국 헌법의 제도적 정신이다. 만약 이번 탄핵 절차에서 헌재가 민의를 외면하고 엉뚱한 판결을 내린다면, 헌법 개정에서 미국과 같은 상원제도 등을 도입해서라도 시민의 의사가 제대로 반영될 수 있도록 제도 개선이 필요하다. 헌재가 시민대집회의 민의를 왜곡하지 않기를 기대한다.

2004년 '신행정수도건설특별법'에 대해 관습법이라는 법리로 위헌결정을 내린 곳이 헌법재판소다. 지금 재판관들의 구성을 고려하면 박근혜 탄핵심판에서 시민들의 바람과는 다른 엉뚱한 결과가 나올 수도 있다는 우려가 있다. 위헌법률심사를 헌재가 하는 것은 몰라도 탄핵심판을 헌재에서 해야 하는지 근본적인 검토가 필요하다.

미국 건국 헌법의 성문 과정에서 국가 건설에 대한 치열한 논쟁이 있었고, 그 역사적 기록을 모아놓은 것이 『페더랄리스트 페이퍼』다. 이 보고서는 우리에게도 익숙한 알렉산더 해밀턴, 제임스 매디슨, 존 제이의 공저로 알려져 있다. 이 책에는 본문 85장과 부록으로 '아메리카합중국 헌법'이 수록되어 있다. 이 책의 65장과 66장은 '연방 상원의 탄핵법원으로서 역할'로 왜 상원이 '정치적 사법' 기능을 맡아야 하는지에 관한 제도적 정신이 실려 있다. 왜 최고 사법기관인 대법원에 탄핵 기능을 두지 않고 '정치적' 기관인 상원에서 탄핵심판을 하는지 밝히고 있다.

> 심리하는 권한, 다시 말해 탄핵을 결정하는 권한은 반드시 입법기관의 손에 맡겨져야 한다는 데 논쟁의 여지가 없다. 영국에서는 하원이 탄핵을 제소하고 상원이 탄핵을 결정한다. 여러 주의

헌법이 영국의 예를 따르고 있다. 상원뿐만 아니라 하원도 탄핵권을 입법부가 가지는 행정부의 공무원에 대한 고삐로 생각하는 듯하다.[19]

박근혜가 한 일이 모두 나쁜 것은 아니다. 30년 동안 뭘 하고 사는지, 어디에 있는지도 몰랐던 친구들이 오랜만에 카톡방에 모였다. "박근혜 덕분이다." 20대를 같이 보냈던 친구들이 30년 만에 카톡방에 모여 시국선언을 준비했다. 친구들이 모이고, 초안을 다듬고, 또 다른 친구들에게 연락하고. 그것을 카톡방에서 지켜보는 것만으로도 좋았다. 이제 내일은 모두 광화문에 가자. 100만 명이 모여 '박근혜 퇴진', '새로운 대한민국, 새로운 민주공화국'을 만들어보자.

11월 26일 오전 5시[20]

'새로운 대한민국, 새로운 민주공화국, 레알 르네상스'의 「광화문(피렌체) 찬가」.

불멸의 신이시여, 이제부터 제가 이야기하려는 이 도시, 광화문(피렌체)의 영광에 필적할 만한 웅변술을 제게 주소서. 그것이 허락되지 않는다면, 적어도 이 도시를 찬양하는 데 필요한 열정과

---

19 알렉산더 해밀턴, 제임스 메디슨, 존 제이, 『페더랄리스트 페이퍼』, 392쪽.

20 2016년 11월 26일(토) 제5차 시민대집회에 광화문에서 150만 명, 전국적으로 190만 명의 시민들이 참여했다.

희망만이라도 주십시오.…… 어느 누구도 이 도시보다 더 빛나고 영광스러운 곳을, 이 세상 어디에서도 발견할 수 없을 것입니다. 광화문(피렌체)은 이처럼 위대하고 장엄한 도시입니다.[21]

『피렌체 찬가(Laudatio florentinae urbis)』의 첫 부분이다. 오늘 시민대집회를 위해 광화문에 100만 명이 모일 것이다. 이를 600년 전인 1400년 피렌체의 역사학자 레오나르도 브루니가 이미 『피렌체 찬가』에서 장중한 언어로 묘사해두었다. 600년 전 피렌체에서도 광화문광장에서처럼 시민들 스스로의 자각이 일어나고 도시공화정의 자유정신이 만개했다. 이 경험은 어디에 무엇과도 바꿀 수 없는 새로운 창조의 원천이 되었다. 진정한 '창조경제'의 시작이다.

이를 계기로 피렌체는 프란체스코 페트라르카(Francesco Petrarca)의 '역사적 인문주의'를 시민들 스스로의 자각에 따른 '시민적 휴머니즘'으로 한 단계 성숙시켰다. 지금도 세계의 모든 사람들이 부러워하는 이탈리아 르네상스는 15세기(Quattrocento) 초입에 있었던 광화문광장과 같은 시민대집회를 계기로 생겨났다.

지금 광화문광장을 비롯한 전국의 시민대집회는 현대 공화주의 정치사상의 이념적 원류가 되는 새로운 문화운동, 즉 시민적 휴머니즘을 만개시켰다. 개인의 자유, 조국과 대한민국에 대한 애국심의 공화적 에토스에 힘입어 새로운 대한민국, 새로운 민주공화국이 열리고 있다. 오늘 시민대집회의 자양분은 앞으로 100년 이상 세계가

---

21 레오나르도 브루니, 『피렌체 찬가』, 임병철 옮김(서울: 책세상, 2002), 13~14쪽.

부러워할 '대한민국 르네상스' 역사의 원류가 될 것이다.

지금까지 한국에서 숱한 사람들이 르네상스를 언급했지만 그것은 모두 '가짜 르네상스'였다. 시민적 자각에 근거하지 않은 어느 예술가의 추상적 상상이거나, 관제 행정 운동의 필요에 따라 급조된 것에 불과했다. 르네상스는 600년 전 피렌체의 자유시민들이 그랬듯이, 광장의 자유로운 공기 속에서만 탄생하는 신의 오묘한 조화의 영역에 있다. 지금 광화문에서 '진짜 르네상스(Real Renaissance)'가 발화하고 있다. 광화문의 시민대집회를 지켜보는 시민들은 역사의 현장에 서서 장대한 서사를 만끽한다. 이런 자유정신에 의해 비로소 르네상스는 탄생한다. 아버지, 어머니의 손을 잡고 나온 유치원생, 초등학생들이 오늘의 자유정신의 정기를 호흡하고 자라나 대한민국 '레알 르네상스'의 전성기를 만들어낼 것이다. 어린 시절 피렌체의 자유스러운 정신과 영혼을 먹고 자란 다빈치, 미켈란젤로, 라파엘로 등 숱한 르네상스의 영혼들이 그랬듯이 말이다. 오늘은 또 하나의 대한민국 레알 르네상스의 시작이다. 그것은 오늘 참가하는, 손잡고 동참하는 어린 미래 세대의 몫이기도 하다.

600년 전 이탈리아 피렌체의 르네상스보다 더 웅장하고 위대한 역사적 서사가 오늘 대한민국 광화문 집회에서 열린다. 대한민국은 공화주의적 정치가 만개할 뿐만 아니라, 새로운 문화의 진짜 르네상스로 들어서고 있다. 아! 새로운 대한민국! 새로운 민주공화국! 그리고 새로운 시민적 자각과 레알 르네상스! 아! 위대한 시민, 위대한 조국이여!

11월 27일 오전 9시

광화문에서 열린 집회에 150만 명, 전국적으로 190만 명이 시민대집회에 참가했다. 이 세계사적 격변을 뭐라고 불러야 할까? 아마도 15~16세기 르네상스를 꽃피운 피렌체 도시공화정보다 더 거대한 인문주의적인 변화가 앞으로 한 세기 동안 이 나라에서 일어날 것 같다. 한국에서 탄생할 다빈치, 미켈란젤로, 라파엘로는 어떤 새로운 상상력의 창조를 보여줄까? 이탈리아 르네상스 거장들의 정신적 토양과 뿌리가 바로 어제와 같은 시민대집회였다. 이 나라는 정치적 격변뿐만 아니라, 세계사적인 문예 부흥의 길로 진입한 듯하다. 2008년 촛불이 사그라진 뒤, 시민대집회가 반복적이고 주기적으로 나타나지 않을까 하는 상상을 했다. 어제 광화문을 걸으며 남다른 감회가 일었다.

피렌체 도시공화정은 민주화 이후 한국정치를 가장 잘 설명할 수 있는 역사적 전형(prototype)이다. 2008년 촛불집회로 나타난 시민행동과 이러한 정치의 원인이 되는 시민의식을 가장 잘 설명할 수 있는 분석 틀이 피렌체 도시공화정이다.

1399~1402년 동안 피렌체는 전에 겪지 못했던 새로운 시민의식과 시민행동을 경험한다. 15세기 피렌체를 연구한 바론은 수사학과 문예운동으로 시작한 인문주의가 정치 이데올로기로 발전했으며, 그 결과 공화정을 이상으로 하는 새로운 정치적 비전이 탄생했다고 주장한다. 또한 공화주의의 씨앗이 되었넌 피렌체 시민들의 사상은 중세의 것과는 차별화된 근대적인 정치사상의 시작이라 주장하며, 이를 시민적 휴머니즘으로 명명했다. 바론이 주창한 시민적 휴머니

즘은 15세기 피렌체 도시공화정의 역사와 밀접한 관련을 가진다.

1399년 이전 피렌체는 도시공화정으로 자유시민의 공동체를 이루었고 고전적 휴머니즘에 대한 관심이 높았다. 고대 로마의 역사와 문화예술 영역에 대한 탐구가 열정적으로 진행되었고, 자연스레 로마의 고전문화는 피렌체 공화정의 자유시민들 사이에 퍼져갔다. 고전문화에 대한 지속적인 관심으로 휴머니즘이 재생되고, 시민들에게 널리 알려질 무렵 피렌체 공화국은 위기를 맞는데, 북부 이탈리아의 밀라노 공국과 마찰을 빚은 일이었다. 역사학에서 초기 이탈리아의 르네상스를 해석하며 논쟁을 불러온 바론 테제는 이런 맥락에서 등장했다. 바론은 피렌체 공화정에서 14세기(trecento)와 15세기 사이에 '위대한 절연'이 일어났다고 주장했다(Baron, 1966: 6).

바론이 주목한 것은 공화정이 위기를 겪는 과정에서 시민적 자각이 폭발했다는 점이다. 1399년 북부 이탈리아의 강대국이던 밀라노 비스콘티 가문의 군주 잔 갈레아초는 피렌체를 주변국들과 고립시키고 군사적·외교적으로 위협했다. 피렌체 시민들은 비스콘티가의 권력에 의해 고립되면서 자신들이 위협을 받는 하나의 공동체임을 강하고 극적으로 자각하게 되었다. 1인 군주의 강력한 영토 권력에 고립되면서 그들은 피렌체 도시공동체가 공화주의 제도와 가치(republican institutions and values)에 기초한 구조임을 깨달았다. 역사는 공화주의적 계기와 암흑의 막간극으로 양분된다는 것이다(Baron, 1966: 55~56).

바론의 주장에 따르면 이런 위기 속에서 피렌체 시민들은 자신들이 완전히 고립되었다는 극적이고도 충격적인 기분에 휩싸였고, 자신들만이 이탈리아에서 공화주의적 자유의 마지막 승리자(champions of republican liberty)로 우뚝 섰다고 여기게 되었다. 1402년 잔 갈레아초가 갑자기 죽고 그의 권력이 붕괴하기까지 2년간 피렌체 시민들의 사상에서 애국주의, 공화주의적 자각(republican self-awareness)이 격렬하게 발화했다. 그리고 역사 속에서 자기정체성 또는 자기귀속(historical self-affiliation)에 대한 시민의식의 혁명이 일어났다. 이것이 바론 테제다. 바론 테제는 가치의 선호도에 대한 결정적인 변화가 어떤 단일한 한 시기에서 비롯될 수 있고, 그중 하나가 15세기의 이탈리아 피렌체라는 주장이다.

바론은 피렌체 시민들이 위기를 통해 느낀 공동체 또는 공화정에 대한 자각을 이전의 고전적 휴머니즘과 구분해 시민적 휴머니즘이라 명명했다. 고전적 휴머니즘이 개인의 자유와 문학예술에 대한 이해에 머물렀다면, 시민적 휴머니즘은 도시공화정에서 정치적 삶에 대한 재발견이다. 또한 시민적 휴머니즘은 공론장으로서 공화정체에 대한 자각이기도 했다.

11월 28일 오전 7시

지난 토요일 광화문에 150만 명을 비롯해 전국적으로 190만 명이 모였다. '박근혜 퇴진'으로 정치적 요구가 집약되었지만, 그 근원에는 '민주공화국'에 대한 믿음과 소망이 담겨 있다. 2008년에 잠깐 논쟁이 일었다가, 사그라진 '민주공화정에 대한 공화주의 논쟁'이 이제 본격화될 것 같다. 해방 이후 70년 만에, 제헌헌법에 관련 조항이 들어간 뒤 처음으로 비로소 한국에서 공화주의 논쟁이 시작되었다.

길게 보아 1919년 대한민국 임시정부의 '대한민국 임시헌법'에 민주공화정 조항이 들어간 것을 기점으로 하면 2019년은 100주년이 된다. 헌법 전문에 실린 민주공화국의 헌법정신이 무엇인지, 100주년에 되는 해에는 제대로 된 해답을 내놓았으면 좋겠다.

제헌헌법 제정 후 거의 한 세기가 지나서야 한국에서 공화주의 논쟁이 이는 것처럼, 미국도 건국한 지 200여 년이 지난 1960~1970년대에 건국 헌법에 관한 공화주의 논쟁이 재현되었다. 먼저 건국 헌법이 제정되는 1776년에서 40년 전인 1730년대부터 공화주의 논쟁이 불붙어, 미국이 건국할 무렵에는 『페더랄리스트 페이퍼』로 그 논쟁이 공식화되었다. 그러고 나서 200년이 지난 1960~1970년대에 공화주의 논쟁이 일어났다면, 그 논쟁은 누가 촉발한 것일까?

흥미롭게도 논쟁의 촉발자(trigger)들은 앵글로색슨 계열의 영국인 후손들이 아니었다. 영국의 후예들은 존 로크 이후 자유주의 정신이 미국의 건국이념이라고 철석같이 믿고 있는 사람들이었다. 그와 달리 이 논쟁을 이끈 인물들은 1920년대 독일 바이마르 공화국 체제의 공화주의를 경험하고 미국으로 망명을 온 사람들이었다. 독일의 전통적 지주계급인 융커계급의 지배는 제1차 세계대전의 패배와 함께 끝이 났다. 그리고 새로운 정치적 토양에서 독일식 리버럴들이 자라기 시작했다. 봉건질서를 거부하고 자유정신과 공동체를 같이 강조하는 새로운 흐름이 생겨났고, 그런 인물들이 모여 새로운 독일의 미래를 담아 '바이마르 헌법'을 제정했다. 그러나 이들의 꽃은 열매를 맺기도 전에 히틀러에 의해 짓밟혔다. 많은 독일 리버럴들은 생존을 위해 미국행을 택했다. 이들은 미국에 도착한 뒤에, 로크식 자유주의와 섞일 수 없는 또 다른 세계를 품고 있는 자신들을 발견한다. 이들은 인간의 이상적인 정치 형태는 로크식의 자유주의가 아니라 고대 그리스와 로마, 15~16세기의 이탈리아 도시공화정, 미국의 건국 헌법에 깃들어 있는 공화정체라고 생각했다.

이런 흐름의 중심인물이 바론이다. 히틀러만 아니었다면 독일의 대학에서 르네상스 연구로 석학이 되었을 인물이다. 그는 미국에서 바론학파가 생길 만큼 자리를 잡았지만 미국 대학에 정식 교수로 임용되지는 못했다. 그러나 바론의 학문적 업적은 이후 미국 공화주의 논쟁에서 핵심 쟁점들을 제기했다. 19세기 독일에 인문주의적 르네상스를 미학적인 관점에서 완성해낸 인물로 야코프 부르크하르트가 있었다면, 20세기에서는 문예 부흥을 넘어 르네상스를 시민적 휴머니즘으로 고양시킨 바론이 있었다.

바론뿐만 아니라 바이마르 공화국의 세례를 받은 레인은 1000년 공화국 베네치아의 공화정체 연구에서 탁월한 업적을 내놓았다. 레인과 함께 펠릭스 길버트 등 바이마르 정체에 영향을 받은 일군의 독일계 학자들이 공화주의 연구 그룹을 형성했다.

이런 흐름을 이어간 철학계의 거목은 너무나도 잘 알려진 한나 아렌트다. 아렌트에 대해서는 재론이 필요하지 않을 것이다. 그 밖에 영미권의 공화주의자들은 미국보다 유럽적인 배경을 지닌 인물들이 많았다. 퀜틴 스키너는 케임브리지에 자리 잡았고 『마키아벨리언 모멘트』를 쓴 포콕은 뉴질랜드에서 자라 영국에서 공부한 학자다.

버나드 베일린(Bernard Bailyn), 고든 우드(Gordon Wood) 등의 미국 출신 공화주의 연구자들도 많다. 하지만 그에 못지않게 유럽적인 배경을 가진 학자들이 미국의 자유주의와 공화주의 논쟁에서 공화주의적 입장에 서 있었다. 아마도 이들은 로크식 자유주의가 유럽 시민혁명의 영향을 받은 미국 건국을 설명하는 데 한계가 있다고 보았던 것 같다.

매주 100만 명의 시민대집회가 열리는 대한민국에서도 본격적인 공화주의 논쟁이 일어날 듯하다. 미국식 자유주의가 주류 담론을 형성해온 이 나라에서 민주공화정에 대한 우리만의 역사적 맥락과 시민대집회의 공화적 에토스가 제대로 반영될 수 있길 기대해본다.

11월 28일 오후 3시

"역사를 팔아먹었다. 건국정신을 팔아먹었다." 현 정부가 국정교과서에 '1948년 대한민국 수립'이라고 기록한 일은 시민적 공화주의의 관점에서 보면, 조국을 팔아먹은 행위라고 부를 수 있다. 영어의 patriotism(애국주의)이라는 말 자체가 이탈리어 patria(조국)에서 유래하고 있다. 그만큼 근대 공화주의에서 애착을 갖고 강조하는 것이 '애국'이다. 도시공화정의 자유시민과 공동체를 위협하는 것은 크게 두 가지다. 하나는 내부적으로 독재(dictator)의 출현이고, 다른 하나는 외부적으로는 외세의 침입이다.

근대 공화정의 시초라는 1399년~1402년의 피렌체 시민혁명 자체가 피렌체 북쪽의 독재국가인 밀라노 공국의 외침을 공동 대응하고 극복하는 과정에서 생겨났다. 그들은 외세에 저항하면서 공동체가 하나라는 시민의식을 키웠다.

오늘 발표된 국정교과서는 '대한민국의 역사'를 일제에 다시 팔아먹었다는 인식을 확산시킬 것이다. 대한민국의 공화적 애국은 친일 반대, 친미 반대를 통해 공동체 스스로의 자존(self-respect)을 확보하려는 것이다. 국정교과서는 시민적 공화주의의 역린을 건드렸다. 주말마다 200만 명이 찾아오는 시민대집회의 화염에 국정교과서가 기름을 부었다. 박근혜 정권은 자유시민들이 감내할 수 있는 임계점을 넘어섰다.

11월 29일 오후 3시[22]

오후 2시 30분, 박근혜의 사퇴 선언 대국민 간담회가 있었다. 시민대집회의 힘이다. 박근혜가 퇴진한 이후는 어떻게 될까? 5년 단임제 정부의 실패를 반복할 수는 없다. 공화주의적 국정 운영이 제시하는 해답은 혼합정체론이다. 민주화 세력과 산업화 세력의 혼합 정체다. 그 정점에서 새 대통령이 선택될 것이다. 다음은 퇴진 발표가 있기 전에 아침에 실린 시론이다. 이제 새로운 혼합 정체의 공화주의적 국정 운영을 묻고 있다.[23]

대통령의 국정 운영이 마비되었다. 최순실이 전횡을 휘두를 때는 그나마 국정이 작동했다는 것이 서글픈 정도다. 최순실 구속과 측

22 2016년 11월 29일(화) 오후 2시 30분에 박근혜 대통령의 사퇴 선언 대국민 간담회가 있었다.

23 임채원, "박근혜 탄핵의 혼합 정체론", ≪뉴스토마토≫, 2016년 11월 29일 자 칼럼을 수정·발췌했다.

근 3인방의 사임 이후 국정은 멈췄다. 국정 회복을 위해 가장 손쉬운 방법은 오늘이라도 국무위원들이 박근혜 대통령을 찾아 자진 사퇴를 요구하는 것이다. 이것이 국정 농단의 방관자가 된 그들이 직무유기를 만회할 수 있는 최소한의 방법이다. 대통령에 대한 항명파동이 이 나라를 구할 길이다. 그들이 최종적으로 봉사할 대상은 대통령이 아니라 국민 전체라는 의식이 조금이라도 있다면, 이는 그들이 할 수 있는 국민에 대한 마지막 봉사다. 이들이 그럴 수 있을까?

그러나 그럴 낌새는 보이지 않는다. 이승만 대통령이 하야할 당시 허정 전 외무부 장관이 했던 일을 지금의 장관들에게는 기대할 수 없는 것이 또 하나의 불행이다. 박 대통령의 자진 사퇴나 국무위원들의 항명을 기대할 수 없다면, 현실적인 대안은 탄핵뿐이다. 지금 대통령 탄핵에는 여야가 따로 있을 수 없다. 새누리당조차 국정 농단의 실체가 이 정도로 경악스러울 줄은 몰랐을 것이다. 진실이 백일하에 드러난 지금, 여당이 취할 태도는 탄핵소추에 적극적으로 임하는 길이다.……

1494년 피렌체의 국정 운영이나 17~18세기 대서양 양안의 자유주의자, 휘그들이 경이롭게 바라보고 본받으려고 했던 1000년 공화국 베네치아의 국정 운영도 혼합 정체에서 벗어나지 않았다. 베네치아의 대표적인 공화주의 이론가였던 가스파로 콘타리니는 이 도시공화정을 두고 "다수는 다수의 횡포로 흐르지 않고, 소수는 소수대로 권력을 남용하지 않으며, 국가원수도 지위와 명성을 이용해 군주제로 몰아가려는 움직임을 보이지 않았다"라고 평가했다.……

박근혜 정부는 정권 막바지의 지지율 하락 정도가 아니라 상상할 수 없는 부패 스캔들로 침몰하고 있다. 박 대통령은 혼합 정체의 가장 핵심적인 축을 담당하고 있음에도, 스스로 썩은 사과임을 만천하에 드러내고 말았다. 국민적인 신뢰는 무너지고 대통령의 지지율은 5퍼센트도 되지 않는 최악의 상황에서 광화문 등 전국의 시민대집회에는 190만 명의 국민이 모여 '박근혜 퇴진'을 요구하고 있다. 이제 제도 정치권에게 남은 정치적 수단은 탄핵밖에 없다. 권력의 시녀라는 비판을 듣는 검찰조차 박 대통령을 각종 부패 스캔들의 공범으로 명시했다.

그런데 이런 와중에 엉뚱하게도 '제3지대론'을 통한 정계 개편 시나리오가 등장했다. 친박(親朴)과 친문(親文)을 기득권 집단으로 규정하고, 나머지 여야 세력이 제3지대에 집결해 새로운 권력을 만들자는 인위적인 정계 개편 시나리오다. 본말이 한참 전도되었다. 대규모 시민대집회와 국회의 이중 권력이 형성한 공화주의적 계기에서 정치적 균열 구조를 인위적으로 개편하는 기획은 역사에서 성공한 전례가 없다. 지금 탄핵 정국의 본질은 산업화 세력 안에 곪은 박근혜라는 썩은 사과를 스스로 도려내는 자기 혁신의 과정이다. 그 때문에 탄핵은 민주화 세력보다 산업화 세력이 먼저 제기해 생존을 위한 변화의 몸부림으로 전개되어야 한다. 그렇지 않으면 시민대집회의 공화적 열기는 산업화 세력 전체를 다음 선거에서 불태워버릴 것이다.……

11월 30일 오전 8시

제3지대론은 공화주의적 혼합 정체가 아니다. 박근혜가 국회에서 제시하는 방법과 일정으로 퇴진하겠다는 대국민담화를 내놓았다. 시민대집회의 힘이다. 이 공화적 에토스를 제도권 정치에서 그대로 담아 안을 차례다. 시민적 요구와 기대는 하루빨리 박근혜의 퇴진을 국회가 결정해달라는 것이다. 탄핵밖에 방법이 없다. 이 와중에 개헌을 빌미로 제3지대를 주장하는 사람들이 있다. 시민대집회의 공화적 열기는 이런 인위적인 정치 기획을 태워버릴 것이다. 제3지대론은 공화주의적 혼합 정체와는 전혀 반대의 정치적 움직임이다.

민주화 이후 한국적 혼합 정체는 민주화 세력과 산업화 세력이 각각 자신들의 정치적 근거를 기반으로 대통령 선거를 통해 그 정점에 대통령을 선출하는 제도다. 1987년 이후 10년간 보수 정부, IMF 외환위기 이후 10년간 민주 정부, 그리고 다시 10년의 보수 정부가 번갈아 집권하는 역사적 경로를 쌓고 있다. 눈여겨볼 것은 두 세력이 나름대로 책임정치를 추구해왔다는 점이다. 자기 세력으로 정치를 주도하고, 그 정치가 민심을 잃으면 정권교체가 일어났다.

지금 대통령은 임기조차 채우지 못하고 탄핵당할 운명이다. 다수인 민주화 세력, 소수인 산업화 세력, 그리고 국민이 직접 선출한 대통령 중에서 대통령이 썩은 사과임이 드러났다. 탄핵은 그 썩은 사과를 들어내는 일이다. 그냥 두면 옆에 있는 사과마저 부패할 것이기 때문이다. 실제로 친박 중에 많이 있는 썩은 사과들을 같이 들어내는 일이 제도 정치권의 과제다.

본질적으로 이번 탄핵은 산업화 세력에 대한 심판이다. 광화문에 모인 시민들은 박근혜 퇴진과 함께 그를 낳은 정치 집단을 함께 퇴출시켜야 한다고 요구하고 있다. 그래서 눈치 빠른 일부 비박(非朴)

세력은 박근혜와 선을 긋고 정치적 활로를 모색하고 있다. 그 와중에 자기 변신의 틀로 제3지대론을 들고 나왔다. 그냥 새누리당으로 남아 있으면 다음 선거에서 모두 시민의 응징을 받을 것 같아서다. 그렇다고 비박 세력만 따로 모여 하나의 정치 집단을 형성하면 친박과 똑같은 비판받을 것이다.

그래서 약삭빠른 비박 그룹은 어떻게든지 민주화 세력의 일부와 합해 그들의 정체성에 물 타기를 해야 할 절박한 자기 생존의 처지에 놓여 있다. 이에 편승해 야당에서 제3지대론을 주장하는 사람들의 이해관계는 무엇인지 분명하지 않다. 이러한 제3지대론이 시민대집회의 열기가 가득한 공화주의적 계기에서 생존 가능할까?

역사를 봐도 제3지대 같은 것은 없었다. 이탈리아 도시공화정의 평민과 귀족, 영국의 궁정파와 지방파, 휘그와 토리 등 정치의식이 고양된 시기에는 정치적 균열 구조가 이원화되었다. 두 개의 정치 세력이 자기 입지를 분명히 하면서 혼합 정체를 가능하게 하는 통합 방법을 모색했다. 시민들은 이런 시기에 모호한 중간 지대를 인정하지 않았다. 공화적 에토스가 정치 지형을 이분법적으로 극화(極化)하고 연대나 통합은 그 구조물 위에서 새로운 상층구조를 만들었다. 그래서 혼합 정체가 가능해졌다. 한국의 혼합 정체의 정점에는 대통령이 서 있다. 여야를 뛰어넘는 제3지대가 인위적으로 기획되고 있지만, 시민대집회가 주말마다 열리는 이런 시기에 그 가능성은 거의 없다.

12월 1일 오전 9시

박근혜가 제3차 대국민담화에서 누누이 강조한 말은 "사심이 없다", "사익을 챙기지 않았다"라는 것이다. 그가 '박근혜 게이트'의 공범이 아니라 주범이라는 것을 모든 국민이 알고 있고, 심지어 검찰의 공소장에도 게이트의 공범으로 나오고 있다. 그런데도 박근혜가 극구 "사심과 사익이 없다"라고 주장하는 이유는 뭘까?

역설적으로 지금 광화문의 시민대집회를 박근혜보다 더 잘 이해하는 사람은 없는 것 같다. 시민대집회가 가장 싫어하는 것이 '사심과 사익'이다. 그 동전의 다른 면에는 '공익과 공공성'이 자리 잡고 있다. 시민들이 대통령에게 원하는 것은 "사심 없이 사익을 추구하지 말고 공공성과 공익으로 국정을 운영해달라"라는 것이다.

더는 시민들은 박정희 시대의 '국익을 가장한 특수집단, 재벌과 대기업의 사익 추구 체계'를 허용하지 않겠다는 시민적 덕성을 공개적으로 제기하고 있다. 국익의 이름으로 시민들은 그동안 너무나 많은 것들을 희생해왔다. 국익을 위해 개인의 자유와 공동체의 공공선이 희생해야 한다는 중상주의자들의 시대에 뒤떨어진 주장을 박근혜 정부의 관료들에게서 확인한다. 박정희 시대의 정신적 유산을 청산할 것을 시민대집회는 요구하고 있다.

전 세계에서는 미국의 도널드 트럼프 당선처럼 변방 세력이 기존의 주류 정치를 밀어내는 시대적인 전환이 일어나고 있다. 스페인의 포데모스(Podemos), 그리스의 시리자(SYRIZA), 이탈리아의 오성운동(五星運動), 2015년 캐나다 자유주의자 저스틴 트뤼도(Justin Trudeau)의 선거혁명까지 모두 새로운 21세기 정치에 몰입하고 있다. 그런데 한국 정치에서는 훨씬 원론적이고 근본적인 변화가 일어나고 있다. 지금 시민대집회는 15~16세기 피렌체 도시공화정에서 있었던 시민의식의 자각과 같은 일들이 일어나고 있다.

한국의 시민대집회는 세계의 21세기적인 정치 변화와는 달리 근대 시민혁명이 발화하던 15세기 피렌체 도시공화정에서 일어났던 시민적 자각들과 비슷한 양상을 띠고 있다. 시민의식은 100만 명이 모인 집회가 아무런 폭력 사태 없이 축제로 승화하는 성숙한 시위 모습으로 드러났다. 시민대집회에서 대학생들이 자발적으로 쓰레기를 수거한 것은 누가 시킨 일이 아니다. 전 세계가 깜짝 놀란 위대하고도 성숙한 시민의식이다.

1399~1402년 피렌체의 시민들도 지금 광화문 시민대집회와 같은 모습을 보여주었다. 이 위대한 시민적 자각과 덕성을 레오나르도 브루니는 『피렌체 찬가』를 지어 역사에 기록했다. 그 전에 피렌체에서는 자유시민들이 경제적 부를 축적하면서 골동품을 모으듯이 그리스의 책자와 예술품을 사들이는 것이 유행했다. 그리고 식자층은 그리스어를 라틴어나 이탈리아어로 번역하기 시작했다. 문예 부흥으로서 르네상스의 시작이었다. 대표적인 예술가가 프란체스코 페트라르카였다. 그는 개인적 자유에 대한 자각을 일깨웠다. 중세적이고 교회 중심의 집단문화가 아닌 '개인의 발견'이었다. 좋은 의미에서의 개인주의가 발양했고 자유시민들이 성장했다.

그런데 북쪽 밀라노 공국의 비스콘티 독재가 피렌체를 위협하자, 개인주의적인 자각을 넘어서 거리와 광장으로 나온 시민들은 그들이 하나의 공동체임을 느끼게 되었다. 새롭고 위대한 시민의식과 시민적 덕성을 공유하게 되었다. 지금 광화문의 시민대집회에서 일어나는 일이 15세기 시작점의 피렌체 도시공화정에서도 일어났다. 15세기 이탈리아 피렌체의 시민적 덕성과 21세기 광화문 시민대집회의 시민의식은 싱크로율 99퍼센트의 똑같은 세계사적 사건이다.

세계 정치는 광기의 시대로 접어든 것 같다. 그런데 광화문 시민대집회는 세기말적인 광기의 정치가 아니라, 근대 초입에 있었던 새로운 문명을 만든 시민적 덕성이 현재화되는 시대사적 사건이다.

12월 2일 오전 9시

탄핵을 둘러싸고 벌어지는 여야 정치권은 은나라와 주나라의 권력 교체 정국과 같다. 이미 민심과 천명은 새누리당을 떠났다. 하늘의 명은 일정하지 않아 옛 성인들도 은나라 몰락의 사례를 거울로 삼았다. 한때 은나라의 자손들이 숱하게 번창했지만 민심을 잃게 되자, 주나라에 복종해 은나라 관복을 입은 채로 주나라의 서울에 가서 제사를 지냈다. 은나라의 군주가 정치를 엉망으로 해서 민심을 잃었기 때문이다.

토요일마다 열리는 광화문의 시민대집회는 이미 민심과 천심이 대통령과 여당을 떠났음을 파노라마로 보여주고 있다. 친박과 비박으로, 탄핵 찬성과 반대로 드잡이하지만, 이미 민심은 떠났고 천심도 떠났다. 천명은 이어받기가 쉽지 않다. 비박이 탄핵 문제로 왔다 갔다 하고, 친박이 권력을 놓지 않으려고 발버둥을 치지만 이미 민심은 떠났다. 국회에서 민심을 거슬러 저항해봐야 누추한 권력의 몰락만 보여줄 뿐이다.

다음은 『시경』의 백미라고 하는 「대아」, 「문왕」이다. 공화주의적 혼합정체론으로 보면 지금 정세에서 민주화 세력은 주나라와 같고, 산업화 세력은 은나라(상나라)와 같다. 『시경』의 가르침은 천명은 일정하지 않고 민심도 움직이니, 성의정심으로 국정을 운영하라는 것이다. 지금은 천심과 민심이 모두 대통령과 여당을 떠났다. 탄핵을 반대해봐야 소용없는 일이다. 시민대집회의 민심이 결국은 천심을 이룰 것이기 때문이다.

假哉天命(가재천명)	위대한 하늘의 명
有商孫子(유상손자)	상나라(은나라)의 자손들에게도 있었고
商之孫子(상지손자)	상나라의 자손들
其麗不億(기려부억)	그 수가 수없이 많도다
上帝旣命(상제기명)	상제 이미 명하시어
侯于周服(후우주복)	주나라에 복종시키시었다
侯服于周(후복우주)	주나라에 복종하게 했음은
天命靡常(천명미상)	천명은 정해진 바가 없어라
殷士膚敏(은사부민)	상나라 관원은 아름답고 민첩해
祼將于京(관장우경)	주나라 서울에 와서 제사를 돕고
厥作祼將(궐작관장)	제사를 드릴 때
常服黼冔(상복보후)	상나라 관복을 그대로 입었도다
王之藎臣(왕지신신)	임금님의 충성스러운 신하
無念爾祖(무념이조)	그대들 조상 일을 개념치 말라
無念爾祖(무념이조)	그대들 조상 생각하지 말고

聿修厥德(율수궐덕) 스스로의 덕을 닦아라
永言配命(영언배명) 언제까지나 하늘의 명을 따라
自求多福(자구다복) 스스로 많은 복을 구해라
殷之未喪師(은지미상사) 상나라가 백성을 아직 잃지 않았을 땐
克配上帝(극배상제) 상제의 뜻에 어울릴 수 있었다
宜鑑于殷(의감우은) 마땅히 상나라를 본받아라
駿命不易(준명부역) 천명을 이어받기 쉽지 않도다[24]

12월 2일 오후 5시[25]

야당이 제기한 탄핵소추안은 많은 아쉬움을 남기고 있다. 탄핵이 '정치적 사법'이라는 취지에 맞게 탄핵소추의 사유가 법률가의 법적 시각을 넘어, 민주공화국이 대통령의 위법 때문에 어떤 위기에 있는지 좀 더 정치적 해석을 해주면 좋겠다. 이를 통해 국민적 공감을 얻을 수 있었으면 하는 바람이다. 더구나 지난 11월 29일에 있었던 박근혜 대통령의 대국민담화를 논박하는 정치적 의미가 들어갔으면 좋겠다. 탄핵소추의 이유는 직접적으로는 대국민담화에 대한 시민과 국회의 재반박이라는 정치적 성격을 갖기 때문이다. 박근혜의 담화 내용은 "사익을 추구하지 않았다. 사심이 없다"로 요약할 수 있다. 박근혜가 사심과 사익을 추구하느라고 어떻게 공익과 공공선

---

24 『시경집전』, 성백효 옮김(전통문화연구회, 2016).

25 2016년 12월 2일(금) 오후 2시 야당 3당이 공동으로 대통령 탄핵소추안을 발의했다.

을 침탈했는지, 국민의 공분을 불러일으키는 정치적 해석이 들어갔으면 좋겠다. 반박문 성격의 '탄핵소추의 이유'는 개인의 자유와 공동체의 공공선이 어떤 침해를 받고 있는지 명시했으면 좋겠다. 그리고 새로운 대한민국, 새로운 민주공화국의 방향도 탐색하는 대국민 호소문이 된다면, 내일 광장으로 나올 시민들이 보다 결연하게 '박근혜 즉각 퇴진'에 공감하지 않을까?

12월 3일 오전 6시[26]

오늘 제6차 시민대집회가 광화문을 비롯한 전국의 광장에서 열린다. 오늘 시민대집회는 또 다른 민주공화정의 새로운 이정표가 될 것이다. 정치권력이 국회에서 시민대집회로 옮겨오고 있다. 어제 야권 3당이 제출한 탄핵소추안에 171명의 국회의원이 발의에 참여했다. 지금 상태에서 탄핵소추안이 투표에 부쳐지면 150명이 넘어 의사정족수는 채우겠지만, 의결정족수 200명에는 아직 30여 명이 부족하다. 시민대집회가 우왕좌왕하는 의원들에게 참여를 강제하고 있다.

이런 장대한 역사의 물줄기 속에서 호흡하고 유영하는 것만으로도 큰 행운이다. 이렇게 위대한 시대를 경험한 사람들은 세계사적으로도 많지 않다. 한 시민으로서 역사를 기록하는 것이 후세의 사가들에게 많은 영감을 주리라고 믿는다. 그리고 공화적 에토스가

26 2016년 12월 3일(토) 제6차 시민대집회에 광화문에서 150만 명, 전국적으로 232만 명의 시민들이 참여했다.

분출하는 시민공화정의 역사적 인물들이 2016년 광화문 시민대집회에서 다시 살아나고 있다. 르네상스라는 말 자체가 다시 살아난다는 재생(再生)의 의미다. 시민대집회는 짧게는 몇 개월, 길게는 한 해 이상 갈 것 같다. 5년이나 10년을 주기로 반복적이고 지속적으로 한국 정치의 중요한 지점에서 물꼬를 틔울 것 같다.

지난주까지 시민대집회에 참여하면 흥분했고 격정에 휩싸였다. 누군가 한 사람쯤은 이 장대한 파노라마를 역사의 사초로 남겨야 할 것이다. 이들 시민의 작은 기록이 모여 미래에 한국의 민주공화정을 연구하고 세계사적 사건으로 재생하는 재료가 될 것이기 때문이다. 근대 공화정으로 1399년~1402년의 피렌체와 1494~1512년의 피렌체, 1000년 공화국 베네치아를 찬미할 수 있는 것은 숱한 시민들이 작은 기록을 남겨두었기 때문이다. 그리고 브루니와 마키아벨리, 귀치아르디니, 콘타리니와 같은 시대의 걸출한 기록자들이 있었기 때문에 가능했다.

그리고 14세기에서 15세기를 지나 16세기(Cinquecento)에 걸친 찬란한 근대 초입의 이탈리아 도시공화정과 문예 부흥의 르네상스를 소개하는 것이 한국의 시민대집회에 참여하는 시민의 한 사람으로서 해야 할 역할인 것 같다. 500년 전에 위대한 시민들이 일으켰던 변화가 지금 한국에서 싱크로율 90퍼센트 이상으로 재생하고 있기 때문이다. 한국 사람들이 정치에서 얼마만큼의 재능이 있는지는 아직 모르겠다. 피렌체 시민들은 예술과 문학 분야에는 뛰어났지만 정치에는 무능했고, 반대로 베네치아 시민들은 두드러진 예술가나 정치사상가를 배출하지는 못했지만 국정 운영에서는 세계사에서도 유례없을 정도로 탁월했다. 피렌체처럼 정치적 격변에 있어야 걸출한 예술가와 문학자가 나오는 것일까? 시련과 고민의 깊이 속에서 위대한 인물이 탄생하는지 모르겠다. 피렌체 출신으로 르네상스의 선구자라고 할 수 있는 단테 알리기에리는 자신의 도시를 '신음하는 환자'에 비유했다.

한 가지 분명한 것은 지금 겪고 있는 시민대집회의 열기와 새로운 시민의식 속에서 16세기 이탈리아의 르네상스를 능가하는 문예 부흥이 한 세대를 지나지 않은 30년 안에 한국 사회 곳곳의 영역에서 분출하리라는 점이다. 인류사에서 이런 에너지를 경험하는 경우는 거의 예외적이기 때문이다. 시민대집회의 열정이 새로운 창조의 원천이 될 것이다.

10년 안에 한국에서 르네상스를 주름잡았던 다빈치, 미켈란젤로, 라파엘로를 넘어서는 위대한 문화와 예술가들을 여러 방면에서 목격하는 행운을 누릴 것 같다.

혹시나 시민대집회에 작은 영감이라도 줄 수 있다면 14~16세기 이탈리아 도시공화정을 짧은 사례와 인물로 소개하는 것도 의미 있는 작업일 것이다. 무정형의 공화적 에토스에 역사의 선례를 비추어볼 수 있는 것도 이 시대를 살아가는 행운이다. 브루니는 1403년에서 1404년 사이에 『피렌체 찬가』, 1428년에 『난니 스트로치에 대한 추도사(Oratio Funebris ad Nanni Strozzi)』, 1438년에 『피렌체 정체론(Peri tes ton Florentinon Politeias)』을 섞어 후세에 이 위대한 시대를 남겼다.

이렇게 15세기 초입을 소개하며 광화문 시민대집회에 참가한다.

장대한 역사의 드라마 속에서 인류사의 또 다른 위대했던 15세기 도시공화정을 소개했다. 브루니에 이어 마키아벨리와 귀치아르디니를 소개할 쯤에는 박근혜 퇴진의 환호가 들리기를 고대한다.

12월 4일 오전 9시

제6차 시민대집회에 광화문 150만 명, 전국 232만 명의 시민들이 모였다. 지난주보다 40만 명이 더 광장으로 나왔다. 거대한 공화적 에토스의 화염 속에서 오히려 얼음으로 뒤집어쓴 듯 차가운 이성의 세례를 맞고 있다. 이 거대한 변화 앞에서 흥분할 수가 없다. 이 인류사적 변화를 냉정하게 기록으로 남겨야 한다.

위대한 시민대집회에 참가하고 기록을 남길 수 있는 것만으로 큰 행운이다. 인류사에서 밀레니엄을 겪어본 세대는 단지 두 세대에 불과하다. 999년의 1000년 전 밀레니엄 세대와 1999년의 우리 세대뿐이다. 그러나 이 경험은 그냥 숫자의 변화에 불과하다. 그런데 지금 한국의 시민대집회는 세계 역사에서 숫자가 아닌 거대한 변화로서 몇 번의 섬광 같은 역사에서만 존재했다. 몇 번을 반복해서 말하지만 그리스 아테네 민주주의, 포에니 전쟁 전후에서 삼두정치까지 로마공화정, 15~16세기 이탈리아 도시공화정, 17~18세기 미국의 건국 아버지들을 포함한 대서양 양안의 공화정이 세계 공화주의 역사를 빛내고 있다. 지금 한국의 광화문을 비롯한 전국의 광장에서 일어나고 있는 공화정의 불꽃은 인류 공화주의의 역사에서 가장 값진 성과를 내고 있다. 그 어느 역사보다 찬연한 불빛이다. 이 이스크라(iskra)는 광화문에서 들고 있는 촛불이라는 눈에 보이는 불꽃을 넘어 인류의 찬란한 새로운 문명의 화려한 불꽃이다.

이미 광화문의 불꽃은 피렌체와 미국의 건국 시기 13개 주에서 피어났던 공화주의의 성과보다 더 눈부시게 빛나고 있다. 그 어떤 공화주의의 역사에서도 200만 명이 넘는 자유시민이 민주공화정의 위기를 맞아 하나의 염원을 담아 밤하늘을 불태운 전례가 없다. 인류 역사에서 유일하게, 독보적으로 대한민국의 공화정에서만 시민적 삶이 새로운 문명사적 사건으로 빛나고 있다.

유례를 찾을 수 없는 공화적 에토스의 화염 앞에서 오히려 얼음처럼 이성이 차가워진다. 누군가는 이 역사적 격변을 차분한 눈으로 기록해야 한다는 역사의식을 느낀다. 15세기 이탈리아 도시공화정이 근대 시민혁명뿐만 아니라 근대 문명의 시작으로 인정받을 수 있었던 것은 이 시대를 기록한 숱한 이름 없는 자유시민들 덕분이다. 브루니나 마키아벨리와 같은 걸출한 기록자도 있었지만, 그보다 더 많은 사람들이 스스로 경험한 도시공화정을 다양한 형태의 소품들로 남겨놓았다. 이 작은 기록들은 아직도 이탈리아 곳곳에 남아 지금도 도시공화정 연구에 귀중한 자산이 되고 있다.

근대 철학을 완성한 게오르크 헤겔(Georg Hegel)은 이탈리아 도시공화정의 역사를 애써 외면하려 했다. 그는 근대가 독일의 종교개혁에서 시작한 것으로 서술한다. 헤겔은 알프스 이북에서 근대 시민의식이 발화했다고 보았고, 특히 자신의 나라인 독일의 개신교의 직업의식이 근대를 불러왔다고 기술하고 있다. 그는 알프스 이남에서 일어났던 근대의 시민적 자각을 무시하려고 했다. 이런 견해를 뒤집은 것이 부르크하르트의 르네상스 연구였다. 그는 독일의 종교

개혁보다 훨씬 전인 15세기 피렌체에서 근대 르네상스가 시작했다는 점을 확인시켰다. 그리고 바론은 브루니를 비롯한 인문주의자들에 의해 근대가 시민적 휴머니즘으로 시작되었음을 다시 증언했다.

이들이 헤겔의 역사 오류를 바로잡고 근대의 지평을 넓힐 수 있었던 것은 이탈리아 도시공화정의 자유로운 시민들이 남긴 다양한 소품으로 존재하는 역사 기록물 덕분이었다. 지금 광화문과 전국의 광장에서 일어나고 있는 세계사적 사건들을 얼음처럼 차가운 이성으로 차분히 기록하는 일은 훗날 이 시대를 해석하려는 사가들을 위해 소중한 자료를 남기는 일이다. 광화문은 감동과 열정으로 환호하고 있지만, 누군가는 냉정한 시각으로 기록을 남겨야 한다는 소명의식이 일어난다. 인류사의 이 위대한 사건은 여기에 참가한 숱한 사람들의 기록을 필요로 한다.

12월 5일 9시

232만 명이 운집한 시민대집회에 놀란 새누리당 비박 세력이 대통령의 4월 자진 퇴진 여부에 상관없이 이번 주 탄핵에 찬성하기로 했다고 오늘 오후에 알려졌다. 앞으로 일주일 사이에 비박의 입장이 어떻게 또 변화할지는 예측할 수 없다. 그렇지만 시민대집회의 열기에 압박을 느낀 국회가 대통령 탄핵소추 결정을 거부하기는 어려울 것 같다.

박근혜가 퇴진하고 나면 87년 헌정 체제가 공식적으로 역사 속으로 퇴장한다. 이제 남은 과제는 새로운 대한민국을 다시 세우는 일이다. 다음 대통령이 해야 할 일은 새로운 대한민국의 2017년 헌정

체제를 개헌을 통해서라도 만들어야 하는 것이다. 2017년 헌정 체제는 어떤 새로운 대한민국을 그려야 하는가?

이제 우리 헌정 체제는 서구 헌법을 답습하는 수준을 넘어 동아시아적 헌정을 고민할 때다. 동아시아의 헌정은 이미 제헌헌법에서부터 우리 헌법에 녹아들어 있다. 단지 그간 이승만과 박정희 독재정권이 가져온 제왕적 국정 운영으로 사문화되었을 뿐이다. 1919년 대한민국 임시정부의 임시헌정에 이미 국무원과 국무총리가 제도화되어 있다. 1919년 헌법을 기초한 조소앙과 1948년 제헌헌법을 기초한 유진오의 헌법정신에도 동아시아적 헌정은 그대로 녹아 있다.

고래의 헌정인 동아시아 헌정은 주나라의 주공이 『주례』에서 이미 제왕과 총재제라는 동아시아적 혼합 정체로 권력 분점을 제도화하고 있다. 이 유구한 헌정 체제는 명나라의 구준이 저술한 『대학연의보』에까지 면면히 이어지고 있다.

우리나라에서도 조선 건국 이후 정도전이 『조선경국전』에서 3정승 체제로 내각제 형태의 권력 분점을 시도했다. 세종은 집현전을 세워 고제(古制) 연구를 시작했고, 성종 때 완성된 『경국대전』에서도 이 헌정 체제가 조선의 기본 제도로 자리를 잡았다. 조선 후기에 정약용의 『경세유표(經世遺表)』, 유형원의 『반계수록(磻溪隨錄)』에도 국왕과 제상의 군신공치(君臣共治)는 동아시아적 혼합 정체를 개혁의 대안으로 제시하고 있다.

지금까지의 헌법 개정안은 미국의 4년 중임제, 영국의 의원내각제, 프랑스의 분권형 대통령제 등 비교헌법적인 대안을 모색해왔다. 그러나 외래 제도를 도입하면 우리는 숱한 시행착오를 겪을 것이다.

완벽한 제도는 없다. 다만 우리의 역사 속에서 면면히 이어져 온 제도가 우리 몸에 가장 잘 맞는 옷이다. 우리 스스로가 학습되어 있을 뿐만 아니라, 역사 속에서 시행착오를 겪으며 우리의 정서와 정치 환경에 가장 적합한 형태로 진화되어왔기 때문이다.

대통령과 의회가 선출하는 국무총리라는 분권형 권력구조는 대통령과 총리의 극단적인 갈등을 낳을 우려가 내재되어 있다. 협상과 타협보다는 명분과 선명성을 선호하는 한국의 정치문화에서 둘 간의 갈등을 중재할 수 있는 제도적 장치를 찾기 어렵다. 그래서 동아시아적 헌정은 대통령 한 명과 국무총리 한 명, 부총리 두 명으로 혼합 정체에 견제와 균형 장치를 만들어두었다. 국민의 직선제로 뽑히는 대통령과 의회에서 구성되는 총리 한 명, 경제부총리 한 명, 사회부총리 한 명의 혼합 정체가 가장 동아시아적인 헌정 양식이라 할 수 있다. 국무총리는 행정자치부, 검찰과 경찰 등 권력기관을 관리한다. 경제부총리는 경제정책을 총괄하며, 사회부총리는 교육을 비롯한 사회정책을 총괄하는 것으로 역할을 배분할 수 있다.

서구식의 공화주의적 혼합 정체는 평민과 귀족의 계급 간 혼합 정체를 구상했다. 반면 관료제의 전통이 강한 동아시아에서는 관료기구 간의 혼합 정체가 고래의 헌정이다. 이제 새로운 대한민국의 헌정 체제로서 '동아시아적 혼합 정체'를 대안 모델로 고민할 때다. 이제 동아시아도 서구를 답습하는 수준을 넘어 우리 스스로의 제도로 다음 세대를 준비할 때다.

12월 6일 오전 10시

대기업 총수들 아홉 명이 국회 국정조사 청문회에 출석하고 있다. 1988년 5공 청문회 이후 28년 만의 일이다. 5공 청문회를 통해 '국회의원 노무현'이라는 대중적 정치 스타가 등장했다. 국회의원 노무현은 정경 유착의 한 고리인 재벌의 행태를 온 천하에 밝히고 드러냈다. 민주공화정체에서 대기업의 유형에는 어떤 것이 있을까? 피렌체의 메디치(Medici) 유형과 베네치아의 지아니(Ziani) 유형이 있다.

15~16세기 피렌체 도시공화정은 메디치가의 과두정치와 대결하며 영고성쇠를 같이했다. 메디치 가문은 조반니, 코시모, 로렌초, 피에로로 이어지며 4대에 걸쳐 르네상스를 주도했다. 메디치 가문은 1434년을 기점으로 피렌체 도시공화정에서 역할이 달라졌다. 근대적 금융을 처음 개발했다고 평가받는 메디치 가문은 유럽 금융의 중심이 되었다. 이 가문의 주요한 고객은 교황이나 프랑스 왕가 등 유럽 정치를 좌지우지하는 정치권력들이었다. 조반니는 독실한 천주교도였고 하루에 한 시간을 자신의 성당에서 피정과 기도를 하는 인물이었다. 그는 당시 유럽인들에게 독실하고 정직한 경제인의 상징이었다. 조반니는 유럽의 예술가와 문인을 보호해 문예 부흥의 초석을 다졌다.

유럽의 금융을 장악한 메디치 가문은 경제권력에 만족하지 않았고, 조반니의 아들 코시모는 1434년 피렌체의 참주로 등극했다. 이 때부터가 피렌체 공화정의 위기였다. 정경 유착도 아닌 정경 일체의 사회가 되었다. 코시모는 비록 르네상스의 후견인이었지만 피렌체의 정치는 망쳐놓았다. 코시모의 뒤를 이어 로렌초가 피렌체의 융성기를 열었지만, 그의 아들 피에로에 와서 피렌체는 프랑스 국왕의 간섭을 감내해야 했고, 무능한 참주정치에 반대해 1494년 시민혁명이 일어나게 된다.

반면 이탈리아반도 건너편에서 697년에 공화정으로 출발해 안정적이고 지속적인 국정 운영을 해왔던 베네치아는 정치적 평화와 경제적 번영을 구가했다. 1000년의 무게를 견디며 나폴레옹 군대에 의해 공국으로 전환될 때까지, 697년부터 1797년까지 꼭 1100년 동안 공화정체를 유지했다. 이 헌정 체제를 경이롭게 바라본 유럽인들은 베네치아에게 'La Serenissima(세상에서 가장 고요한 공화국, 고요하다는 의미의 serenity 형용사형의 최상급)'이라는 존칭을 선사했다. 베네치아 시민들은 동지중해(Levante) 무역으로 살아가는 뱃사람들이었고, 그들은 무엇보다 바다를 두려워했으며 바다가 폭풍 없이 고요하길 바랐다. 그래서 베네치아 사람들의 염원은 바다의 고요(serenity)였다. 그 바람이 정치 체제에도 투영되어 정치가 바다처럼 격랑 없이 고요해 그들이 경제적 번영에 집중할 수 있기를 바랐다. 1000년 이상 공화정체를 유지하는 동안 격랑의 유럽 역사 속에서도 초기 두 번의 반란 외에 다른 정치적 풍파가 없는 안정적이고 지속적인 체제가 유지되었다.

세상에서 가장 고요한 1000년 공화국이 될 수 있었던 큰 원천은 대상인과 귀족에게 있었다. 이들은 공동체 의식이 있었고 중소 상인을 포함한 시민들에게 배려와 온정을 베풀었다. 대표적인 인물이 국가원수 세바스티노 지아니다. 1171~1172년에 베네치아와 비잔틴 간의 분쟁으로 수많은 베네치아 상인들이 콘스탄티노플에서 상품이 불타거나 몰수당해 투자금을 날리고 빚더미에 앉았다. 당시 기준으로 미국의 록펠러만큼 부자였던 지아니는 자신이 직접 원수의 임무를 수행하면서 대리인인 아들을 통해 피해자들을 구제했다. 투자금을 잃은 중소 상인들에게 지원금을 주고 이들이 이익을 얻었을 때 대부금을 회수했다. 대상인들의 온정주의가 중소 상인에게 패자 부활의 기회를 마련해주었다. 이러한 일은 예외적인 것이 아니라 베네치아의 전통이었다. 위기 때마다 대상인들과 정부는 자국민 보호와 기회 부여에 각별히 신경을 썼다.[27]

오늘 청문회를 보면서 우리나라의 재벌들은 어떤 유형에 가까운지 묻게 된다. 시민대집회를 통해 새로운 민주공화국으로 가는 길목에서 재벌도 기로에 서 있다. 메디치의 형태로 갈 것인가, 아니면 지아니의 형태로 갈 것인가?

12월 7일 오전 9시

내일모레 탄핵 과정에서 시민들이 국회와 제도권 정치를 끌어가는 새로운 시민행동의 전기를 맞게 될 것 같다. 내일 12월 8일부터 11일까지 우리는 모세가 홍해를 건너는 용기가 필요하다. 이 과정을 뚫고 나가야 새 세상이 열린다.

이번 주말에 있을 탄핵소추 결정을 향해 가는 시민대집회는 거대한 역사적 전환을 맞고 있다. 마키아벨리는 『군주론』에서 이러한 거대한 전환의 기회를 포착해 새로운 시대를 연 인물로 이스라엘을

---

27 임채원, 『공화주의적 국정운영』, 155쪽.

건국한 모세, 페르시아를 건국한 키루스, 로마를 건국한 로물루스, 아테네를 건국한 테세우스를 들고 있다. 그는 국가를 창건한 인물들을 다른 역사적 위인과 구별했고, 16세기 당시 분열된 이탈리아를 통일할 인물을 『군주론』에서 갈망했다. 1494~1512년까지 피렌체의 격변 속에서 그가 목격한 시민대집회의 힘(Virtus, 비르투스)도 지금 광화문과 여의도의 시민행동에서 우리가 목격하는 것과 같은 에너지가 아닐까?

지금 시민대집회의 시민들은 이스라엘 백성들이 모세와 함께 홍해를 지나는 것과 같은 경험을 하고 있다. 홍해를 지나기 전의 이스라엘 민족과 후의 이스라엘 민족은 변모의 과정을 거친 전혀 다른 민족이라 할 수 있다. 그들은 어제의 그들이 아니다. 지금 우리의 시민대집회도 이 거대한 역사의 과정을 거치고 나면 더는 소심하고 억눌린 어제의 사람들이 아니라, 새로운 대한민국의 성숙한 시민이 되어 있을 것이다. 이들이 펼치는 새로운 민주공화국의 정치에 기대를 걸어본다.

같은 일이 동아시아적 헌정에서도 일어나고 있다. 세상의 주인이 은나라에서 주나라로 바뀌는 일이 지금 한국에서 일어나고 있다. 주나라 문왕은 "천명이 일정하지 않고 민심이 은나라를 떠나 주나라로 이동했다"라고 『시경』의 「대아」에서 천심과 민심의 준엄함을 일깨우고 있다. 지금 대한민국은 은나라에서 주나라로 세상의 주인이 바뀌는 일이 진행되고 있다. 모세의 홍해 파스카보다 더 거대한 변화가 동아시아적 양식으로 일어나고 있다. 세상의 주인이 바뀌는 그 결정적 시점에 주나라 무왕은 외친다. "하늘의 상제가 너에게 임했으니 너는 두 마음을 갖지 마라(上帝臨女 無貳爾心)." 탄핵 과정을 거치면서 진정하게 시민이 주인이 되는 세상이 열리고 있다.

12월 8일 오후 3시

오늘 오후 2시에 대통령 탄핵소추안이 국회에 공식적으로 제출되었다. 간절한 바람으로 지켜보게 된다. 오후부터 시민들은 국회 앞에서 시민적 요구를 줄기차게 외치고 있다. 시민들이 국회를 포위하고 의원들에게 탄핵을 지지할 것을 압박할 계획이다. 표결이 있는 내일까지 야당 의원들은 국회 안 로텐더홀에서 철야 농성을 할 예정이다.

동아시아적 헌정에 관한 기초 작업을 위해 『주례』와 『서경』의 내용을 찾아보고 있다. 탄핵 국면이 끝나고 나면 시민들은 30년간 이어져 온 87년 헌정 체제를 끝내고 '2017년 헌정 체제'를 요구할 것이다. 헌법 개정이 탄핵 이후 대통령 선거 이전에 가능하지는 않을 것이다. 그렇지만 새 대통령은 30년간의 헌정 체제를 끝내고 다음 시대의 헌정 체제에 대한 본격적인 논의를 시작할 숙명을 안고 있다. 아마도 다음 대선에 나올 후보들의 주요 공약은 2017년 헌정 체제에 관한 것이 되지 않을까? 전 세계적인 불평등 문제로 외국의 대통령 선거나 총선에서는 경제문제가 중요한 화두가 되었지만 한국은 이보다는 87년 체제를 극복하는 헌정 체제의 정비가 대통령 선거의 핵심 쟁점이 될 것이다.

개헌 논의에서는 주로 미국의 4년 중임제, 영국의 의원내각제, 프랑스나 오스트리아의 분권형 대통령제 등 비교헌법적 대안이 주로 모색되고 있다. 그러나 외래 제도를 도입하면 또 다른 시행착오가 30년 이상 지속될지 모른다. 우리의 역사적 맥락에서 우리 몸에 맞는 헌정 체제의 옷이 필요하다. 동아시아적 맥락에서 출발한 우리의 유전자 속에 녹아 있는 헌정 체제를 찾는 노력이 필요할 것이다.

동아시아적 헌정 체제, 구체적으로 동아시아적 혼합 정체로 2017년 헌정 체제가 모색되어야 하지 않을까? 우리 헌법 속에는 대한민국 임시정부 임시헌법에서 제헌헌법을 거쳐 현행 헌법까지 국무총리와 국무회의제가 규정되어 있다. 지금까지는 제왕적 대통령들 때문에 이 규정이 사문화되어 있었다. 국무총리는 그냥 대통령의 연설을 읽거나 행사에 대신 참여하는 정도의 상징적 존재를 벗어나지 못한 경우가 대부분이었다. 그러나 우리의 헌법정신은 유구한 동아시아 헌정 체제를 규정하고 있다.

동아시아의 헌정에서 『주례』는 세습적인 제왕과 관료제의 책임자인 총재의 혼합정체론을 제시하고 있다. 총재제는 재상인 총재가 국정 운영을 총괄하면서 제왕과 파트너십으로 국가의 중대사를 결정하는 제도다. 조선을 설계한 정도전도 『조선경국전』과 『경제문감』에서 총재제를 기초로 의정부가 국정 운영을 총괄하는 구조를 제시했다. 세종은 집권 후반기에 육조직계제에서 의정부서사제로 총재제를 보다 분명한 국정 운영의 방식으로 제도화했다.

이런 제도적 정신은 우리 임시정부와 제헌헌법에 녹아 있다. 조소앙의 삼균주의(三均主義)나 유진오의 제헌헌법 초안에도 이 제도는 면면히 이어져 오고 있다. 2017년 헌정 체제에서는 지금 사문화되어 있는 국무총리와 국무회의 제도를 제대로 살리는 것이 새로운 헌정 체제의 근간이 되어야 하지 않을까?

대통령, 국무총리 한 명, 경제와 사회 부총리 두 명으로 총리와 부총리는 국회의원 신분으로 정치적 자원을 가지고 국회에서 선출되어 제왕적 대통령을 견제하는 체제가 동아시아적 헌정을 실현하는 방법이 될 수 있다. 총리는 경찰, 검찰 등 권력 부처와 관리 부처를 관할하고, 경제부총리는 경제 부처를, 사회부총리는 교육을 포함하는 사회 부처를 관장하는 방법이 이상적인 모델이 될 수 있다.

지금쯤 국회에서 탄핵소추안이 발의되었을 것이다. 이제 박정희 시대가 저물어간다. 한 시대를 끝내고 등장하는 새로운 대한민국은 동아시아적 헌정의 길로 나아가야 하지 않을까? 그것은 서구의 공화적 혼합정체론과는 다른 우리의 역사 속에 뿌리를 둔 공화주의적 헌정 체제가 아닐까?

12월 9일 오전 10시

오늘은 2017년 헌정 체제로 가는 첫날이 아닐까? 30년간 이어진 87년 체제를 끝내고 새로운 헌정을 만들라는 시민적 요구가 폭발하는 날로 기억될 것 같다. 숨죽이고 지켜보게 된다. 내가 국회의원에게 뭔가를 이렇게 간절하게 바랐던 적이 있었나 싶다.

오늘 오후 2시에 대통령 탄핵소추를 위한 국회의원 투표가 실시된다. 법정 기간으로는 48시간 안에 마무리되어야 하지만 오후 4시 30분에는 결과를 알 수 있을 것이라고 한다. 숨죽이고 국회를 바라보며 새로운 대한민국이 어디로 향하고 있는지 상상해본다.

세계 정치를 보면 밀레니얼스들이 기존의 주류 정치를 외면하고 새로운 흐름을 찾고 있다. 2014년부터 그리스의 시리자, 스페인의 포데모스, 이탈리아의 오성운동에서 출발한 새로운 흐름은 2015년 캐나다에서 트뤼도가 이끄는 자유당의 집권, 미국 대선에서 버니 샌더스(Bernie Sanders)의 열풍으로 이어졌다. 보수의 흐름도 만만치 않다. 영국의 브렉시트에서 출발해 미국의 트럼프 행정부로 이어지는 등 세계 곳곳에서 극단적인 양상도 나타나고 있다. 이 흐름의 중심에는 새천년 세대가 있다. 이들은 지금까지의 인류와는 다른 차원에서 살아갈 가능성이 많다. 스마트폰으로 새로운 문명을 체험하면서 성장했다. 정치적으로도 기존의 체제를 불신한다.

이런 밀레니얼스들에게 한국의 시민대집회는 새천년인 삼천년기(Tertio Millennio)의 희망으로 등장하지 않을까? 우리 시민대집회는 지금까지와는 다른 새로운 세계 정치로 가는 출발점으로 승화할 수 있지 않을까? 공화주의의 애국주의를 기초로 더 큰 세계로, 삼천년기의 '세계민주주의'로 확장할 수 있지 않을까? 한국의 시민대집회가 세계민주주의의 모범이 되었으면 좋겠다.

삼천년기 인류의 과제는 세계민주주의에 기초한 '세계정부(world government)'의 설립일 것이다. 미국과 중국의 패권적 질서가 아니라 세계시민에 기초한 민주주의 원칙이 지켜지는 새로운 인류의 흐름이다. 이번 시민대집회를 지켜보고 있는 세계시민들에게 세계민주주의의 중심이 바로 광화문과 여의도임을 잘 알렸으면 좋겠다.

삼천년기에 글로벌 불평등과 빈곤, 기후변화, 지속 가능성, 테러리즘, 사이버 범죄, 전자정부, 전자화폐, 취약국가, 이민 등을 해결하기 위해서는 국민국가를 넘어서는 세계정부가 필요함을 절실하게 느꼈다. 지금까지 패권국가로 자리 잡았던 미국은 트럼프가 당선되면서 고립주의로 돌아서고 글로벌 거버넌스에서 퇴행적 행태를 보일 것으로 예측된다. 트럼프의 미국에 대비해서 한국은 세계민주주의와 세계정부의 새로운 가능성을 보여주고 있다. 새로운 대한민국에서는 보편적 가치에 기초한 세계정부를 만드는 일의 토대를 닦았으면 하는 바람이 있다.

그리고 무엇보다 2016년에 광화문 찬가가 울려 퍼지는 세계민주주의의 중심인 이곳이 세계정부의 수도가 되었으면 하는 바람이다. 밀레니얼스라는 새로운 인류와 문명의 열망이 될 글로벌 문제를 해결하는 집권적인 세계정부 창설. 이것은 미국과 중국의 패권질서가 아니라 세계시민들의 자발성에 기초한 세계민주주의다. 세계정부가 하는 일에 한국의 밀레니얼스들이 새로운 꿈을 갖기를 기대한다. 그리고 광화문 일대가 세계정부의 수도가 되기를 간절하게 기원한다. 오늘은 탄핵 결정을 숨죽이고 지켜보지만, 그다음에 새롭게 꿀 대한민국의 꿈은 세계정부의 수도였으면 좋겠다.

12월 9일 오후 4시 8분

정세균 국회의장이 대통령 탄핵소추안이 가결되었음을 선언하고 있다. 지금 시각은 오후 4시 8분. 먹먹하다. 찬성 234표, 반대 56표, 기권 2표, 무효가 7표였다.

박정희 시대의 긴 터널을 지나 새로운 세상으로 대한민국이 출발하고 있다. 오늘로 이 나라는 세계민주주의의 새 역사를 쓰고 있다. 세계 정치는 밀레니얼스에 의해 새로운 기록이 만들어지고 있지만 우리는 이미 2008년 촛불집회부터 이런 움직임을 시작했다. 그리고 장대한 또 다른 걸음을 내딛으며 세계민주주의의 희망으로 새로운 역사를 쓰고 있다.

12월 9일 오후 4시 35분

탄핵결의서 정본이 권선동 국회 법제사법위원장에게 전달되었다.

12월 9일 오후 5시 57분

권선동 국회 법사위원장이 탄핵소추의 검사 역할로 헌법재판소에 탄핵결의서 2부 중 1부를 제출했다.

12월 9일 오후 7시 3분

권선동 국회 법사위원장이 탄핵결의서 2부 중 나머지 1부를 청와대에 접수했다. 이 시간부로 박근혜 대통령의 직무는 정지되었다.

12월 10일 오전 9시[28]

국회의 탄핵소추 결정으로 대통령의 권한이 정지되고 황교안 국무총리가 대통령 권한을 대행하기 시작했다. 국회는 여야정협의체 구성을 제안하고 있다. 국회와 정부가 함께 정책을 협의해 이 불안정한 상황에서 국정 운영의 안정성을 유지하자는 취지라고 한다.

---

28 2016년 12월 10일(토) 제7차 시민대집회에 전국적으로 104만 명의 시민들이 참여했다.

오늘 추운 날씨에도 불구하고 광화문을 비롯해 전국의 광장에서 동시에 열리는 시민대집회에 104만 명의 시민들이 참가하고 있다. 시민대집회가 시민 중심의 사회 개혁을 요구하고 있다.

동아시아의 르네상스를 다시 한번 생각해보게 된다. 서구의 르네상스는 피렌체에서 고대 로마를 재생하는 일이었다. 고전 고대를 되짚어본 뒤에 15세기 당대의 정신으로 해석하는 작업이 르네상스였다. 그래서 르네상스는 재생이라는 의미지만 그것이 낳은 결과는 재생의 차원을 훨씬 뛰어넘어 근대의 정신이 되었다. 그럼 동아시아의 르네상스에서도 이런 일이 일어날 수 있지 않을까? 오히려 고전 고대를 복원하려는 것은 동양의 고유한 정신이라 할 수 있다. 우리 선조들에게는 요, 순, 우, 탕, 문, 무의 삼대 정치를 이상향으로 삼아 그 정신을 재현하려는 오래된 동아시아적 꿈이 있었다.

시민대집회로 근대적 시민 공화정치가 폭발하고 있는 대한민국의 새로운 미래로 이 '오래된 미래'를 해석한다면 어떨까? 조선의 정도전이 부활을 꿈꾸었고, 세종이 집현전을 통해 고제 연구까지 하면서 되살리려고 했고, 유형원, 이익, 정약용 등 실학파가 재생하려고 했던 정치가 의정부서사제였다. 정조의 군사적 탕평정치도 이에 바탕하고 있었다. 세계사적인 시민대집회가 열리고 있는 새로운 대한민국에서 우리의 동아시아적 르네상스는 어떻게 화려하게 재생될까?

12월 11일 오후 7시

탄핵 결정의 공이 이제 헌법재판소로 넘어갔다. 시민대집회의 광장민주주의가 정치 과정에서 법적인 제도화 과정으로 들어간 것 같다. 87년 헌정 체제의 30년을 넘어 시민들은 2017년 헌정 체제를 묻기 시작했다. 탄핵 이후 예상되는 조기 대선에서 여야 대선 주자들은 87년 체제를 넘어선 새로운 헌정 체제와 국가 전략에 대해 답하기를 요구받을 것이다. 여야 주자들의 개헌 논의가 미국식, 영국식, 프랑스식 등 남의 나라 역사에서 생성된 헌법 체제를 모방하는 단계를 넘어서기를 기대한다. 새로운 헌정은 동아시아적 맥락에서 우리의 역사를 바탕으로 만들어졌으면 하는 바람이다. 비교헌법적 접근을 넘어 시민광장에서 동아시아적 혼합 정체가 논의되길 기대한다.

12월 13일 오후 11시

시민대집회를 동아시아 고전에 비추어보면 어떨까? 현 시국은 폭정으로 민심이 은나라를 떠나 문왕의 새 나라로 몰려들기 시작할 때와 같다. 새로운 대한민국의 꿈은 그때나 지금이나 같다. 그 아름다운 역사의 시작을 『시경』의 「영대(靈臺)」에 기록해두었다. 앞으로 열리는 새 세상이 문왕의 나라와 같은 태평성대이기를 기원한다.

「영대(靈臺: 좋은 누대)」[29]

經始靈臺(경시영대)	영대를 짓는 역사를 일으키사
經之營之(경지영지)	땅을 재고 푯말을 세우셨도다

29 『시경집전』, 성백효 옮김.

庶民攻之(서민공지) 백성들이 몰려와 일을 서둘러
不日成之(불일성지) 며칠 지나지 않아 이루어졌네

經始勿亟(경시물극) 서둘 것이 없다고 이르셨건만
庶民子來(서민자래) 백성은 어버이 일을 돕듯 모여들었네
王在靈囿(왕재영유) 임금께서 영유의 동산을 거닐 때
麀鹿攸伏(우녹유복) 암수 사슴 엎드려 노니네

麀鹿濯濯(우녹탁탁) 암수 사슴 살쪄서 윤기 흐르고
白鳥翯翯(백조학학) 백조는 깨끗하고 거침없이 날갯짓 하네
王在靈沼(왕재영소) 임금께서 영소의 연못가를 거닐 때
於牣魚躍(어인어약) 아아, 물고기 떼가 뛰어 노니네

虡業維樅(거업유종) 종과 경 매다는 틀에
賁鼓維鏞(분고유용) 큰 북과 큰 종 달려있네
於論鼓鍾(어논고종) 아아, 질서 있게 종을 쳐서
於樂辟廱(어낙벽옹) 아아, 임금의 공부방에 즐겁게 들리네

於論鼓鍾(어논고종) 아아, 질서 있게 종을 쳐서
於樂辟廱(어낙벽옹) 아아, 임금의 공부방에 즐겁게 들려라
鼉鼓逢逢(타고방방) 악어가죽 북 둥둥 울리며
矇瞍奏公(몽수주공) 악사들 음악 울리네

12월 14일 오후 5시

우리 헌법에서 민주공화국의 제도적 정신은 무엇일까? 해방 이후 70년이 지났지만 이 문제에 대한 국민적 합의는 아직도 성숙하지 않은 것 같다. 2008년 촛불집회에 이어 2016년 시민대집회도 대한민국 헌법 제1조에 명시된 민주공화국의 제도적 정신이 무엇인지 되묻고 있다. 시민적 자각이 폭발해 우리가 하나의 공동체임을 깨닫고 있지만, 공화국의 제도적 정신이 무엇인지에 대해서는 아직 시민적 합의가 충분히 공유되지 않고 있다. 그런데 놀랍게도 우리가 잊고 있지만 이 제도적 정신은 1919년 9월 대한민국 임시정부의 대한민국 임시헌법과 1948년 제헌헌법에 명확하게 규정되어 있다. 그동안 우리가 이 문제를 심각하게 생각하지 않아 헌법의 제도적 정신이 방치되어 있었을 뿐이다.

시민혁명의 역사는 민주공화국이 '군주제에서 공화제로 이행'한 역사였다. 한국 헌법의 역사도 다르지 않다. 우리 헌정도 조선의 군주제에서 대한민국의 공화제로 이행해온 역사였다. 여기서 서구와 다른 점이 있다면 두 제도의 이행 사이에 식민 지배라는 중간 다리가 있었다는 것이다. 이 때문에 민주정체의 시작이 대한민국 임시정부의 대한민국 임시헌법이라는 징검다리가 필요했다.

미국의 대통령제는 영국 식민 지배와 군주제로부터 독립과 건국이라는 공화정체로 이행한 역사가 있다. 영국의 의원내각제는 청교도혁명과 명예혁명을 거치면서 군림하는 군주정체에서 상징적 군주제와 실질적인 공화정체로 이행했다. 동아시아에서 군주제에서 공화제로 이행이 문제된 나라는 중국과 한국이었다. 일본은 메이지

유신에서 입헌군주제를 채택했기 때문에 제2차 세계대전 전까지 공화주의 논쟁이 필요하지 않았다. 일본에서 공화정으로의 이행은 미국 맥아더 군정에서 '평화헌법'이 만들어지면서 이루어졌다. 동아시아에서 공화정체의 제도적 정신에 대한 고민은 신해혁명 이후 1912년 제정된 중화민국 '임시약법'과 1919년 군주제가 아닌 공화정체를 수립한 대한민국 헌정의 문제였다.

군주제를 부정한 뒤에 중화민국 건국의 아버지들은 권력 진공을 어떻게 메울지 논쟁하기 시작했다. 신해혁명 이후 손문은 미국식 대통령제를 선호했고, 쑹자오런은 영국의 내각책임제 같은 국무원 제도를 선호했다. 이때 우리 헌법에도 있는 국무총리가 동아시아에서 처음 등장했다. 사실상의 내각인 국무원의 최고책임자가 국무총리였다. 두 정책 아이디어가 충돌하다가 조정하고 타협한 방식이 대통령제와 내각제의 동아시아적 혼합 정체인 '총통과 국무원의 권력 분점'이었다.

1919년 대한민국 임시정부는 4월에 대한민국 임시헌장을 제정하고, 9월에 대한민국 임시헌법으로 제1차 개정했다. 3·1 운동 직후의 급박한 상황에서 졸속으로 추진했던 내각제 중심의 헌법을 여러 독립단체들이 한자리에 모인 9월에 제대로 개정했다. 사실상 대한민국 헌법의 원형이 이때 만들어졌다. 중국이 처음 헌법을 만들 때처럼 우리가 만들 때도 정치 세력 간의 충돌이 발생했다. 대통령제를 선호하는 이승만 세력과 내각제(국무원)를 선호하는 이동휘 등의 세력 간에 권력충돌이 일어났다. 이 충돌은 1912년 중국이 임시헌법을 제정할 때처럼 '대통령과 국무총리(국무원) 간의 권력 분할'로

매듭지어졌다. 이것이 우리 제헌헌법의 원형이다.

1948년 제헌헌법에서 권력충돌은 다시 나타났다. 미국식 대통령제를 선호하는 이승만 세력과 내각책임제를 선호하는 한민당 세력이 충돌했고, 그 타협안이 '대통령과 국무총리(국무회의)의 권력 분점'이었다. 그런데 내각제에서 대통령제로의 전환이 하루 만에 너무 졸속으로 이루어져 "국무총리는 대통령의 명을 받아 각 부처를 '통할'한다"와 "국무회의는 각 부처의 사무를 '심의'한다"라는 모호한 규정이 여전히 남아 있다. 이승만은 집권한 뒤에 헌법의 제도적 정신을 무시하고 국정을 제왕적인 방식으로 운영해 헌법정신을 훼손했고 국정 운영은 파행에 파행을 거듭했다.

2016년 시민대집회는 "대한민국은 민주공화국"이라고 다시 외치고 있다. 시민들은 시간을 100년 전으로 되돌려서 지금 대한민국은 군주제에서 공화제로 이행이 끝나지 않았고, 그 공화정체의 헌법정신이 무엇인지 다시 묻고 있다. 몇 년 뒤인 2019년은 대한민국 임시정부 100주년이다. 이번의 시민대집회는 군주제에서 공화제로 이행하고 난 뒤에 대한민국 공화정체의 내용이 무엇인지, 지난 100년간 해결하지 못한 질문을 다시 하고 있다. 우리는 100년 동안의 과제를 시민의 힘으로 이번 시민대집회에서 해결해야 하지 않을까?

12월 16일 오후 9시

탄핵 정국이 시작된 지 50일 만에 친박 세력들이 본격적인 반격에 나선 모양이다. 이번 토요일이면 시민대집회를 가진 지 7주가 흘러 50일이 된다. 내일을 분기점으로 시민대집회는 또 하나의 곡선을 그릴 것 같다. 10월 29일 2만 명으로 시작한 시민대집회가 내일 여덟 번째를 맞는다. 12월 3일 제6차 집회에서 232만 명이 모여들어 정점을 찍은 뒤에 2주일이 지나가고 있다. 그동안 전열을 가다듬은 친박 세력이 반격을 시작할 모양이다.

해체될 것 같던 친박 세력은 오히려 원내에서 자신들의 생존을 위해 똘똘 뭉치고 있다. 오늘 새누리당의 원내대표 경선에서 비박 후보가 아닌 친박 정우택 후보가 여섯 표 차이로 당선되었다. 탄핵을 반대한 56표에 중도 세력 여섯 표가 보태져 오히려 친박의 진지는 공고해지고 있다. 청와대는 탄핵심판 심리에 대응하며 본격적으로 장기전 태세에 들어갔다.

시민혁명은 첫 불꽃이 당겨진 뒤 초기의 열정이 지나가고 나면 기득 권력의 반격이 시작된다. 그리고 보통은 2~3년간의 길고 질긴 공성전이 이어진다. 로마공화정을 연 성산사건도 기득권 귀족으로부터 시민의 권리를 확보하기 위해 모두 네 차례의 기나긴 싸움을 치르며 200여 년이라는 장구한 시간이 필요했다. 기원전 494년에 시작된 평민들의 권리 찾기는 시민들이 도심을 버리고 성산으로 이주하는 일을 네 차례나 반복해 기원전 287년에 이르러서야 귀족과 평민 간의 권리가 균형을 맞추게 되었다.

이제 시민대집회도 긴 호흡이 필요할 것 같다. 쉽게 지치지도 말고 쉽게 흥분하지도 말고 길고 긴 시민들의 권리선언이 지속되어야 한다. 새해인 2017년에는 대선도 시민 주도로 치러야 하고, 그 뒤에 시민이 주체가 되는 새로운 대한민국이 하나씩 모습을 드러낼 것이다. 이 세계사적인 시민혁명의 장엄하고도 장구한 서사시가 내일 또 다른 사이클로 넘어갈 것 같다. 지치지도 말고 힘내서 모두 함께 이 장도에 올랐으면 좋겠다.

12월 17일 오후 11시[30]

제8차 시민대집회가 광화문에서 열리고 있다. 이순신 장군도 세종대왕도 한가로워 보인다. 12월 기온으로는 아주 포근해 집회하기 좋은 날씨인데, 조금은 한적한 듯하다. 오후 7시에 광화문에 60만 명이 모였다고 한다. 그러나 하늘은 이 정권을 끝내려는 것 같다. 다음 주 토요일은 12월 24일 크리스마스이브고, 그다음 주는 12월 31일 제야의 종이 울리는 날이다. 날씨에 상관없이 시민들은 광장에서 크리스마스와 연말을 보낼 것 같다. 2016년 올해는 송년회도, 젊은 친구들의 데이트도 모두 토요일 광화문에서 이루어질 기세다. 모두 한마음일 듯하다. 크리스마스도 광화문에서 촛불축제로 승화될 것 같다. 무엇보다 이번 제야의 종이 참으로 기대된다. 이미 10차선 차도가 토요일마다 사람들이 오가는 인도가 되었다. 이번 12월 31일은 100만 명의 시민들이 광화문을 가득 채우지 않을까?

나는 15세기 피렌체 도시공화정에 관심이 있다. 르네상스의 시대에 어떻게 시민의식이 폭발적으로 터져 나오는 것과 동시에 인문주의적 천재들이 출현했을까 하는 의문이 있었다. 하늘의 축복이 불공평하게 어찌 한 시대에 시민의 자각과 인문주의적 천재의 향연을

---

30 2016년 12월 17일(토) 제8차 시민대집회에 광화문에서 65만 명, 전국적으로 77만 명의 시민들이 참여했다.

함께 베풀었을까? 이제는 그 답을 알 것 같다. 천재는 상상력과 창조력으로 기존의 천장을 뚫고 탄생하는 것이다. 그리고 우리는 매주 토요일마다 차도를 인도로 바꾸면서 기존 상상력의 한계를 벗어나는 일을 하고 있다. 범생이들은 상상할 수 없는 일들을 매주 경험하고 있다. 지금 광화문에 나오는 청소년과 청년에게 이것은 엄청난 지적 자극이 될 것이다. 기존의 틀을 전복하고 상상력의 천장을 뚫고 차도를 걸으며 끝없이 새로운 세상을 그리고 있다.

그리고 그들은 창조와 상상으로 가득 찬 새로운 대한민국을 꿈꾼다. 누구도 그들의 상상력을 가둘 수 없다. 이 청년들이 한 세대를 건너기 전에 새로운 상상력과 창조력으로 한국에서 인문주의적 르네상스를 열 것 같다. 500년 전에 피렌체에서 그랬듯이 다빈치, 미켈란젤로, 라파엘로를 뛰어넘을 어린이와 청년들이 지금 광화문에서 자라고 있다. 이들이 12월 24일 크리스마스이브와 12월 31일 제야의 종을 지켜보면서 어떤 새로운 대한민국을 꿈꿀지 궁금하다. 이번 크리스마스나 제야의 종 행사에서는 신대철이 부르는 「아름다운 강산」을 모두 들을 수 있었으면 좋겠다. 오늘 신대철이 어버이연합이 아버지의 노래를 모욕한 것에 분노했다는 기사를 읽었다. 우리는 노래하는 그를 광화문 시민대집회에서 보고 싶다. 무엇보다 어른들은 미래 세대가 꿈꿀 수 있는 세상을 이번 탄핵 정국과 다음 대선에서 같이 만들어야 한다.

12월 18일 오후 6시

박근혜 퇴진을 요구하는 제8차 시민대집회가 어제 토요일 광화문

광장과 전국에서 열렸다. 광화문에서 65만 명, 전국적으로 77만 명이 참여했다. 10월 29일 제1차 시민대집회에 2만 명이 모인 뒤에 어제 제8차 집회까지 8주 동안 연인원 840만 명이 광장에 합류했다. 한 번 집회에 100만 명가량이 광장에서 함께한 셈이다. 1987년 6월항쟁에 참여한 연인원을 300만~500만 명으로 추산하는 것과 비교하면 새로운 대한민국에 대한 시민의 요구는 상상할 수 있는 수준을 넘어섰다.

베네치아 도시공화정보다 더 위대하고 장엄한 민주공화정의 시민들을 주말마다 만나고 있다. 베네치아의 라세레니시마(La Serenissima)라는 가장 안정적인 정치 체제를 만들었던 걸출한 정치인들과 건실한 시민들보다 더 장엄한 역사의 서사를 만드는 새로운 대한민국의 시민들을 매주 토요일 광화문에서 만나는 것 자체가 엄청난 행운이다. 이 장엄한 역사의 무대를 뭐라고 해야 할까? 2008년에 『공화주의적 국정운영』이라는 책을 낼 때 시민대집회가 주기적이고 반복적으로 나타나리라고 전망했다. 한번 발화한 공화적 에토스는 정치적 계기를 만나면 반복적으로 등장하기 때문이다. 그로부터 6년이 지났고, 그동안 이 시민대집회를 기다리다가 지쳐 거의 희망을 포기했다. 공화주의에 관한 논문과 책을 모으다가 한두 해 전에 절망하고 포기해 책 더미를 버리고 대부분을 정리했다. 그런데 잠복하고 있던 공화적 에토스가 상상을 넘어서는 수준으로 폭발했다. 50일 동안 여덟 번의 시민대집회에 무려 800만 명이라니! 상상불허! 매일 광화문 일기를 한 편씩 적으며 그 어느 글을 쓸 때보다 행복했다. 충심으로 참여관찰자의 한 사람으로, 매주 집회에 참여하는 한 시민으로 감사하고 감격스러울 뿐이다. 그저 이 시대와 시민에게 감사할 뿐이다.

12월 23일 오전 8시

"법률과 원칙에 따라 일했습니다." 어제 청문회에서 청와대 민정 수석이 자신의 기본 입장을 이렇게 밝혔다. "국가와 국민을 위해 일하는 진정성을 믿었기에 존경합니다." 그는 박근혜의 국정 운영을 이렇게 바라보았다. 청문회장에 나타난 같은 시기에 일한 청와대 비서실장의 말도 다르지 않았다. 그뿐만 아니라 여기 나온 아홉 명의 재벌 회장들도 권력과 자신들의 이해관계를 덮기에 급급했고 대가성을 부인하는 등 한목소리를 냈다. 이화여자대학교 교수들도 자기 입장을 변명하기에 바빴다.

청문회에 출석한 사람들은 공적 가치나 공공성을 청와대의 국정 운영에서도, 재벌의 기업 경영에서도, 대학의 학사 운영에서도 털끝만큼도 보여주지 못했다. 이것이 1960년대 근대화 이후 우리가 매달려온 물질주의와 성장주의의 끝이다. 실패한 국정 운영 모델이다.

새로운 대한민국은 동아시아적 공적 가치와 덕화 리더십의 철학적 기반에서 출발해야 하지 않을까? 세계 제국을 세운 몽골의 쿠빌라이가 청년 시절부터 읽었다는 『대학연의』에는 모름지기 국정 운영의 원칙이란 무엇이어야 하는지 밝히고 있다. 이 경연의 교과서는 명나라와 청나라에서도 읽혔고 조선의 왕들도 읽었다. 이 책에는 법률과 원칙, 국가가 먼저 나오지 않는다. 공식을 맡는 사람이 갖추어야 할 것으로 "진실로 큰 덕을 밝힘(克明峻德)"이 먼저 나온다. 극명준덕의 국정 운영은 시민들의 "백성 역시 그 덕을 밝힘(百姓昭

明)"으로 이어진다. 그렇게 제왕과 백성이 "모두 덕을 한결같이 함(咸有一德)"을 동아시아 국정 운영의 기본 원칙으로 삼았다.

내일 토요일 광화문에는 100만 명의 시민들이 모여 새로운 공화정체를 희망할 것 같다. 새로운 민주공화국은 헌법 논쟁이나 개헌 등의 제도적 문제가 아니라, 우리 마음속에 새로운 대한민국의 제일 원칙으로 공적 가치와 동아시아적 덕화 리더십을 세우는 데 있지 않을까? 새로운 민주공화국의 기초는 자기에서 출발하는 수기치인(修己治人)의 동아시아적 가치가 아닐까?

12월 24일 오전 10시[31]

오늘 제9차 시민대집회가 열린다. 사람들마다 새로운 대한민국에 대한 꿈을 갖고 광화문광장으로 나오지 않을까? 공화정에서 같은 것을 꿈꾸기도 하고 다른 것을 찾아보기도 할 것 같다.

나에게도 새로운 민주공화국에 바라는 '호랑방창(虎狼方暢)한' 꿈이 하나 있다. 2030년쯤에는 광화문 일대가 세계정부의 수도가 되었으면 하는 바람이다. 불가능할 것 같은 이런 일이 지난 12월 3일 232만 명의 시민들이 참여한 시민대집회를 보면서 가능할 수도 있겠다는 희망을 품게 되었다. 뭘 해도 가능할 것 같은, 새로운 가능성의 민주공화국이 열리고 있다. 시민들의 손으로 기회의 창을 열고 있다.

전 세계의 새천년 세대들은 이전 세대와는 다른 꿈을 공유할 수

---

31 2016년 12월 24일(토) 제9차 시민대집회에 전국적으로 70만 2000명의 시민들이 참여했다.

있는 세계시민이다. 이제 글로벌 거버넌스가 인류에게 남은 과제 중에 가장 당면한 문제 아닐까? 글로벌 불평등과 빈곤을 해결할 수 있는 방법은 일국 수준을 넘어서는 세계정부 밖에 없다. 초보적인 수준이라도 중앙정부 형태의 글로벌 거버넌스가 있었다면, 아프리카의 아동 빈곤과 기아가 저렇게 방치되지는 않았을 것이다. 시리아의 난민들이 국경을 넘다가 지중해의 바다 가운데 빠져 숨지는 일도 줄어들었을 것이다. 인류의 과제가 삼천년기의 새천년 세대들 앞에 놓여 있다.

유엔은 2015년에 '지속가능발전목표(SDGs: Sustainable Development Goals)'에 합의하고 17개 목표와 169개 타깃을 선정했다. 그리고 이 문제를 해결하기 위해 2030년까지 국가 수준을 넘어서 글로벌 거버넌스로 노력하자고 합의했다. 같은 해 12월에는 '기후변화협약'이 체결되어 지구온난화 문제를 해결하기로 했다. 그리고 프란치스코 교황이 발표한 『찬미받으소서(Laudatio)』 교서를 통해, 교황은 생태 문제에 인류가 같이 눈을 돌리자고 주문했다. 여담이지만 15세기 브루니가 지은 『피렌체 찬가』의 원어 제목도 'Laudatio'인 것을 보면, 신에 대한 찬미와 인간의 고백(confessio)을 극적인 감각으로 표현할 때 사용하는 말인 것 같다.

변화하는 지구에서 대한민국이 살아갈 길은 미국이나 중국과 같은 패권국가가 되는 것이 아니다. 한국은 패권을 지향하는 거대한 국가들의 주변에서 생존 공간을 잡아야 하는 숙명을 타고났다. 우리가 살 길은 세계시민들과 공조를 맞추는 보편주의적인 지향과 인류 공동의 과제에 선도적인 노력을 기울이는 것이다. 그렇게 세계적인 평판을 얻어 세계민주주의의 중심국가가 되는 방법밖에 없다.

한국의 역동적인 정치를 감안할 때 국회와 대법원, 청와대 등을 헌법을 개정해서라도 세종시로 내려보내지 않을까? 지역주의의 표심이 작동하는 한 캐스팅보트를 쥔 충청권의 유권자들을 의식해서라도 공공 기관들을 하나둘씩 세종시 근처로 내려보낼 것 같다. 그런 기관들이 떠난 뒤에 수도권에 생긴 공백은 무엇으로 메울까?

새천년에 다양하게 생성될 국가 간 기구와 글로벌 NGO의 센터가 광화문 근처에 자리 잡을 만한 글로벌 환경을 만들 수 있지 않을까? 지금 수도권 정도의 도시 역량이라면 국가 전략이 보편적인 관점에서 제대로 대응한다면 글로벌 거버넌스의 중심이 될 수 있을 것이다.

국제기구 등의 글로벌 센터가 위치한 곳은 대개 강대국 사이에 자리 잡은 강소국들이라는 데 주목할 필요가 있다. 스위스, 벨기에 등이 그런 국가들이다. 삼천년기에 미국과 중국이라는 두 패권국가의 대결이 이어진다면, 두 나라 사이에서 세계민주주의와 보편주의를 지향하는 대한민국이 인류의 미래가 되지 않을까? 지금 시민대집회에서 자라나고 있는 10대와 20대가 좀 더 자유롭고 창조적이며 보편적인 가치를 지향하는 세계시민으로 성장한다면, 이런 인적 자산을 기반으로 대한민국의 광화문이 세계정부의 수도가 될 수 있지 않을까?

지금 우리가 15~16세기의 이탈리아 피렌체와 베네치아의 도시공화정을 선망하듯이, 2030년 즈음에는 세계의 시민들이 대한민국 민주공화국을 선망의 눈으로 바라보며 광화문이 세계정부의 수도가 되는 것에 동의하지 않을까?

나는 2016년 크리스마스이브에 제9차 시민대집회에 참여하면서 광화문 일대가 삼천년기 세계정부의 수도가 되는 소망을 품어보았다. "광화문 일대를 2030년에는 세계정부의 수도로!"

2016년 12월 25일

사영(思永)은 '생각을 길게 함'이라는 뜻으로 순임금이 신하 고요에게 국정 운영의 원리를 묻자, 고요가 대답한 방법론이다. 서양의 영성적 사고에서는 '영원한 현재(nunc stans)'라는 개념을 사용하는 것 같다. 그래서 비단 오늘 같은 크리스마스만이 아니라 예수는 언제나 시공을 초월해서 사람들과 함께 있다는 생각을 하는 것이다. 임마누엘(Immanuel)이 '지금 여기'라는 의미로 쓰이는 것을 보면, 언제나 함께 있다는 의미 같다.

개헌 논의는 이제 탄핵 이후 정국에서 폭풍의 핵으로 등장할 것이다. 잠깐의 이해관계나 당장의 정치 세력 재편이 아니라, 국가 백년대계를 보고 사영할 수 있으면 좋겠다. 『대학연의』의 첫째 페이지는 요임금이 "진실로 큰 덕을 밝힘(克明峻德)"을 말하고, 연이어 둘째 페이지에서 순임금의 사영이 국정 운영의 원리로 나온다. 그만큼 길게 멀리 보는 시야가 국가 운영에 필수적임을 말하는 것이다.

성경에서는 1000년이 영성적 눈으로 보면 하느님의 하루와 같다고 한다. 그래서 천년왕국조차 하루의 꿈같은 짧은 시간으로 보고, 오늘의 이해관계와 정치적 이합집산이 아니라 영원한 현재로써 신국(civitas Dei)을 아우구스투스는 이상으로 삼았던 것 같다. 그의 깊은 통찰이 서양의 중세 1000년을 만들지 않았을까? 이번에 새로 만들 헌법도 87년 체제와 같은 30년짜리가 아니라, 1000년은 못 되어도 100년은 지속되었으면 하는 바람이다. 순임금이 국정 원리로 사영을 생각했던 것처럼 말이다.

2016년 12월 26일

민주공화국의 '공화'를 서양의 공적인 것이 아닌 동아시아적 사유로 풀면 어떻게 될까? "공화(共和)의 뜻은 외형적으로 전체성만을 강조하는 '공동(共同)'과도 다르고 또 지나치게 동일성만을 강조하는 '동화(同化)'와도 다르다. 이것은 오히려 다양성 속에서도 조화를 이룰 수 있는 '부동이화[不同而和, 같지 않으면서도 이룰 수 있는 화(和)]'로서의 공화(共和)를 의미한다."

동아시아적 공화주의를 이렇게 명쾌하게 설명한 것이 놀라울 뿐이다. 지금은 돌아가신 김운태 교수님의 행정사 연구 속에서 이제야 발견했다. 1세대 행정학자들 중에 알면 알수록 대단한 분들이 많은 것에 새삼 놀란다. 박동서 교수님은 오랫동안 뵐 기회가 있어서, 그분이 주신 말씀과 몸가짐은 두고두고 사표로 삼고 있지만, 최근에 내가 놀란 분은 행정사를 하신 김운태 교수님이다. 사실 이 두 분의 이론적 접근은 극과 극이다. 박동서 교수님은 개화파의 영향을 받아 서구적 합리주의로 한국의 행정을 보시는 데 반해, 김운태 교수님은 동아시아의 역사적 맥락을 중시하는 분이다. 21세기에 동아시아의 정체성을 찾는 데는 오히려 김운태 교수님의 글에서 많은 함의를 얻는다.

2016년 12월 27일

의회-행정부 관계를 중심으로 준대통령제의 동아시아적 모델로 헌법 개정에 관한 글을 막 끝냈다. 미국식 대통령제, 영국식 내각책임제, 프랑스식 준대통령제 등의 비교헌법적인 논의가 아니라, 우리 역사와 전통 속에서 찾게 된 동아시아적 헌정으로 학회에서 발표할 글을 마감했다. 분권형 대통령제와는 국정 원리가 다른 고래의 헌정으로서 '보상형 대통령제'라는 새로운 개념도 찾아낸 것 같다. 보상의 국정 원리는 이상적인 동아시아의 군왕과 재상의 관계로 『주역』, 『서경』, 『시경』을 거쳐 남송의 주자와 조선의 정도전, 세종의 의정부서사제에서도 도입되었던 내용이다. 동아시아적 헌정으로서 보상의 국정 원리는 국왕을 수레바퀴의 중앙인 황극으로 보고, 재상을 수레바퀴의 살로 보고, 수레바퀴 테두리를 직접 실무를 맡은 행정관료제로 보는 역할론이라고 할 수 있다. 한자 의미로도 보상(輔相)의 보(輔)는 수레의 살을 뜻하고, 상(相)은 재상을 의미한다. 이 단어는 『주역』, 『서경』, 『시경』에서부터 기원을 갖고 있고 동아시아 헌정의 유구한 뿌리를 보여준다.

현대적인 헌정으로 이해해보면 대통령은 국정 운영의 중심인 수레의 중앙이고, 국무총리와 부총리는 수레바퀴에서 빙사형으로 뻗은 살에 해당하고, 행정부처가 바퀴의 테두리에 해당한다. 그래서 동아시아적 헌정으로서 보상형 대통령제는 대통령과 한 명의 국무총리, 두 명의 부총리로 이루어지는 헌정 체제다. 국무총리는 경찰, 검찰 그리고 안전 등의 관리업무를 총괄하고, 경제부총리는 경제부처를 담당하고, 사회부총리는 교육을 포함하는 사회부처를 담당한다. 총리와 부총리는 모두 국회의원 신분으로 국회에서 선출되어 정치적 정당성을 지닌 채 대통령과 권력을 분점한다.

외국의 헌정 체제보다는 동아시아적 헌정 체제가 우리 몸에 맞는 옷이고 헌정 체제 개편에 따른 시행착오를 최소화할 수 있는 방법이다. 미국식 대통령제나 영국식 의원내각제로 개헌을 하면 또 다시 30년 이상의 시행착오와 혼란이 동반되지 않을까? 우리 역사 속의 동아시아적 헌정 체제를 찾아가는 것이 고래의 헌정으로 우리의 유전자에 체화된 헌법을 발견하는 길이 될 것 같다.

이런 내용으로 학회에서 「동아시아적 헌정으로서 보상(輔相)형 대통령제」라는 논문을 준비하고 있다. 동아시아적 헌정을 찾아가는 과정에서 김운태 교수님의 글은 어둠 속의 등불이었다.

2016년 12월 28일

다음 정부에서 제기될 메타 어젠다(meta agenda)는 무엇이 될까? 어떤 메타 어젠다가 시대정신으로 정부를 만들어갈까? 87년 민주화 이후 등장한 정부들은 국정과제에서 해당 정권이 핵심적으로 추진했던 메타 어젠다와 그에 따른 메타 정책(meta policy)들이 있었다. 김영삼 정부의 세계화, 김대중 정부의 햇볕정책과 생산적 복지, 이명박 정부의 4대강 사업, 박근혜 정부의 창조경제 등이 그러했다.

참여정부가 추진한 정권 차원의 메타 어젠다는 국가균형발전이었다. 그리고 이를 위한 추진체계가 되었던 것이 책임총리제였다. 아마 다음 정부에서 개헌이 되거나 되지 않거나에 상관없이 대통령과 국무총리의 권한 배분은 보상형 대통령제로 운영될 것 같다. 보상형 대통령제는 개헌이 아니라 입법을 통해서도 가능하다. 헌법에 명시된 '국무총리의 국정통할권'의 내용과 범위를 구체화해서 고래의 헌정에 기초한 방법이 나올 수 있다.

다음 정부의 메타 어젠다는 뭐가 될지 궁금하다. 지금 국가리더십 연구로 지난 한 해 동안 진행되었던 국정과제 사이의 관계에 대해 정리하고 있다. 참여정부의 사례를 들어보면 12개 국정과제들이 나열식으로 존재하는 것이 아니라, 가장 핵심적인 메타 어젠다로 국가균형발전 정책이 중앙에 위치해 있고, 그것을 중심으로 다른 정책들이 배치되었다. 이런 점은 다른 정부들도 마찬가지였다. 자연스럽게 다음 정부의 시대정신과 메타 어젠다가 무엇이 될까 고민스러워진다.

2016년 12월 29일

동아시아적 헌정으로 보면 다음 대통령에게는 어떤 자질이 필요할까? 이번 주 토요일이면 시민대집회의 누적 인원이 1000만 명에 다다를 것 같다. 시민들이 염원하는 새로운 대한민국과 다음 시대의 대통령은 어떤 나라, 어떤 정치지도자일까? 시민대집회처럼 공화적 에토스가 분출하는 시기에는 일체성(universitas)에 대한 기대가 나타나고 다양성보다는 단일성으로의 쏠림현상이 발생한다. 그래서 이러한 일체성이 정치지도자에 대한 선택 기준이 될 가능성이 높다. 아마도 다음 대통령은 개별적인 투표보다는 광장의 쏠림현상에 따라 어떤 특정 후보가 떠밀려 당선될 가능성이 높아 보인다.

이런 쏠림현상에서 요구되는 정치지도자의 자질을 동아시아적 사유에서 찾아보면, 한마디로 흠명문사(欽明文思)가 아닐까? 동아시아 국가론의 원조라고 할 수 있는 『서경』의 첫 페이지에도, 동아시아 제왕학의 교과서라는 『대학연의』의 첫 페이지에도 정치지도자의 자질은 흠명문사다. 두 고전의 첫 페이지는 동아시아적 헌정에서 정치지도자의 가장 핵심적인 자질을 이 네 글자로 요약하고 있다. 두 고전 모두 요임금과 관련된 같은 사례를 들어 설명한다.

흠(欽)은 공경한다는 의미로 국왕이 하늘의 뜻에 공경함을 말한다. 천심을 두려워하고 민심을 무서워하는 정치인은 '진실로 공경하고 진실로 겸양(允恭克讓)'할 수밖에 없다. 요임금도 순임금도 지극히 겸손한 분들이었다. 그것은 이들이 하늘을 두려워했기 때문이다.

명(明)은 '밝은 덕을 밝힘(明明德)'으로 『대학』의 첫 번째 가르침이다. 그 뒤가 '백성을 새롭게 함(新民)'과 '지극한 선에서 머무름(止於至善)'이다. 밝은 덕은 천심과 민심을 마음으로부터 체득하고 있을 때 정치인 스스로가 밝힐 수 있다. 이는 하늘의 소리(天命)에 귀 기울일 마음이 열려 있고, 기미를 알아차릴 만큼 감수성이 있는 정치인만이 가능한 자질이다. 밝은 덕을 스스로 밝힐 수 있는 세상의 등불이 되어야 비로소 '진실로 큰 덕을 밝힘(克明峻德)'이 가능해진다. 이것이 국왕의 네 가지 자질 중에서도 제일 중요한 것이라고 동아시아의 고전들은 보고 있다. 정치인에게는 모름지기 덕화의 리더십이 가장 기본적인 소양임을 알려주고 있다.

문(文)은 정치인이 밝은 덕을 글과 말로 표현하는 능력이다. 현대 정치학으로 말하면 메타 어젠다를 던질 수 있는 자질이다. 2017년 대선에서 메타 어젠다라면 첫째 30년 된 87년 헌정 체제를 헌법 개정을 포함하는 새로운 헌정으로 바꾸는 정치 리더십, 둘째 2008년 글로벌 금융위기 이후 최악의 상황으로 치닫고 있는 소득불평등을 완화할 경제 리더십, 셋째 2015년 유엔의 지속가능발전목표(SDGs) 합의 이후 경제, 사회, 환경을 통합적으로 관리할 글로벌 리더십 정도가 되지 않을까? 이 메타 어젠다들에 대해 다음 대선 주자들은 밝은 덕을 자기만의 언어로 된 글과 말을 통해 그 해법을 제시해야 할 것이다. 현대 리더십에서는 오히려 이 문(文)의 능력이 유권자의 표심을 얻는 데 더 중요한 자질로 보인다.

사(思)는 메타 어젠다를 정책과 제도, 예산을 통해 구현하는 사고와 실행능력이다. 시대정신인 메타 어젠다는 정치적 의제다. 이것을 현실에서 구현하기 위해서는 반대되는 정치 세력, 복잡한 이익집단과 이해관계, 지지 세력의 요구 등 엉킨 실타래와 같은 현실을 주도면밀하고 집중적으로 관리하는 사고력이 요구된다. 한마디로 시대정신인 정치적 어젠다를 현실의 예산과 재정, 조직을 통해 구현하는 실사구시의 능력이다.

그러고 보면 5000년 전 요임금이나 순임금에게 요구되었던 정치 지도자의 자질이 2017년 한국의 대선 후보들에게도 그대로 요청되고 있다. 12월 31일이면 누적 인원 1000만 명이 모일 시민대집회에서 다들 한마음이 되어 다음 정부의 정치지도자에 요구하는 것도 역시 동아시아적인 흠명문사일 것이다. 흠명문사, 5000년 동아시아 정치의 향기가 여전한 새로운 대한민국 헌정의 요건이다.

2016년 12월 30일

정약용이 다시 정리한 주역 벽괘설(辟卦說)을 원래대로 해석해서 대한민국의 추이를 살펴보면 다음과 같다. 토요일 제10차 시민대집회에 나올 페친(페이스북 친구)들을 위해 조심스레 천기를 짐작해본다. 지난 9월에 대한민국의 변화가 이럴 것이라고 친구들에게 카톡으로 알렸다. 그런데 불과 석 달 사이에 1000만 명이 나오는 시민대집회가 폭발하리라고 누가 짐작이나 했겠나? 역시 '임괘(臨掛)'에서 '태괘(泰卦)'로 바뀌는 질적 전환이 있을 때는 그냥 넘어가지 않는다. 광화문 시민대집회와 같은 역사의 격동이 일어난다. 큰 강을 한 번 민족 전체가 건너야 새로운 세상이 열리는 것 같다. 『주역』의 세계가 오묘하다.

사실 공자 이전 시대에 주역점은 아무나 함부로 보지 않았다. 『주역』은 춘추관(春秋官)이 나라의 중대한 기로에서 하늘의 뜻을 물을 때 쓰는 책이었다. 『주역』은 동아시아의 역동적 정치학 교과서이자 지침서였다. 춘추관만이 천자(天子)를 대리해서 나라점인 춘추관점(春秋官占)을 보아 하늘의 뜻인 천명을 물었다.

그러나 굳이 점을 보지 않아도 정치의 큰 흐름은 『주역』의 벽괘설로 가늠할 수 있다. 자연에 천하추동의 계절 변화가 있듯 하늘과 정치에도 우주의 춘하추동의 추이가 있기 때문이다. 다음의 표는 지난 9월 13일에 『주역』의 벽괘설로 본 나라점이다. 올여름은 9월 초순까지 한여름이었다가 하루아침에 바람이 바뀌었다. 2017년 선거도 이렇지 않을까? 다음은 지난 9월에 몇몇 친구들에게 보낸 카톡이다. 돌이켜보면 그때 본 『주역』의 추이가 묘하게도 2017년에

『주역』의 벽괘설로 본 나라점

☷		☷		☷		☳		☱		☰	
☳	→	☱	→	☰	→	☰	→	☰	→	☰	→
復		臨		泰		大壯		夬		乾	
하늘의 계절을 동지에서 하지까지											
☰		☰		☰		☴		☶		☷	
☴	→	☶	→	☷	→	☷	→	☷	→	☷	
姤		遯		否		觀		剝		坤	
하늘의 계절을 하지에서 동지까지											

예상되는 상황을 잘 설명하고 있다. 그러나 흐름은 이럴 것 같았지만 두세 달 뒤의 일은 한 치 앞도 내다보지 못했다. 누가 알았겠나? 1000만 명의 시민이 나오는 거대한 역사의 물줄기를 말이다.

첫째로 1945년 광복은 복(復)에 해당한다. 광복에서 1987년 민주화를 이루기 이전까지 여전히 새로운 대한민국의 세력은 미약하다. 광복은 되었으나 일제의 식민유산이 5/6로 압도적이다. 새로운 국가건설의 기운과 인재는 1/6에 불과했다.

둘째로 1987년 민주화부터 2017년 광화문 시민대집회까지 임괘다. 새 나라의 기운과 민주시민은 여전히 2/6에 불과하다. 그래도 그 기운이 계속 밀물처럼 차오른다.

셋째로 2017년 시민대집회 이후로 태괘다. 눈에 보이는 것처럼 아래는 양의 기운인 중천건(重天乾, ☰)이고, 위는 음의 기운인 중지곤(重地坤, ☷)으로 그 힘이 똑같아 경합하는 중이다. 이 경합 관계가 2017년 대선에서 본격화되는 것이 주역에 따른 순리다.

새로운 대한민국과 새로운 민주공화국은 진보와 보수의 균형 속에서 이루어진다. 이 경합 관계가 앞으로 한 세대 동안 지속하지 않을까?

그다음 시대는 2017년에 시민대집회를 호흡한 새로운 대한민국의 대장괘다. 식민지 청산과 민주주의 진전이 4/6로 기운과 인재가 역전된다. 다만 여전히 2/6에 해당하는 일제 식민잔재와 그 사람들이 남아 있어 갈등은 계속될 것이다. 그래도 그 힘은 많이 쇠락해질 것이다. 이런 변화를 끌어오느냐, 그렇지 못하느냐는 순전히 인력에 달린 일이다. 하늘의 기운은 권력의 계절을 따라 그 기운이 이미 변화하고 있다. 끝날 줄 모를 것 같던 여름의 더위도 어느 날 하늘의 바람으로 전혀 다른 계절이 된 것처럼 2017년이 지나면 상상 이상으로 세상이 달라질 수도 있다. 그러나 사람의 정성이 닿아야 하늘도 감동하지 않을까?

2016년 12월 31일[32]

오늘부로 시민대집회에 1000만 명이 참여한다. 민족 전체가 큰 강을 함께 건너 새로운 시대와 새로운 큰 인물을 만난다. 『주역』의 정신도 '이섭대천 이견대인(利涉大川 利見大人)'이다. "큰 강을 건너는 것이 이롭고, 큰 인물을 만나는 것이 이롭다"라는 정신을 2016년 제야의 종에서 대한민국 사람들이 경험할 것 같다. 주역을 만든 복희(伏羲)나 그 해석을 붙인 주나라 문왕, 그 뒤에 또 다른 해석을 붙인

32 2016년 12월 31일(토) 제10차 시민대집회에 전국적으로 110만 4000명의 시민들이 참여했다. 제1차 대집회 이후 누적 1000만 명의 시민들이 참여했다.

공자도 이 광경을 상상이나 했을까? 2017년 대한민국의 새 헌정은 1000만 시민대집회의 큰 강을 건너 제대로 된 대통령과 그를 보상할 제대로 된 국무총리라는 큰 인물을 만나길 기원한다. 2017년은 '이섭대천 이견대인'하는 새 헌정의 원년이 되기를 학수고대한다.

재성천지지도 보상천지지의(裁成天地之道 輔相天地之宜).

『주역』의 「태괘」에 나오는 말이다. 2017년 『주역』이 가리키는 흐름을 사자성어로 하면 '재성보상(裁成輔相)'이 아닐까? 대통령은 재성하고 국무총리는 보상한다. 대통령은 천하의 도를 마름질해 만들고 국무총리는 천하의 마땅함을 돕는다. 이것이 1919년 대한민국 임시헌장, 1948년 제헌헌법, 1987년 개정된 현행 헌법의 제도적 정신이다.

2017년은 헌법정신으로 돌아가는 새로운 대한민국의 원년이다. 1000만 시민대집회의 큰 강을 민족 전체가 건너는 것을 보면 임괘에서 태괘로 바뀌는 새로운 나라의 운명이 나타나고 있다.

☷ ☷
☱ → ☰
臨 泰

동아시아 헌정에서 보상의 국정 원리가 『주역』에서 현행 헌법까지 면면히 흘러오고 있다. 보상의 국정 운영은 대통령은 수레바퀴의 중앙으로, 국무총리는 수레의 살로 역할을 나누는 체제다. 1948년 제헌헌법 이래 제왕적 대통령들에 의해 '국무총리의 국정통할권', '국무회의의 심의권'이 유명무실해져 대통령에게 과도하게 권력이 쏠려왔다. 그 폐해가 87년 민주화 이후에도 30년 동안 여섯 번의 정부에서 반복적으로 나타났다. 새로운 대한민국은 본래의 헌법정신으로 돌아가 정상적으로 국정을 운영해야 한다. 그 길은 미국, 영국, 프랑스 등 외국의 헌법에서 찾는 것이 아니라 우리 고유의 헌정 체제를 회복하는 것이다. 외래의 옷을 수입해서 입는 것이 아닌, 우리 고래의 헌정은 대통령이 헌법정신에 따라 옷을 마름질해 만들고 재상인 국무총리가 그를 돕는 국정 운영이다.

국회가 개헌특위도 만들어 새로운 헌정을 모색한다고 한다. 보상형 대통령제가 우리 몸에 맞는 헌정이 아닐까? 고래의 헌정으로 동아시아적 헌정이 새로운 대한민국에 걸맞은 제도로 정착하기를 학수고대한다. 우리 몸에 맞지 않는 외래 제도를 가져오면 또 다른 시행착오의 30년을 겪지 않을까 걱정이 앞선다. 2017년 이후 헌정 체제에는 보상형 대통령제가 자리 잡았으면 좋겠다.

2016년 12월 31일 제야의 종 직전, 광화문에서

시민대집회에서 신대철과 전인권이 신중현의 「아름다운 강산」을 노래한다. 1972년에 발표된 노래인데, 마치 2016년 제야의 종 행사를 위해 만든 것 같다. 이 노래가 이 장소, 이 시간에서만큼 또 장엄하게 울릴 수 있을까?

오늘도 너를 만나러 가야지 말해야지
먼 훗날에 너와 나 살고 지고
영원한 이곳에 우리의 새 꿈을 만들어 보고파
봄, 여름이 지나면 가을 겨울이 온다네

2017년 1월 1일

정유년 새해 아침이다. 광화문 집회를 늘 함께하는 이순신 장군은 이 아침에 어떤 생각을 할까? 『난중일기』에서 새해 아침을 쓴 글 중에 백미는 을미년 정월 초하루의 글이다. "을미년 정월 초하루. 촛불을 밝히고 혼자 앉아 나랏일을 생각하니 모르는 사이에 눈물이 흘렀다. 또 병드신 팔십 노친을 생각하며 뜬눈으로 밤을 새웠다." 그 전해에는 "갑오년 정월 초하루. 비가 퍼붓듯이 내렸다. 어머님을 모시고 함께 한 살을 더하게 되니 이는 난리 중에도 다행한 일이다."

한 해 사이에 감정의 깊이가 달라져 있다. 광화문광장에서 한 단계 성숙하고 있는 시민대집회가 한 해 사이에 질적으로 다른 민주공화국을 만들어갔으면 좋겠다.

2012년부터 2017년까지 5년 동안 대한민국의 시민들도 시민의식의 자각과 성숙이 더욱 깊어지고 있다. 지난 두 달 동안 1000만 명이 시민대집회에 참가하는 세계사적 사건으로 민족 전체가 문명의 큰 강을 건너가고 있다. 2017년 올해 정유년에는 남해 울돌목에서 이순신이 그러했듯이 대한민국 시민대집회의 '명량승첩'이 이루어지지 않을까? 아니면 조기 대선에서 '광화문 대첩'을 거둘까? 광화문에서 이순신 장군이 매번 시민대집회에 함께하고 있다. 시민들과 함께하는 이순신의 광화문이기도 하다.

1597년 정유년은 우리와 일본이 13대 133의 전력비로 싸웠던 명량해전이 있었던 해다. 2017년 정유년은 한국 정치의 질적 변화를 위한 대회전이 있는 해다. 이순신은 임진년 다음 해인 계사년부터 정유년 2월 서울로 압송될 때까지 5년 동안 괭이바다(이순신의 바다)를 사이에 두고 한산섬과 왜군 주둔지 웅천(진해)을 넘나들었다. 5년간 전선의 나날이었다. 5년 내내 '전쟁 같은 평화'가 이어졌다. 사실 임진왜란이 일어나고 1년 동안 격렬한 전투가 있었고, 이순신이 한산도로 들어갔던 계사년부터 정유년까지 5년간은 휴전 상태였다.

이순신이 임진년에서 정유년까지 보낸 5년은 박근혜 정부가 실패한 기간과 겹친다. 2012년 임진년에 대선이 있었고 그다음 해인 2013년 계사년에 박근혜 정부가 들어섰다. 그해부터 올해 2017년 정유년까지 5년간 박정희의 모든 적폐가 적나라하게 드러나고 있다. 박근혜는 창조경제를 외쳤지만 그의 정치는 전혀 창조적이지 않다. 박근혜는 아버지의 정치를 그냥 모방하고 있을 뿐이다. 시대가 변했는데 이 정도까지 비창조적이기도 힘들다. 지금 박근혜는 자기가 무슨 잘못을 저질렀는지도 모른다. '아버지가 하던 대로 하고 있는데, 왜 그때는 문제가 안 되었지? 나라가 잘 굴러가고 국민들은 열렬히 아버지를 지지했는데, 왜 사람들은 내가 하는 일은 문제를 삼지?'라는 자기혼란에 빠져 있다. 아버지도 경제수석을 시켜 재벌 총수에게 전화해 업무 협조(?)를 구하라고 지시했다. 좀 더 직접적으로 얘기할 것이 있었던 아버지는 청와대 집무실이나 안가로 재벌 총수를 불러서 대놓고 수십억 원을 출연하라고 요구했다. 차관이나 청와대 수석 인선쯤이야 창조경제 인사를 발탁해 썼고, 그 인사들의 외삼촌이나 학교 은사를 다시 발탁해 썼다. 이것도 아버지가 매번 하던 인사 스타일이다. '근데 왜 사람들은 아버지가 하면 아무 말이 없었는데, 나만 갖고 문제를 삼지? 내가 뭘 잘못했지? 내가 이러려고 대통령 했나?'

2016년의 마지막 두 달 동안 시민대집회에서 시민들은 새로운 대한민국과 새로운 민주공화국을 담금질했다. 2017년 정유년에는 어떤 새로운 대한민국이 만들어질까?

2017년 1월 2일

2030년에는 서울의 용산과 광화문 일대에 세계정부의 수도 청사를 세워보자. 몇 년 전부터 그 사전작업으로 2017년 1월 1일을 '서울, 세계평화도시(Seoul, City of World Peace)'로 선언하고 싶었다. 세계평화도시라는 이름에 걸맞은 도시는 동아시아의 화약고인 서울과 중동 분쟁의 진원지인 예루살렘밖에 없다고 생각한다. 역설적으로 지구상에서 마지막으로 남은 분단국가에서 세계평화도시가 나오는 것이 정당성 있는 일 아닐까? "서울을 세계평화도시로 세우자"라는 제안을 가톨릭교회, 서울시, 그 밖의 정치인과 정당들에 제안해보았다. 하지만 다들 크게 관심이 없어 했다. 그래서 우선 나 혼자라도 2017년 1월 1일 오늘을 '서울, 세계평화도시'로 선언하고 앞으로 공론을 모아갈 예정이다.

'서울, 세계평화도시'가 앞으로 '서울, 세계정부의 수도'로 진화해 가지 않을까? 세계정부는 가까이 와 있는 미래가 아닐까? 동아시아를 넘어 세계평화와 글로벌 불평등, 가난과 기아의 해결을 위한 공공 거버넌스로서 세계정부를 2030년 전에 만들고, 그 수도가 서울이었으면 하는 열망을 품고 있다.

삼천년기의 벽두인 21세기에 앞으로 1000년을 이어갈 세계정부를 50년을 투자해 세워보자는 것은 괜찮은 로망(?)이 아닐까? 임오군란 이후 주로 외국군대가 주둔했던 서울의 용산과 광화문 일대를 제국주의가 아니라 글로벌 보편주의와 세계민주주의를 지향하는 세계정부 청사로 만들면 어떨까?

2017년 1월 6일

대학생 딸이 캄보디아로 떠났다. 갑자기 집 안이 휑하다. 집 안에서 왔다 갔다 하던 녀석이 보이지 않는다. 든 자리는 몰라도 난 자리는 표가 난다더니, 운 좋게 학교에서 지원하는 해외봉사 프로그램에 참가하게 되어 3주 동안 다른 세계로 갔다.

그러고 보니 딸아이는 밀레니얼스다. 나랑은 다른 세상에서 살 것 같다. 한 손에는 스마트폰을 들고 가끔 와이파이가 되는 도시로 나오면 카톡이라도 할 것이다. 정말 새천년의 글로벌 세상을 사는 아이들이다.

어쩌면 이 세대는 축복받은 세대다. 일자리가 사라지고 있어 다들 취업을 걱정하고 살지만, 1000년을 설계해볼 수 있는 예외적인 세대이기도 하다. 인류사에 두 번밖에 없는 희귀종들이다. 999년에서 1000년으로 바뀔 때 인류는 무엇을 하고 있었을까? 1999년에서 2000년으로 바뀌는 세상을 경험한 세대다. 100년 인생에서 1000년을 같은 세대가 공유한다는 것은 다른 가능성을 열어놓은 것이다.

알바 때문에 정신없이 일상에 쫓겨 살지만, 이제 캄보디아로 휑하게 떠났으니, 일상을 벗어나 다른 생각을 하게 될 것이다. 20세기적인 정치로 신물 나는 한국을 떠나 캄보디아 오지에서 새로운 세상을 그려보았으면 좋겠다. 해외봉사가 아니라 그곳의 아이들과 새천년의 글로벌 시대에 공존이 가능한 방법을 체험하고 오기를 바란다.

2016년 1월 7일[33]

오늘 제11차 시민대집회가 열렸다. 놀랍다. 예상외로 많은 사람들이 모였다. 이순신 장군 앞에 사람들이 꽉 찼다. 오늘쯤에는 열정에서 '숙고'의 시간으로 이동하지 않을까? 탄핵이 결정될 때까지 숙고의 무드로 갈 것 같다. 숙고의 시간에 민주공화정의 '가치'에 대한 정치적 합의가 형성되면 좋겠다. 시민대집회가 빨리 끝나기를 바라는 정치 세력은 '개헌'으로 국면전환을 시도할 것이다. 그러면서 공화적 에토스를 다시 철창 속에 가두고, 공화정을 그들만의 세상으로 되돌릴 수 있다고 생각할 것이다.

15세기 피렌체 도시공화정에서 시민대집회에 참여했던 한 시민의 입을 빌려 개헌으로 국면을 전환하려는 세력에게 한마디 해보지. "분명코 당신은 피렌체 시민들(대한민국 시민들)의 놀랄 만한 항심(恒心)에 대해 들었겠지요. 그 본질은 바로 그렇게 만들어진 공화국에

33 2017년 1월 7일(土) 제11차 시민대집회에 전국적으로 64만 3000명의 시민들이 참여했다. 제11차 대집회는 세월호 1000일 추모를 겸한 집회였다.

대한 사랑이지요. 당신의 주인에 대한 사랑도 물론 매우 크겠지만 그것은 단명하지요. 기껏 해보았자 한 사람의 삶보다 더 길지는 않겠지요. 하지만 우리의 공화국은 계속되지요."

87년 체제가 남긴 30년을 평가하며 개헌 논의는 자연스럽게 이루어지고 그에 대한 숙고와 토론도 시작해야겠지만, 지금은 아직 그때가 되지 않은 것 같다. 개헌을 넘어서는 다음 정부의 메타 어젠다를 탄핵이 결정될 때까지 시민대집회의 숙고와 합의를 통해 만들어낼 수 있으면 좋겠다. 다음 정부를 이끌어갈 사람과 정당을 찾는 노력도 중요하지만, 그보다 먼저 다음 정부를 이끌어갈 '가치와 메타 어젠다'를 찾아내야 하지 않을까?

2017년 1월 8일

조기 대선이 전망되는 가운데 1987년 이후 처음으로 정당 체제가 실질적인 4당 체제로 재편되었다. 각 정당과 대권 주자들은 치열하게 세력을 다투고 상대를 헐뜯느라 여념이 없다. 그런데 1월 17일부터 21일까지 열리는 2017년 다보스포럼에서는 '14개 미래 의제'가 변화하는 글로벌 시대에 대비한 대처와 대안으로 집중적인 관심을 받고 있다고 한다. 2016년 이 포럼의 글로벌어젠다협의회(global agenda council)에서 클라우스 슈밥(Klaus Schwab)이 제4차 산업혁명(The Fourth Industrial Revolution)을 선언했고, 지난 한 해 동안 한국 사회는 이 문제로 들끓었다. 매번 뒤따라가지 말고 우리가 세계적인 의제들을 선도하는 날이 왔으면 좋겠다. 그래야 우리 청년들에게 희망이 있지 않을까?

2017년 1월 11일

『대학연의보』를 번역하고 계시는 교수님을 뵙고 왔다. 꼬장꼬장한 원로 교수님 앞에서 그저 받아쓰기를 하는 것만으로도 즐거웠다. 「동아시아적 헌정으로서 보상(輔相)형 대통령제」에 쓴 글을 읽어주시고, 동아시아적 관점에서 조목조목 지적해주셨다. 우선은 민권의 개념이 빠진 동아시아적 사유는 위험할 수 있다고 하신다. 강유위(康有爲, 캉유웨이)와 손문의 논쟁도 이 지점이었고, 민권 개념이 빠져 있었기 때문에 손문의 주장은 결국 총통제로 수렴해갔다. 개인의 자유라는 개념이 부족한 대신 대안적으로 공동체적 접근이 가능하다. 그래서 대통령과 총리의 '권한 배분'이라기보다는 '공동체의 역할론'으로 보는 것이 좋겠다고 하신다. 그래야 삼보(三輔)로서 재상제가 온전히 이해될 수 있을 것이라고 하신다.

천자는 상징적이고 통합적인 존재였다고 하신다. 이를 좀 더 알 수 있는 텍스트를 부탁드렸더니, 17세기 황종희의 『명이대방록(明夷待訪錄)』, 고염무의 『일지록(日知錄)』을 추천해주신다. 동아시아 공동체론은 일본 학자 오스카를 말씀하신다.

원로 교수님을 뵈었던 두 시간은 노학자의 명징한 사유를 접하는 귀한 시간이었다. 오늘 원로학자를 만나면서 동아시아적 뿌리의 깊이를 느끼게 된 것 같아, 한 줄 남긴다.

여러 귀한 말씀을 주셨는데, 끝머리에 조선의 노론을 이해할 수 없다고 여쭈어보았다. 짧은 지식으로 보면 노론은 모순적으로 사유한 정치 세력에 불과하다. 『대학』, 『대학연의』, 『대학연의보』 등을 보면 국왕과 대신은 동일한 위치가 아니다. 국왕은 황극으로 수레의 중앙이고, 재상은 수레의 살이고, 육조 등 관료제는 수레바퀴에 비유된다. 그리고 국왕은 천하의 중심이라는 관념이 지배적이었다.

한국의 성리학이 그 원산지인 중국 강남의 자유로운 분위기보다 원 제국의 권위적이고 황제 중심의 사고로 정착하게 되었다고 하셨다. 연암 박지원도 중국의 강남이 아닌 북경 근처에만 머물러 있었다는 말씀도 들었다.

동아시아에서 천자의 개념은 권력적 통치자라기보다는 상징적 존재이고, 실제 국가 운영은 재상들이 하는 체제가 동아시아적 헌정이라고 말씀해주신다. 지금의 국가 운영에 적용한다면 대통령은 조정자로서의 역할이 중요하다.

2017년 1월 14일[34]

벌써 30년이다. 1987년 민주화 이후 30년이 되었다. 광화문에서 집으로 돌아오는 길에 불현듯 「늙은 군인의 노래」가 떠오른다. 이 추운 날씨에도 거리를 꽉 매운 사람들을 보면 어떤 변화의 열정도 느껴진다.

> 나 태어난 이 강산에 군인이 되어
> 꽃 피고 눈 내리기 어언 삼십 년
> ……

34 2017년 1월 14일(토) 제12차 시민대집회에 전국적으로 14만 7000명의 시민들이 참여했다.

아 다시 못 올 흘러간 내 청춘

푸른 옷에 실려 간 꽃다운 이 내 청춘

2017년 1월 17일

대선 후보들의 공약이 지나치게 20세기적이다. 유엔 사무총장씩이나 하신 분이 조국에 돌아와서 던진 화두가 '대통합'이다. 뉴욕에서 오신 분이 아니라 시골에서 새마을운동을 하다 오신 분 같다. 10년 동안 글로벌 플레이어로 무슨 생각을 하고 어떤 일을 했는지 의아스럽다. 다른 대권 주자들도 미래와 글로벌한 변화에 주목했으면 좋겠다. 21세기 대안 모델들이 쏟아지고 있다. 이 변화들을 능동적으로 받아들였으면 하는 바람이다.

오늘부터 나흘 동안 다보스포럼이 시작된다. '소통과 책임 리더십(responsive and responsible leadership)'을 다룬다. 2014년부터 소득불평등이 중요한 시대적 과제로 제기되고 있다. 그 대안으로 '포용적 성장(inclusive growth)'이 제기되었지만, 그 알맹이가 무엇인지 아직 막연하다. 2017년 올해에는 얼마만큼 진전된 이야기가 나올지 우선 기대하게 된다.

그 전에는 빈민구호 국제NGO인 옥스팜(Oxfam)에서 「99퍼센트를 위한 경제(an economy for 99%)」라는 브리핑 페이퍼를 내놓았다. 특권적인 소수가 아니라 모든 사람들이 혜택을 받는 '사람경제(human economy)'를 만들 시간이라고 강조하고 있다.

미국 국가정보위원회(National Intelligence Council)가 4년마다 대통령 당선자에게 보고하는 글로벌 트렌드 보고서도 공개되었다. 이번

이 여섯 번째로 『글로벌 트렌드 2035』인데, 이번 1월 9일에 공개된 보고서는 처음으로 제목을 달고 나왔다. '진보의 역설(paradox of progress)'이다. 미래에 대해 세 가지 시나리오를 보여주고 있다. 고립된 섬들의 세계, 쳇바퀴처럼 지기 자리만 맴도는 궤도의 세계, 네트워크로 연결되는 공동체의 세계다. 이 세계에서 개인과 공동체의 회복탄력성(resilience)이 중요함을 강조하고 있다.

2017년 1월 19일

이재용 삼성 부회장의 구속영장 기각이 사그라지던 촛불에 다시 기름을 부었다. 다시 한번 민주공화국의 주인이 누구인지 우리 스스로에게 되묻게 되었다. 토요일은 다시 광화문으로 가야겠다. 제13차 시민대집회는 한 번쯤 쉬어야겠다는 생각도 들었다. 그런데 이번에는 법원이 민주공화국에 염장을 질렀다.

재벌이 금권으로 국민연금을 털어 사익을 챙기고도 오늘 새벽에 당당하게 보란 듯이 구치소를 걸어 나왔다. 국민연금이 재벌의 사익을 위한 사금고로 전락해도 그냥 보고만 있어야 하는 것이 현실이라면 대한민국은 민주공화국이 아니다.

15세기 도시공화정 피렌체를 멍들게 했던 것도 다름 아닌 메디치 가문이었다. 조반니 데메디치를 시작으로 점차 금권을 강화하더니 그의 손자 대에 이르러서는 이 도시공화국의 참주로 등장했다. 금권이 진짜 권력을 장악했던 과두정치는 1494년 피렌체의 시민혁명을 불러왔다. 르네상스의 후원자(patron)라는 고아한 이름의 뒷면에는 시민들의 자유를 억압한 과두정치가 있었다. 메디치가는 동전의 양면을 갖고 있었다. 지금 한국의 재벌은 인문주의의 후견인은 고사하고 금권과 권력을 동전의 양면으로 누리고 있다. 그런 민낯을 오늘 새벽에 만천하에 적나라하게 보여주었다.

몸을 추스르고 가자, 다시 광화문으로!

2017년 1월 20일

오늘 트럼프가 미국 대통령에 취임한다. 세계 정치에서 반체제가 본격화될 것 같다. 미국 국가정보위원회가 4년마다 보고서를 준비해서 대통령 당선자에게 12월에 보고한다. 이번에 트럼프에게 전해진 보고서의 키워드는 '회복탄력성'이다. 유동하는 글로벌 세상에서 개인이나 공동체가 위기나 재난을 겪은 뒤에 복원할 수 있는 탄력성이 무엇보다 중요하다는 의미라고 한다. 기후변화, 재난 등 환경문제뿐만 아니라 양극화, 실업, 주택난 등 사회문제에서도 복원력이 무엇보다 중요해지고 있다. 정부의 관심은 개인과 공동체의 복원력을 키워주는 것에 초점을 맞추어야 한다고 이 보고서는 제안하고 있다. 트럼프가 이 보고서의 제안을 귀담아듣지는 않을 것 같다. 이 보고서가 1년 전에 미국의 주요한 정보기관과 대학을 중심으로 본격적으로 준비되고 있을 때는 그들도 트럼프가 당선되리라고 예상하지는 못했을 것이다. 그래서 읽어 내려가는 행간에 언뜻언뜻 힐러리 클린턴이 읽히기도 한다.

우리의 다음 정부를 읽는 키워드도 회복탄력성이 될 것 같다. 아직까지 대선 주자들 중에 이 문제를 본격적으로 제기한 사람이 없어 아쉽다. 한국의 대선 주자들은 여전히 너무 20세기적이다. 5년 뒤의 가까운 미래나 2035년의 먼 미래를 생각해보면 경제, 사회, 환경을 모두 고려하는 접근으로 회복탄력적 리더십(resilient leadership)이 한국 사회에 너무 절실해 보인다. 그런데 정치적 쟁점이나 정책적 제안들이 지나치게 국내적이고, 과거 문제에 발목이 잡혀 있다. 이 문제에서 한 치도 앞으로 나가지 못하는 것이 정치지도자들의 탓만은 아니겠지만, 적어도 한 국가를 끌어가고 한 세대 앞을 내다본다면 글로벌 시대의 위기를 타고 넘을 수 있는 긴 안목과 통찰은 무엇보다 소중한 가치다. 다음 대통령에게는 회복탄력적 리더십이 무엇보다 중요할 것 같다. 경제·사회·환경 문제에서 위기와 불안을 겪은 뒤에 개인과 공동체가 복원력을 키울 수 있도록 다음 정부는 '탄력 있는 정부(resilient government)'가 되어야 하지 않을까?

2017년 1월 21일[35]

이재용 삼성 부회장의 영장 기각 소식에 분노한 시민들이 광화문을 가득 메웠다. 16세기 피렌체에서 메디치 가문이 시민들에게 탄핵을 당한 원인은 공존이 아니라 소수를 위한 독점과 탐욕을 추구했기 때문이다. 피렌체의 바로 이웃에 있었던 1000년 공화국 베네치아는 다른 길을 걸었다. 대상인과 중소 상인, 직공이 공존할 수 있는 길을 끊임없이 모색했다. 재난이 닥쳤을 때는 대상인들이 솔선해서 패자 부활을 위한 기회를 만들었다. 시민들은 재벌들에게 피렌체의

35 2017년 1월 21일(토) 제13차 시민대집회에 전국적으로 35만 2000명의 시민들이 참여했다.

길이 아니라 베네치아 모델을 요구하고 있다. 한국의 재벌들이 따를 수 있을까?

2017년 1월 22일

다보스포럼이 1월 17일에 시작해 20일에 끝났다. 우리는 이른바 '서울평화포럼' 정도를 개최해 경제가 아닌 평화 이슈를 주도할 수 없을까? 다보스포럼의 원래의 이름은 세계경제포럼(World Economic Forum)이고 세계적인 경제인, 정치인, 연기자 등 명사들이 참가해서 각광도 받는 포럼이다. 이 포럼이 지난 20년간 세계화(globalization)를 주도했다. 이에 대한 반발로 세계사회포럼이 생겨났지만 그렇게 주목받고 있지는 못하다.

우리는 가칭 서울평화포럼을 한번 만들어보면 좋겠다. 아마도 세계평화도시에 가장 적합한 곳은 역설적으로 분쟁의 한가운데 있는 서울과 예루살렘 정도일 것이다. 우리는 전시군사작전지휘권도 없는 절름발이 나라이고, 서울 중앙부의 용산에는 여전히 외국군대가 상주해 있다. 용산의 한 귀퉁이에는 평화공원이 아닌, 전쟁기념관이 탱크며 비행기며 이런저런 무기 폐품들을 전시한 채 자리를 잡고 있다.

서울 용산에서 다보스포럼을 대척점으로 해서 날씨 좋은 9월의 가을날에 '세계평화축제'도 하고, 평화와 글로벌빈곤 문제를 주제로 부자가 아닌 '보통 사람'의 시각으로 세계적인 포럼을 가지면 어떨까? 마침 미군부대가 경기도 평택으로 이전한다고 하니, 그 기간에 맞춰 세계평화축제와 서울평화포럼을 개최해보면 좋을 것이다. 군사작전 지휘권 문제도 촛불집회처럼 축제 속에서 시민의 공론을 들어보는 것이 좋을 듯하다.

트럼프는 주한미군 방위부담금을 엄청 올리라고 요구해올 것이 불을 보듯 뻔하고, 북한의 김정은은 위험한 도박을 감행할 것 같다. 그런데 우리는 돈만 내고 무슨 일이 나면 또 들러리만 설 것 같다. 이제 우리도 시민 중심으로 서울평화포럼 같은 글로벌 공론장을 열어 전쟁이 아닌 평화를 다 같이 만들어가면 좋을 것이다. 무엇보다 평화문제를 서구가 아닌 동아시아가 주도적으로 이끌어가고, 서울이 그 논쟁의 중심이 되었으면 하는 바람이다.

2017년 1월 28일

설날이다. 『주역』으로 나라 운세를 한번 보자. 『주역』은 동아시아의 정치학이다. 그리고 원래는 국가 장래 외에는 주역점을 보지 않았다. 동아시아의 사유가 모든 것은 하나의 원리로 통한다고 했기 때문에, 지금은 『주역』이 오염되어 개인, 가족, 지역공동체, 회사, 나라 등 온갖 잡설이 횡행하는 것 같다. 무슨 일이든 그 논리체계가 생긴 오리지널한 곳에 원형이 남아 있다. 그런 점에서 『주역』은 한 국가의 운영에 참고자료로 활용된 정치학 교과서일 뿐이다. 여기서 국가는 제후국이 아니라 천하를 논하는 제국이다.

우리나라에서 『주역』의 해설은 정약용의 『다산역학(茶山易學)』이 가장 잘 정리된 이론서다. 그리고 그 기원이 된 것은 한나라 시대의 추이설(推移說)이다. 『주역』의 활용은 제후국이 아니라 천하를 논하고 평천하를 보는 제국의 춘추관이 맡은 고유한 국가업무 영역이다.

그런 눈으로 2017년 대한민국의 국운을 『주역』으로 보면 어떨까? 다음은 『다산역학』에 따른 주역의 벽괘설에 따른 해석이다.

2017년 대한민국의 국운은 주역에 따르면 너무나도 또렷한 '지천태(地天泰)' 괘다. 주의 문왕이 해설했다는 「단전(彖傳)」에 따르면, 태괘는 "작은 것이 가고 큰 것이 와서 길하다. 상하가 서로 어울리니 음양이 서로 이치에 맞다. 사사로운 것이 가고 바른 마음이 길러진다"라고 한다. 공자가 해설한 「상전(象傳)」에는 "천지의 도(道)는 마름질해서 이룬다는 재성(裁成)이 대통령의 도로, 천지의 마땅한 것을 돕는다는 보상(輔相)이 국회의 일로" 현대적으로 해석된다.

아무튼 국운이 해방 70년 이후 상서롭고, 식민지 잔재에서 새로운 대한민국으로 가는 큰 흐름에 있는 것은 분명하다. 『주역』은 오로지 국가의 명운만을 보는 정치학 교과서다. 동양의 오랜 정치학은 광화문 시민대집회에서 일어나고 있는 대한민국의 새로운 변화를 설명하고 있다.

2017년 2월 11일[36]

오늘 오후에는 광화문에 100만 명 이상이 모일 것 같다. 민주공화정의 주권이 헌법재판소나 청와대, 국회가 아니라 주권자인 시민에게 있음을 다시 한번 확인하게 된다. 시민들은 헌재를 주시하고 있

36 2017년 2월 11일(토) 제15차 시민대집회에 전국적으로 80만 6000명의 시민들이 참여했다. 참고로 2017년 2월 04일(토) 제14차 시민대집회에는 전국적으로 42만 6000명의 시민들이 참여했다.

다. 근대 공화정을 연 미국의 공화정치를 기술한 『페더랄리스트 페이퍼』에도 한결같이 탄핵심판의 결정권은 사법부가 아니라 정치적 사법으로서 상원에 있다고 확인하고 있다. 이번에 헌재가 엉뚱한 짓을 하면 다음 헌법 개정에서는 상원을 설치해서라도 헌재에서 탄핵 기능을 빼내야 한다. 지금도 헌재가 사법절차를 준용한다는 이유로 너무 시간을 끌고 있는 것이 아닌가 싶다. 상상해보라. 만약 공화정치의 정신대로 탄핵심판의 결정권이 상원에 있었다면, 몇 번의 청문회를 거친 뒤에 지금의 대통령에 대한 정치적 심판으로 탄핵에 관한 의원들의 투표는 이미 끝났을 것이다. 정치적 사법으로서 상원은 추악하고 사사로운 사익을 위해 민주공화정의 공익을 사유화한 대통령을 벌써 응징했을 것이다. 이것이 원래 민주공화정의 탄핵심판에 관한 헌법정신이다.

오늘 날씨가 춥다고 한다. 하지만 오후에는 시민적 열기로 날씨가 풀리지 않을까? 지난해 10월 29일에 시작된 시민대집회에서는 매번 춥다는 일기예보가 나와도 토요일 오후만 되면 날씨가 따뜻해졌다. 참, 신통방통하다는 생각을 하고는 했다. 오늘 오후와 밤의 기온도 그렇지 않을까? 오늘은 모두 광화문에서 만나자.

2017년 2월 13일

유엔의 제5사무국을 서울에 유치하면 어떨까? 2030년 정도에는 세계정부가 초기적인 형태라도 갖추지 않을까? 그때 세계정부의 수도를 서울로, 그 청사를 용산이나 광화문의 어디쯤에 유치해보는 것은 어떨까? 유엔은 뉴욕, 제네바, 빈, 나이로비에 사무국을 두고 있고, 제5사무국을 아시아에 설립하는 방안을 모색하고 있다고 한다. 북한 핵 문제, 분단국가의 평화, 동아시아의 협력 체제 등을 중심으로 하고, 글로벌 불평등과 빈곤 문제 등을 다루는 유엔 사무국을 서울에 유치하면 어떨까? 마침 용산 미군기지도 평택으로 내려가고, 개헌을 둘러싸고 청와대와 국회 등의 정치기능도 세종시로 내려보낼 것 같다. 정치, 군사 기능이 이전하면서 생기는 공백을 동아시아 평화와 글로벌 불평등과 빈곤 문제를 담당하는 글로벌 거버넌스 기능으로 채우면, 이 나라에도 새로운 비전이 생기지 않을까?

세계정부는 먼 이야기인 듯하지만, 버트런드 러셀(Bertrand Russell)도 이미 1951년에 제기했던 올드 이슈다. 『대학』의 평천하 개념을 가장 잘 정리한 책을 발견했다. 서양의 평화 개념을 동아시아적 사유로 접근하면 결국 "수신제가치국평천하(修身齊家治國平天下)"의 '평천하'인 것 같다. 남송의 주자, 『대학연의』의 진덕수, 양명학의 왕수인(王守仁), 서세동점 시기의 양계초(梁啓超, 량치차오) 등 동아시아의 사유들은 개별 국가를 넘어서는 평화 문제를 고민했다. 이 내용들을 동아시아 철학으로 잘 정리한 책이 김철운이 지은 『유가가 보는 평천하의 세계: 『대학』의 이론 구조와 평천하 사상』이다.

그리고 마지막 결론 부분에서 뜻밖에도 세계정부를 주창하고 있는 서양 현대 철학의 익숙한 이름을 만나게 되었다. 러셀이 『변화하는 세계의 새 희망(New Hopes for a Changing World)』에서 세계정부를 제기하고 있어, 어떤 같은 울림을 느끼게 된다.

2017년 2월 18일[37]

"어둠은 빛을 이길 수 없다. 거짓은 참을 이길 수 없다. 진실은 침몰하지 않는다. 우리는 포기하지 않는다." 더 늦기 전에, 촛불이 더 번지기 전에, 이 광화문 공간에서 잊었던 옛 사람을 만나려고 한다. 광화문에서 친구랑 저녁을 먹으며, 또 한 사람의 나의 '사부'에게 전화했다. 다음 주 토요일에 종로 어딘가의 옛 추억이 새록새록 한 곳에서 만나기로 했다. 1970년대 말에 민주화운동을 치열하게 하고, 1990년대에는 경남 통영에서 지역운동을 하신 분이다. 이제는 정리하고 서울 가족에게로 돌아와 계신다. 더 늦기 전에 만나야 한다. 그다음 주 토요일에는 누구를 만나야 할까? 광장에서 꼭 만나야 할 사람을 더 늦기 전에 만나야 할 것 같다. 그래야 처음에 광장에서 만났던 인연에 대한 예의인 것 같다. 촛불과 광화문에 감사한다.

2017년 2월 25일[38]

광화문 일기를 다시 쓰기 시작해야겠다. 지난해 10월 29일부터 12월 31일 제10차 시민대집회까지는 정말 흥분되고 재미있었다. 1980년대의 그 젊었던 시절이 새록새록 되살아났다. 차가 사라진 차도에서, 그리고 광장에서 다시 열정(passion)에 휩싸였다. 공화적

---

37 2017년 2월 18일(토) 제16차 시민대집회에 전국적으로 84만 5000명의 시민들이 참여했다.

38 2017년 2월 25일(토) 제17차 시민대집회에 광화문에서 100만 명, 전국적으로 107만 8000명의 시민들이 참여했다.

에토스가 2008년 촛불집회 이후 다시 발화한 것을 보면서 기다리고 고대하던 일이 일어났을 때의 환희가 있었다.

그 뒤의 한 달은 매주 광화문에 나가기는 했지만 또 하나의 일상 같은 느낌이었다. 탄핵 정국이 시작될 때만큼의 열정이 일어나지는 않았다. 광화문과 가까운 광장시장에 가서 친구랑 육회나 명태탕에 소주 한잔을 나누는 게, 오히려 작은 일탈이 되었다.

전철을 타고 집으로 돌아오면서 다시 1494년의 피렌체와 마키아벨리를 불러냈다. 그가 '옛 사람들이 있는 옛 궁정에 입궐하듯'이 나도 집으로 돌아와 마키아벨리를 내 책상 앞으로 초대한다. 500년을 넘는 그와의 대화다. 마키아벨리가 살았던 그 시절에도 1494년부터 4년은 사보나롤라의 공화정을 겪고, 그 뒤 4년은 피에로 소데리니(Piero Soderini)의 또 다른 공화정을 겪었다. 그리고 그 뒤에는 공화정이 몰락하고 메디치 가문이 공국으로 다시 집권했다.

탄핵 전야다. 마키아벨리의 그 시절 피렌체에는 8년 공화정의 치열하고 장구한 논쟁이 있었다. 그 치열함이 새로운 근대 민주공화정을 낳았다. 16세기 피렌체의 공화정에 대한 열정이 지난 500년 동안 민주주의를 끌어오는 정신적 가치와 토대가 되었다.

2000년대 새천년 시대에 또 다른 1000년이 열리고 있다. 500년 전 이탈리아 피렌체의 도시공화정이 군주정을 끝내고 새로운 민주공화정의 역사를 여러 나라에서 만들어냈다. 그렇듯 삼천년기에 이 나라에서 일어나는 민주공화정의 역사가 인류에게 새로운 1000년의 글로벌 시대에 공화정치의 원형이 될 수도 있지 않을까? 이 장대한 역사의 기록을 광화문 일기로 남겨두는 것도 후세의 역사가에게 작은 자료로 사용되지 않을까? 마키아벨리가 권력에서 밀려나 피렌체 교외의 산탄드레아 산장에서 생활할 때의 관상적 삶을 옮겨본다.

> 밤이 되면 집으로 돌아가서 서재에 들어가는데, 들어가기 전에 흙 같은 것으로 더러워진 평상복을 벗고 관복으로 갈아입네. 예절을 갖춘 복장으로 몸을 정제한 다음, 옛사람들이 있는 옛 궁정에 입궐하지. 그곳에서 나는 그들의 친절한 영접을 받고, 나는 부끄럼 없이 그들과 이야기를 나누고, 그들의 행위에 대한 이유를 물어보곤 하지. 그들도 인간다움을 그대로 드러내고 대답해 준다네. 그렇게 보내는 네 시간 동안 나는 전혀 지루함을 느끼지 않네. 모든 고뇌를 잊고, 가난도 두렵지 않게 되고, 죽음에 대한 공포도 느끼지 않게 되고 말일세. 그들의 세계에 전신전령(全身全靈)으로 들어가 있기 때문이겠지.[39]

2017년 2월 26일

어제 2월 25일 토요일의 제17차 시민대집회에 광화문에 100만 명, 전국적으로 107만 명이 참가했다. 행동적 삶으로서 시민행동은 비로소 이제 시작인 것 같다. 지난해 10월 말에 시작된 시민대집회는 탄핵심판으로 마감이 아니라 새로운 공화국을 만드는 진정한 입구에 들어갔다.

---

39 시오노 나나미, 『나의 친구 마키아벨리』, 오정환 옮김(파주: 한길사, 1996), 16~18쪽.

삼천년기의 도입 부분인 2017년을 맞아 지금 광화문의 시민대집회는 공화적 에토스로 화염을 뿜고 있다. 이 열정이 탄핵 이후 사그라지지 않고 지속 가능하려면, 탄핵이 인용된 뒤 새로운 공화국이 어떤 새로운 1000년의 세상을 열지 모색하는 단계로 넘어가야 한다. 피렌체는 조그만 도시공화정에 불과했고 정치적 영향력이 이탈리아반도를 넘어서지 못했지만, 지금 광화문은 세계 공화정치의 새로운 장이 될 수 있다. 앞으로 서기 3000년이 될 때까지 근대 자본주의를 넘어서 새로운 인류의 1000년 이정표가 될 만한 글로벌 공화정치의 전형을 보여주면 좋겠다. 너무 거창한가? 글쎄, 16세기 도시공화정의 세계가 아니라 21세기의 글로벌 네트워크를 생각한다면 그래야 시대에 부합하지 않을까? 일요일 아침에, '호랑방창한' 담대한 꿈을 꾸어본다.

탄핵이 인용되면 60일 안에 민주공화국의 새로운 대통령을 뽑을 것이고, 이보다 더 중요하게는 87년 헌정 체제를 넘어 30년 만에 새로운 2017년 헌정 체제를 위한 헌법 개정도 예정되어 있다. 한 유력 대선 주자는 2018년 6월 지방선거에서 국민투표를 하자고 하고, 국회의 조기개헌파들은 대선 전에 개헌하기를 끊임없이 부채질하고 있다. 제도로서 헌정 개혁보다 더 중요한 것은 어떤 시대에 시민들이 이 과정에 열정을 불어넣었는가 하는 점이다.

1494년 피렌체 시뇨리아 광장에서 이후 8년간 이어진 근대 최초의 공화정을 불러낸 사람은 계몽군주가 아니라 도미니크 수도회의 수사였던 사보나롤라였다. 교회 안에도 중앙 정치무대에도 아무런 정치적 영향력이 없던 보잘것없는 수사가 어떻게 약삭빠르기로 악

명 높은 피렌체 시민들을 한순간에 휘어잡았을까?

그가 피렌체 시민들에게 주장한 것은 "새로운 천년왕국이 도래했다. 천국이 가까웠으니 도덕적 각성을 하라"라는 줄기찬 예언자적 발언이었다. 이 주장이 피렌체 시민들에게 열정을 불러일으킬 수 있었던 것은 1500년대에 들어가기 직전이라는 시대사적 전환기에 피렌체 시민들이 공감했기 때문이다. 1000년은 너무 길었기 때문에, 서구인들은 그 절반인 반(半)천년기에 성경에 나오는 천년왕국이 도래할 수 있다는 대중적 믿음을 가졌다.

사보나롤라는 1500년이 도래하는 반천년기에 천년왕국이 도래하니, 새로운 시대를 준비하자는 시민적 각성을 불러일으켰다. 이 열정에 동화되어 피렌체 시민들은 메디치가의 참주정치를 걷어내고 시민혁명의 공화정치를 시작했다. 비록 그는 4년 만에 몰락했지만, 근대 공화정치는 피렌체에서 발화한 뒤에 장 칼뱅과 마르틴 루터에 의해 새로운 근대를 열었다. 사보나롤라는 광장의 이슬로 사라져갔지만, 그의 정신은 영성이나 신학이 아니라 근대 정치 영역에서 꽃피웠다. 2017년 올해에는 루터의 종교개혁 500주년 기념행사가 곳곳에서 열리겠지만, 정치적으로 근대의 뿌리는 루터 이전에 이 도미니크 수도사에 의해 시작되었다.

인구 10만 명 정도의 도시공화국 피렌체가 근대 500년의 공화정치를 열었다면, 매주 100만 명이 모이는 한국의 광장정치는 글로벌 네트워크의 새로운 밀레니엄 정치를 열 수 있지 않을까?

2017년 3월 1일[40]

"3·1 운동이 신인일치중외협의(神人一致中外協議)해 일어난 것이며 이래 30여 일간(有日間)에 평화적 독립을 300여 주(餘州)에 광복했다." 1919년 4월 11일에 대한민국 임시정부가 제정하고 공포한 대한민국 임시헌장 전문의 일부다. 8·15가 보수 일각에서 이야기하는 건국절이 아니라 광복절이라고 하는 역사적 근거이기도 하다. 무엇보다도 전문과 본문 10개조로 된 이 간명한 임시정부의 임시헌장 1조에 "대한민국을 민주공화제로 함"이 선포되어 있다. 우리나라 헌법 제1조의 역사적 뿌리다. 2019년이면 군주제가 아니라 민주공화제를 선포한 지 100주년이 된다. 이번 삼일절부터 '다른 100년'을 제대로 준비해보면 좋겠다. 광화문의 시민대집회에서도 이제 다른 100년에 대한 활발한 논의가 오갔으면 하는 바람이다.

2017년 3월 2일

2030년 정도에는 초보적인 형태의 세계정부가 등장하지 않을까? 2009년 10월쯤에 남미 볼리비아의 시골 인디오 마을에서 체류할 때 글로벌 불평등과 가난 문제를 해결하기 위해서는 세계정부가 필요하다는 생각을 하기 시작했다. 그때로부터 벌써 8년가량 지났다. 그 막연한 관념이 자라 초기적 형태의 세계정부 청사를 서울에 만들어 보자는 제안을 하면 우리나라에서도 그에 대한 관심과 합의를 이끌

---

40 2017년 3월 1일(수) 제18차 시민대집회에 전국적으로 30만 명의 시민들이 참여했다. 제18차 대집회는 삼일절 기념을 겸한 집회였다.

어낼 수 있지 않을까 하는 생각까지 닿았다. 어떤 문제라도 오랫동안 관심을 이어가면 어떤 실마리가 풀리는 것 같다. 그래서 세계정부에 대해 한국적 해답은 유엔의 제5사무국을 서울의 용산 정도에 유치하는 것으로 찾아냈다. 생각이 여기에까지 미치니, 이 방법이 중국과 미국의 패권경쟁을 넘어서는 동아시아의 보편주의적 해답이 될 수도 있을 것 같다.

2017년 3월 3일

"자유무역과 세계화의 환상은 끝났다." 프랑스의 극우파 정치인 마린 르펜(Marine Le Pen)이 반세계화의 흐름에 쐐기를 박을 기세다. 2016년 영국에서 브렉시트가, 미국에서는 트럼프가 당선되더니 이제는 프랑스 차례인 듯하다. 다보스포럼이 주도하는 세계화의 20년이 마감하고 반세계화의 역풍이 몰아치고 있다.

미국과 유럽 국가들이 느슨한 고립주의를 강화하느라고 생긴 공백을 중국이 정치적·군사·경제적 영향력 확대로 채울 것 같다. 하지만 중국이나 인도도 세계의 고립주의 흐름에 따라 수출 부진, 내수 시장의 허약성으로 '중진국 함정'에 빠질 것이라는 우려를 낳고 있다.

우리나라는 이런 반세계화의 흐름에 너무 둔감하다. 탄핵 정국으로 국가리더십이 엉망인 상태라, 이 중대한 위기에 돛대도 삿대도 없이 골든 타임을 놓치고 있는 것 같다. 세계는 새로운 폭풍 속으로 들어가고 있는데 한국은 이미 몰려온 폭풍도 느끼지 못하는 듯하다. 정치권은 말할 것도 없고 학계나 언론도 시대적 감각을 잃고 있는 것 같다.

2017년 3월 4일[41]

2008년 촛불집회와 2017년 시민대집회는 어떻게 달라졌을까? 광화문에서 시민대집회에 집중했다. 역사의 순간을 놓칠 수 없다. 또 주기적으로 10년 안에 시민대집회가 열리겠지만 이번 시민대집회만큼 감동적일까? 어쩌면 이런 시민대집회는 500년이나 1000년에 한 번 세계사에 나타날까 말까 하는 마키아벨리적 계기인 것은 아닐까?

1494년 피렌체에서 마키아벨리가 지켜본 시민대집회는 500년이 지나 극적인 형태로 지구를 반 바퀴 돌아 광화문에서 일어나고 있다. 16세기 피렌체 이후 17~18세기에 대서양 양안의 영국과 미국에서 시민혁명이 일어났지만 피렌체나 광화문과 같지는 않았다. 도시 광장의 자유로운 집회에서 명예혁명의 형태로 진화한 것은 피렌체와 광화문인 것 같다. 이 광화문이 밀레니엄의 새로운 시민적 공화주의로 자리 잡을 것 같다.

다음 주에 헌재가 헌법과 법률이 정한 대로 탄핵을 인용하고 나면, 그 뒤에는 시민대집회에서 어떤 새천년의 민주공화제를 정착시킬지 다양한 논쟁이 일었으면 하는 바람이다. 10년 동안 다른 두 개의 시민대집회에 참여할 수 있는 것은 우리 세대가 시대적 행운을 만난 것이다. 우리 시대의 축복이다. 오늘로 19번째, 다음 주에는 20번째. 탄핵 인용의 축제가 되었으면 싶다. 스무 번의 시민대집회

41 2017년 3월 4일(土) 제19차 시민대집회에 광화문에서 95만 명, 전국적으로 105만 1000명의 시민들이 참여했다.

를 보면서 2008년과 무엇이 다르고 어떻게 진화했는지를 체험하게 된다. 무엇보다 스무 번의 집회에 참여하면서 자연스레 그 차이에 대해 숙성할 시간이 되었던 것 같다. 오늘의 이 집회에 감사드린다. 탄핵 인용이 잘 마무리되어 개인도, 공동체도 모두 시대의 축복을 만끽했으면 싶다.

2017년 3월 6일

숨죽이고 지켜보게 된다. 이번 주 3월 10일경이면 탄핵심판이 있게 될 것 같다. 탄핵 인용은 '제도로서 시민적 공화주의'의 완성이다. 대통령일지라도 공적 가치를 심각하게 훼손하면 예외 없이 법적 심판을 받는다는 법원칙이 지켜지기를 바란다. 지금까지 드러난 대통령의 헌법위반만 보더라도 이미 탄핵 인용이다. 며칠 사이 국정원에 대한 여러 뉴스가 불길하기는 하다. 극우 보수들은 그들의 방식대로 헌재 재판관들을 각개격파로 매수하거나 위협하면서 탄핵 반대를 두세 명 정도 확보하는 마지막 뒤집기를 꾀하고 있는 것 같다. 그들이 권력과 자기 이익을 지키기 위해 아수라 같은 권모술수를 부리지 않을까 우려스럽기도 하다. 부패한 권력의 음모는 민주 공화정에 동전의 양면처럼 붙어 다닌 흑역사다. 시민적 공화주의가 진일보하는 데는 이런 음모를 뛰어넘는 시민적 덕성이 있었다. 광화문광장에서 시민들이 집단지성을 보여주었듯이 헌재 재판관들의 용기와 양심을 믿으면서 이 긴 일주일을 보내게 될 것 같다.

2017년 3월 7일

현직 대통령이 대기업으로부터 부정 청탁의 대가로 뇌물을 300억 원 정도 받았다고 검찰이 기소하는 나라가 지구상에 몇 개나 될까? 우리나라에서 민주주의가 진화하고 시민적 공화주의가 새싹을 틔우고 있다. 물경이 아니라 겨우 300억 원을 뇌물로 받았다고 '살아 있는 권력'인 현직 대통령을 기소할 수 있는 나라, 이것이 부패와 독재로부터 자유로운 민주공화정이다.

격세지감, 산전벽해. 독재 때는 말할 것도 없고 87년 민주화 이후에 노태우, YS, DJ, 노무현, MB 시절까지 우리는 300억 원 때문에 현직 대통령을 권좌에서 하야시키는 나라를 만들 수 있으리라고 기대조차 못했다. 불과 30년 만에 이 나라는 세계사에서 유례를 찾기 힘든 전인미답의 민주공화정으로 들어가고 있다. 이 역사상 초유의 민주공화정이 어떻게 진화할지 갈수록 흥미진진해진다. 300억 원의 뇌물죄를 적용해 현직 대통령을 끌어내릴 수 있는 민주공화정. 이것이 박근혜와 보수 세력이 의도하지 않았던 민주공화정의 봄날이다. 아직도 아침은 쌀쌀하다. 늦추위가 다 지나가지 않은 이른 봄이다. 올해처럼 따뜻한 봄날을 기다려본 적도 달리 없는 것 같다.

2017년 3월 10일[42]

헌법재판소가 탄핵에 대해 선고한다. "대통령 박근혜를 파면한

42 2017년 3월 10일(금) 오전 11시 헌법재판소에서 박근혜 대통령의 파면을 선고했다.

다.” 가장 완결적으로 광장과 제도권 정치의 결합이 완성되었다. 인류사에 광장과 제도권 정치가 이렇게까지 하모니를 이룬 적이 달리 있을까?

아, 눈물 난다. 실감이 나지 않는다. 이 역사의 현장은 꼭 봐야 할 것 같다. 만사 제치고 헌법재판소가 있는 경복궁역, 안국역으로 무작정 간다. 민주공화국의 새 역사다.

2017년 3월 11일[43]

울컥한다. 젊은 로커가 「임을 위한 행진곡」을 부른다. “앞서서 나가니 산 자여 따르라.” 이런 날이 오리라고 생각이나 했겠나? 오늘은 축제 분위기를 기대하고 낮 시간에 광화문으로 갔다. 햇살 좋은 오후 시간에 로커가 이 노래를 부른다. 이 감회를 뭐라고 설명하기 힘들다.

저녁 7시가 지나자 노래패가 나와 이 노래를 다시 불러준다. “앞서서 나가니 산 자여 따르라.” 광화문광장에서 이렇게 마음 편하게 이 노래를 하루에 두 번씩이나 듣는 날이 오리라고는 상상하지도 못했다. 광장에서 사람들과 함께 다시 불렀다. 나도 마치 20대, 30대처럼 주먹 쥐고 함께 이 노래를 따라 부르는데, 가슴속에서 뜨거운 것이 올라왔다. 사는 동안 잊지 못할, 새로운 민주공화국의 하루를 광화문에서 보냈다.

---

43 2017년 3월 11일(토) 제20차 시민대집회에 전국적으로 70만 8000명의 시민들이 참여했다.

한밤이 되자 가수 전인권이 나와 세 번째로 “앞서서 나가니 산 자여 따르라”를 부른다. 하루에 광화문광장에서 세 번씩이나 이 노래를 들을 수 있는 날이 오리라고는 정말 상상도 하지 못했다. 지난해 10월 29일에 2만 명으로 제1차 시민대집회를 시작한 뒤에 오늘까지 가슴 조이면서도 정말 행복했다. 이 위대한 시민대집회에 참여할 수 있었던 것은 시민적 공화주의 연구자로서 그 무엇과도 바꿀 수 없는 행운이었다.

참고문헌

1. 국내서

가라타니 고진(柄谷行人). 2016.『제국의 구조』. 조영일 옮김. 도서출판 b.

강민 외. 1991.『국가와 공공정책: 한국 국가이론의 재조명』. 법문사.

강정인·엄관용. 2005.「마키아벨리와 그람시, 그 이후」. ≪황해문화≫, 49호, 415~423쪽.

강정인. 1998a.「로크사상의 현대적 재조명」. ≪한국정치학회보≫, 32권 3호, 53~75쪽.

______. 1998b.「마키아벨리즘 연구의 새로운 지평(곽차섭,『마키아벨리즘과 근대 국가 이념』)」. ≪서강인문논총≫, 8집, 157~170쪽.

______. 2001.「마키아벨리의 정치사상:『로마사 논고』를 중심으로」. ≪계간사상≫, 49호, 219~242쪽.

강혜윤. 2007.「프랑스대혁명의 전쟁 수행과 세계시민공화주의 이상의 좌절(1789~1815)」. 서울대학교 석사학위논문.

갤브레이스, 존(John Galbraith). 2006.『풍요한 사회』(출간 40주년 기념판). 노택선 옮김. 한국경제신문사.

경향신문 특별취재팀. 2007.『민주화 20년의 열망과 절망 진보·개혁의 위기를 말하다』. 후마니타스.

곽준혁. 2003.「갈등, 혼합정체, 그리고 리더십」. ≪정치사상연구≫, 9집, 171~194쪽.

______. 2005.「민주주의와 공화주의」. ≪한국정치학회보≫, 39집 3호, 33~57쪽.

______. 2007.「정치적 수사와 민주적 리더십」. 세종연구소.

______. 2008a.「『로마사 논고』에 기술된 민주적 권위(autorità)」. ≪한국정치학회보≫, 42집 2호, 23~44쪽.

______. 2008b.「왜 그리고 어떤 공화주의인가」. ≪아세아연구≫, 51권 1호, 133~163쪽.

______. 2009. 「서병훈, 『포퓰리즘: 현재 민주주의의 위기와 선택』(서울: 책세상, 2008)」. ≪정치사상연구≫, 15집 1호, 249~256쪽.
______. 2013. 「'비지배적' 리더십」. ≪한국정치학회보≫, 47집 5호, 27~49쪽.
곽차섭. 2011. 『공화주의와 우리의 '마키아벨리언 모멘트'』. 철학과 현실, 164~175쪽.
______. 2011. 「공화주의적 덕성을 찾아서」. ≪역사학보≫, 210집, 1~10쪽.
______. 2013. 「[총설] 패션과 아젠다」. ≪역사학보≫, 219집, 163~175쪽.
______. 2016. 「에피쿠리안을 위한 치체로네」. ≪코기토≫, 79호, 455~462쪽.
국사편찬위원회 옮김. 『세종실록』, 권72.
______ 엮음. 1983. 『한국독립운동사』. 정음문화사.
권상우. 2014. 「朱子學에서 '道德的 經營'에서 '經營的 道德'으로 패러다임의 전환에 관한 연구」. ≪유교사상문화연구≫, 55집, 67~94쪽.
권용립. 1990. 「"미국적 보수주의" 연구」. 서울대학교 박사학위논문.
______. 2003. 『미국의 정치문명』. 삼인.
금장태. 2012. 『경전과 시대』. 지식과교양.
기든스, 앤서니(Anthony Giddens). 1997. 『좌파와 우파를 넘어서』. 김현옥 옮김. 한울엠플러스.
______. 2000. 『제3의 길』. 한상진·박찬욱 옮김. 생각의 나무.
______. 2002. 『제3의 길과 그 비판자들』. 박찬욱 외 옮김. 생각의 나무.
______. 2004. 『노동의 미래』. 신광영 옮김. 을유문화사.
김경희. 2005a. 『마키아벨리의 『군주론』 다시읽기』. 진보평론. 293~310쪽.
______. 2005b. 「비르투 로마나(Virtù romana)를 중심으로 본 마키아벨리의 공화주의」. ≪한국정치학회보≫, 39집 1호, 25~44쪽.
______. 2006. 「데모크라티아(Demokratia)를 넘어 이소노미아(Isonomia)로」. ≪한국정치학회보≫, 40집 5호, 5~25쪽.
______. 2007. 「서구 민주공화주의의 기원과 전개」. ≪정신문화연구≫, 30권 1호, 113~139쪽.
______. 2011. 「사유의 정치학으로서 마키아벨리적 공화주의」. ≪역사학보≫, 210집, 11~28쪽.
______. 2012. 「국가와 공공선/공동선」. ≪정치사상연구≫, 18집 1호, 33~52쪽.
김광일. 2015. 「환관과 지식인」. ≪중어중문학≫, 60집, 43~73쪽.

김문식. 1998. 「正祖의 帝王學과 『大學類義』 편찬」. ≪규장각≫, 21집, 59~81쪽.

______. 2012. 「영조의 제왕학과 『御製自省編』」. ≪장서각≫, 27집, 234~262쪽.

김병국. 1999. 『한국의 보수주의』. 인간사랑.

김성엽. 2006. 「소수의 미덕, 다수의 자유: 알렉산더 해밀턴의 중앙집권화 구상」. 서울대학교 석사학위논문.

김영순. 1996. 『복지국가의 위기와 재편 영국과 스웨덴의 경험』. 서울대학교 출판부.

김운태. 2002. 『일본제국주의의 한국통치』. 박영사.

______. 2002. 『조선왕조 정치·행정사』. 박영사.

김은희. 2012. 「샌델의 시민적 공화주의는 '민주주의의 불만'을 해소할 수 있는가?」. ≪철학사상≫, 45호, 163~196쪽.

김인호. 1998. 「[특집: 여말선초 정치세력과 정치운영론] 여말선초 군주수신론과 『대학연의(大學衍義)』」. ≪역사와현실≫, 29호, 72~107쪽.

______. 2005. 「鄭道傳의 역사인식과 군주론의 기반」. ≪한국사연구≫, 131호, 257~284쪽.

김정기 외 엮음. 1979. 『독립운동사』. 봉화유족회.

김종석. 2001. 「퇴계 이황의 철학 세계에 대한 구조적 접근을 위한 시도」. ≪Journal of Korean Culture≫, 2, 317~320쪽.

김중권. 2013. 「朝鮮朝 經筵에서 宣祖의 讀書歷 考察」. ≪서지학연구≫, 55집, 143~181쪽.

김호동. 2006. 「몽골제국과 '大元'」. ≪역사학보≫, 192집, 221~253쪽.

______. 2013. 「몽골제국의 세계정복과 지배」. ≪역사학보≫, 217집, 73~106쪽.

______. 2015. 「몽골제국의 '울루스 체제'의 형성」. ≪동양사학연구≫, 131집, 333~386쪽.

나종일·송규범. 2005. 『영국의 역사』(상·하). 한울엠플러스.

남지대. 1980. 「조선초기의 경연제도: 세종 문종연간을 중심으로」. ≪한국사론≫, 6집.

노직, 로버트(Robert Nozick). 2003. 『아나키에서 유토피아로: 자유주의 국가의 철학적 기초』. 남경희 옮김. 문학과지성사.

노진경. 2005. 『해링턴(J. Harrington)의 혼합정체사상 기원의 신검토』. 서울대학교 석사학위논문.

닉슨, 리처드(Richard Nixon). 1982. 『20세기를 움직인 지도자들』. 박정기 옮김. 을지서적.

단테, 알리기에리(Alighieri Dante). 2009. 『제정론』. 성염 옮김. 경세원.

로크, 존(John Locke). 1996. 『통치론: 시민정부의 참된 기원, 범위 및 그 목적에 관한 시론』. 강정인·문지영 옮김. 까치.

롤스, 존(John Rawls). 2003.『정의론』. 황경식 옮김. 이학사.

리돌피, 로베르토(Roberto Ridolfi). 2002.『마키아벨리 평전』. 아카넷.

맥퍼슨, C. B.(C. B. Macpherson). 1991.『소유적 개인주의의 정치이론: 홉스에서 로크까지』. 이유동 옮김. 인간사랑.

문정식. 2001.「조선시대 인사행정제도에 관한 연구」. ≪한국행정사학지≫, 10.

뮬홀, 스테판(Stephen Mulhall)·스위프트, 애덤(Adam Swift). 2001.『자유주의와 공동체주의』. 김해성·조영달 옮김. 한울엠플러스.

바커, 어네스트(Earnest Barker) 외. 1995.『로크의 이해』. 강정인·문지영 옮김. 문학과지성사.

박동서. 1983.『전통사회의 관료체제』. 한국학인문학술원.

박병호. 1973.「경국대전의 편찬과 반행」,『한국사』, 9.

박성래. 2005.『부활하는 네오콘의 대부 레오스트라우스』. 김영사.

박순성. 2003.『아담 스미스와 자유주의』. 풀빛.

박은식. 1975.『한국독립운동지혈사』. 성진문화사.

박지향. 1997.『영국사 보수와 개혁의 드라마』. 까치.

박천오. 2005.「한국 정책과정에서의 부처간 권력관계에 관한 실증연구」. ≪행정논총≫, 43권 3호, 1~30쪽.

베일린, 버나드(Bernard Bailyn). 1999.『미국혁명의 이데올로기적 기원』. 배영수 옮김. 새물결.

봉기종. 2006.『주역이해』(상·하), 전학출판사.

봉기종. 2008.『대학강해』. 전학출판사.

봉기종. 2010.『중용강해』. 전학출판사.

부크홀츠, 토드(Todd Buchholz). 2002.『죽은 경제학자의 살아 있는 아이디어: 현대 경제사상의 이해를 위한 입문서』. 이승환 옮김. 김영사.

브루니, 레오나르도(Leonardo Bruni). 2002.『피렌체 찬가』. 임병철 옮김. 책세상.

서희경. 2012.『대한민국 헌법의 탄생』. 창비.

성백효 옮김. 1998.『서경집전』. 선동문화연구회.

센, 아마르티아(Amartya Sen). 2001.『자유로서의 발전』. 박우희 옮김. 세종연구원.

손병규. 2011.「정조시대에 대한 정조의 인식」. ≪역사와현실≫, 80, 355~361쪽.

손세일.「대한민국 임시정부의 정치지도체계: 임시헌법개정과정을 중심으로」.『3.1운동

50주년기념논문집』. 동아일보사.
송정숙. 1996. 「『大學衍義』가 朝鮮朝 統治理念書 편찬에 미친 영향」. ≪서지학연구≫, 12집, 171~200쪽.
스미스, 애덤(Adam Smith). 1992. 『국부론(상)·(하)』. 정해동·최호진 옮김. 범우사.
_____. 2003. 『국부론(상)』. 김수행 옮김. 비봉출판사.
스키너, 퀜틴(Quentin Skinner). 1998. 『퀜틴 스키너의 자유주의 이전의 자유』. 조승래 옮김. 푸른역사.
스트라우스, 레오(Leo Strauss). 1958. 『마키아벨리』. 함규진 옮김. 구운몽.
시오노 나나미(鹽野七生). 1995a. 『나의 친구 마키아벨리』. 오정환 옮김. 한길사.
_____. 1995b. 『바다의 도시 이야기: 베네치아공화국 1천년의 메시지』. 정도영 옮김. 한길사.
아리스토텔레스(Aristoteles). 2009. 『정치학』. 천병희 옮김. 도서출판 숲.
아이작, 로버트(Robert Isaac). 2006. 『세계화의 두 얼굴』. 강정민 옮김. 이른아침.
안병영·임혁백 엮음. 2001. 『세계화와 신자유주의: 이념·현실·대응』. 나남출판.
안청시·정진영 엮음. 2000. 『현대 정치경제학의 주요 이론가들』. 아카넷.
오길순. 2010. 「'元經世大典地理圖'에 나오는 지명의 조사와 '混一疆理歷代國都之圖' 서역 지명과의 비교」. ≪한국고지도연구≫, 2권 2호, 83~105쪽.
오세진. 2012. 「『대학연의』에서 수양론과 경세론의 관계연구」. 연세대학교 석사학위논문.
유형원. 1994. 『반계수록』. 명문당.
윤수종. 2001a. 「안토니오 네그리와 마이클 하트의 『제국』: 제국주의에서 제국으로」. ≪문학과사회≫, 14권 2호, 714~733쪽.
_____. 2001b. 「제국주의에서 제국으로」. ≪진보평론≫, 9호, 13~46쪽.
_____. 2003. 『네그리와 맑스: 자율주의적 맑스주의』. 문화과학사. 488~510쪽.
_____. 2004a. 「제국시대의 대중운동」. ≪마르크스주의 연구≫, 1권 1호, 32~55쪽.
_____. 2004b. 「朝鮮(中·後期)的儒教政治和 ≪大學衍義補≫」. ≪명청사연구≫, 20집, 103~124쪽.
윤정. 2015. 「英祖의 世孫교육과 王統전수」. ≪역사와실학≫, 58집, 151~195쪽.
윤정분. 1992. 「대학연의보연구: 15세기 중국경세사상의 한 분석」. 연세대학교 박사학위논문.
_____. 2002. 『중국 근세 경제사상연구』. 혜안.

이황. 2012. 『성학십도』. 이광호 옮김. 홍익출판사.
이근식. 2006. 『애덤 스미스의 고전적 자유주의』. 기파랑.
이상경. 2004. 「미국 연방헌법의 사상적 배경에 관한 연구: 공화주의 사상을 중심으로」. 서울대학교 석사학위논문.
이이. 2007. 『성학집요』. 김태완 옮김. 청어람미디어.
이익. 1977. 『성호사설』. 동화출판사.
이태진. 1985. 「16세기 동아시아의 역사적 상황과 문화」. ≪퇴계학보≫, 48권.
______. 1991. 「국제무역의 성행」. ≪한국사시민강좌≫, 9집.
임도빈. 2009. 「관료제를 위한 변론: 한국관료제의 성과제고 방안」. ≪한국조직학회보≫, 6권 3호.
임병철. 2009. 「브루니와 르네상스 공화주의」. ≪서양사연구≫, 40집, 33~62쪽.
임운택. 2010. 「한국에서 신자유주의와 공화주의의 빈곤」. ≪한국학논집≫, 41집, 279~ 307쪽.
임채원. 2005. 『보수의 빈곤과 정책담론』. 한울엠플러스.
______. 2006. 『신자유주의를 넘어 사회투자국가로』. 한울엠플러스.
______. 2007. 『사회투자국가: 미래한국의 새로운 길』. 한울엠플러스.
임현진. 2011. 「지구적 변환, 아시아의 부상, 그리고 한국의 역할」. ≪아시아리뷰≫, 1권 2호, 23~55쪽.
장세룡. 2011. 「언어의 패러다임과 공화주의적 자유」. ≪코기토≫, 70호, 463~476쪽.
장은주. 2012. 「한국 진보적 자유주의 전통의 민주적-공화주의적 재구성」. ≪사회와 철학≫, 23집, 251~288쪽.
장하준. 2004. 『사다리 걷어차기』. 형성백 옮김. 부키.
정긍식. 2007. 「법서의 출판과 보급으로 본 조선사회의 법적 성격」, ≪서울대학교 법학≫, 48권 4호.
정도전. 1972. 『경제문감』. 동화출판사.
______. 1983. 『조선경국전』. 미문출판사.
정민정. 2002. 『심경부주』. 성백효 옮김. 전통문화연구회.
______. 2006. 『心經附註』, 성백효 역주. 선동문화연구회.
정약용. 2004. 『경세유표』. 현대실학사.
______. 2007. 『주역사전』. 방인·장정욱 옮김. 소명출판.
정원규. 2001. 「도덕합의론과 공화민주주의: 롤즈와 하버마스의 이론을 중심으로」. 서울대학교 박사학위논문.

정윤석. 2001.「아렌트와 공화주의의 현대적 전개」. 서울대학교 박사학위논문.

정재훈. 1998.「조선 전기『대학』의 이해와 성학론」. ≪진단학보≫, 86호.

_____. 1999.「『성학집요』를 통해본 조선중기의 정치사상」. ≪규장각≫, 22집, 93~ 118쪽.

조남욱. 2005.「세종의 정치이념과『大學衍義』」. ≪유교사상문화연구≫, 23집, 27~55쪽.

조승래. 1994.『18세기 공화주의 연구: 신해링턴주의에서「스펜소니아」까지』. 서강대학교 대학원 사학과 논문.

_____. 2004.「18세기 영국의 시민사회론」. ≪역사와경계≫, 51호, 145~164쪽.

_____. 2006.「공화주의 자유론에 대하여」. ≪서양사학연구≫, 15집, 119~144쪽.

_____. 2008.「공화국과 공화주의」. ≪역사학보≫, 198집, 227~254쪽.

_____. 2009.「누가 자유주의를 두려워하랴?」. ≪역사와 담론≫, 54집, 273~298쪽.

_____. 2011.「지금 왜 공화주의인가?」. ≪미국사연구≫, 34집, 1~28쪽.

_____. 2012.「공화주의와 코스모폴리타니즘」. ≪역사와 담론≫, 63집, 185~205쪽.

좌승희. 1976.「조선초기 언관에 관한 연구: 언관언론과 왕권의 상관관계」. ≪동아문화≫, 13집.

주백곤 외. 2011.『주역산책』. 예문서원.

주희·여조겸 엮음. 2004.『근사록』. 이범학 역주. 서울대학교출판부.

지두환. 1993.「조선전기 군자·소인 논의:『대학연의』왕안석론을 중심으로」. ≪태동고전연구≫, 9집, 339쪽.

진원숙. 1982.「Virtu와 마키아벨리」. ≪역사와 담론≫, 10집, 125~152쪽.

_____. 1986.「14.5세기의 휴머니스트들의 歷史的 퍼스팩티브 小考」. ≪동서문화≫, 18집, 161~182쪽.

_____. 1992.「Bruni의 공화주의적 정치사상(Republicanism of L. Bruni)」. ≪역사와 담론≫, 19·20집, 249~286쪽.

_____. 1996.「한스 바론과 시민적 휴머니즘」. ≪계명사학≫, 7집, 99~140쪽.

_____. 1997.「르네상스 휴머니스트들의 시민적, 도덕적 교육」. ≪동서문화≫, 29집, 53~80쪽.

_____. 1999.「바론과 페트라르카的 휴머니즘」. ≪동서문화≫, 32집, 141~161쪽.

_____. 2002.「이탈리아 르네상스의 기원에 관한 一考」. ≪계명사학≫, 13집, 111~138쪽.

차세영. 2010.「조선초기 중앙행정기관의 네트워크 구조에 관한 연구」. 한국행정학회 학술대회.

최승희. 1973. 「조선초기의 언관에 관한 연구: 대간제도의 성립과 그 기능의 분석」. ≪한국학논집≫, 1집.

최장집. 2005. 『민주화 이후의 민주주의(개정판)』. 후마니타스.

홀랜드, 톰(Tom Holland). 2003. 『공화국의 몰락』. 김병화 옮김. 웅진닷컴.

하이에크, 프리드리히(Friedrich Hayek). 1990. 『자본주의냐 사회주의냐』. 민경국 옮김. 문예출판사.

______. 1997a. 『법·입법 그리고 자유 III: 자유사회의 정의질서』. 서병훈 옮김. 자유기업센터.

______. 1997b. 『자유헌정론 I, II』. 김균 옮김. 자유기업센터.

______. 1999. 『노예의 길』. 김영청 옮김. 자유기업센터.

______. 2001. 『법·입법 그리고 자유 II: 사회적 정의의 환상』. 민경국 옮김. 자유기업원.

______. 2004. 『치명적 자만』. 신중섭 옮김. 자유기업원.

하일브로너, 로버트(Robert Heilbroner). 2005. 『세속의 철학자들』. 장상환 옮김. 이마고.

한국은행. 2006. 『알기 쉬운 경제지표 해설』.

한반도사회경제연구회. 2007. 『한반도경제론』. 창비.

한충희. 1980. 「조선초기 의정부 연구 上」. ≪한국사연구≫, 31호.

______. 1981. 「조선초기 의정부 연구 下」. ≪한국사연구≫, 32호.

______. 1987. 「조선초기 육조연구 첨보: 육조와 통치기구와의 관계를 중심으로」. ≪대구사학≫, 33집.

______. 1991. 「조선전기의 권력구조연구: 의정부·육조·승정원을 중심으로」. ≪국사관논총≫, 30집.

해밀턴, 알렉산더(Alexander Hamilton) 외. 1995. 『페더랄리스트 페이퍼』. 김동영 옮김. 한울엠플러스.

허승일. 1997. 『로마공화정』. 서울대학교 출판부.

홍순옥. 1968. "상해임시정부의 정통화 과정". ≪신동아≫, 1968년 3월 호.

황용운. 1981. 「경국대전 성립 배경에 대한 연구」. ≪동국사학≫, 15·16합집.

2. 중국서

丘濬. 1999. 『大學衍義補』. 中華傳統文化精品叢書. 林冠群·周濟夫 校點. 北京: 京華出版社.

______. 2005. 『大學衍義補』. 欽定四庫全書薈要. 劉野 編輯.

朱熹. 1988.『大學或問』. 서울: 中央圖書.
______. 2001.『四書章句集註』. 北京: 中華書局.
______. 2007.『朱子語類』. 北京: 中華書局.
______.『大學章句, 論語集註, 孟子集註, 中庸章句: 漢文大系』 제1권. 富山房.
眞德秀. 2010.『大學衍義』. 朱人求 校點. 上海: 華東師範大學出版社.
______.『大學衍義』. 文淵閣四庫全書電子版.
______.『西山讀書記』. 文淵閣四庫全書電子版.
______.『西山文集』. 文淵閣四庫全書電子版.
______.『西山先生眞文忠公文集』. 上海: 涵芬樓.

3. 서양서

Alison, Brown. 1990. "Hans Baron's Renaissance." *The Historical Journal*. 33(2), pp.441~448.

Arendt, Hannah. 1972. *Crises of the republic: Lying in politics, civil dis- obedience on violence, thoughts on politics, and revolution*, 219. Houghton Mifflin Harcourt.

______. 1973. *The origins of totalitarianism*, 244. Houghton Mifflin Harcourt.

______. 1990. *On revolution*. Penguin.

______. 2013. *The human condition*. University of Chicago Press.

Armitage, David. 2006. *British Political Thought in History, Literature and Theory, 1500-1800*. Cambridge University Press.

Bailyn, Bernard. 1967. *The Ideological Origins of the American Revolution*. The Belknap Press Harvard University Press.

Baron, Hans. 1960. "Burckhardt's 'Civilization of the Renaissance' A Century after its Publication." *Renaissance News*, 13(3), pp.207~222.

______. 1966. *The Crisis of the Early Italian Renaissance: civic humanism and republican liberty in an Age of classicism and tyranny*, 36, Princeton University Press.

______. 1967. "Leonardo Bruni: 'Professional Rhetorician' or 'Civic Humanist'?" *Past &*

Present, 36, pp.21~37.

______. 1968. *From Petrarch to Leonardo Bruni: studies in humanistic and political literature*. Published for the Newberry Library by the University of Chicago Press.

______. 1968. *Humanistic and political literature in Florence and Venice at the beginning of the quattrocento: studies in criticism and chronology*. Russell & Russell.

______. 2014. "In Search of Florentine Civic Humanism." *Volume 1: Essays on the Transition from Medieval to Modern Thought*, 1, Princeton University Press.

Bentley, Tom. 2005. *Everyday democracy*. Demos.

Berlin, Isaiah. 1958. *Two concepts of liberty*.

______. 1969. *Four essays on liberty*.

Black, Anthony. 1992. *Political thought in Europe, 1250-1450*. Cambridge University Press.

Blake, Robert. 2012. *Disraeli*. Faber & Faber.

Blythe, James M. 2000. "'Civic humanism' and medieval political thought." *IDEAS IN CONTEXT*, 57(1), pp.30~74.

Breiner, Peter. 2008. "Machiavelli's 'New Prince' and the Primordial Moment of Acquisition." *Political Theory*, 36(1), pp.66~92.

Bresser, Luiz Carlos. 2004. *Democracy and Public Management Reform: Building the Republican State*. Oxford University Press.

Brook, Timothy. 2010. *The Troubled Empire*, 5, Harvard University Press.

Bruni, Leonardo. 1987. *The Humanism of Leonardo Bruni: Selected Texts*, 46, Mrts.

______. 2000. *Laudatio florentine urbis*. S. U. Baldassarri(ed.). SISMEL-Ed. del Galluzzo.

Buchholz, Todd G. 1999. *New Ideas from Dead Economists*. Plum.

Chan, Hok-lam and W. Theodore De Bary. 1982. *Yüan Thought: Chinese Thought and Religion under the Mongols*. Columbia University Press.

Cheibub, J. A., A. Przeworski, F. P. Limongi Neto and M. M. Alvarez. 1996. "What makes democracies endure?" *Journal of democracy*, 7(1), pp.39~55.

Chu, H. L. 1984. "Ch'iu Chün(1421-1495) and Ta-Hsüeh Yen-I Pu: Statecraft Thought in 15th century China." A Thesis for Doctor Degree, Princeton University East Asian Studies, 1983.

_____. 1986. "Ch'iu Chün's Ta-Hsüeh Yen-I Pu and its Influence in the Sixteenth and Seventeenth centuries." *Ming Studies*, 1986(1), pp. 1~32.

Chu, R. G. and T. H. Chen. 1997. Chen Te-hsiu and The Classic on Governance: *The Coming of Age of Neo-Confucian Statecraft*. University Microfilms International [Publisher].

Chua, Amy. 2009. *Day of Empire: How Hyperpowers Rise to Global Dominance and Why They Fall*. Anchor.

Cicero, M. T. 1995. *De re publica: selections*. J. E. Zetzel(ed.). Cambridge University Press.

Colling, R. G. 1942. *New Leviathan*. Oxford University Press.

Constant, B. 1988. "The Liberty of the Ancients Compared with that of the Moderns." *Political writings*, 311.

De Bary, W. Theodore. 1953. "A Reappraisal of Neo-Confucianism." *Studies in Chinese Thought*, pp.81~111.

_____. 1981. *Neo-Confucian orthodoxy and the learning of the mind-and-heart*. New York: Columbia University Press.

_____. 1993. "Chen Te-hsiu and Statecraft." *Ordering the World: Approaches to State and Society in Sung Dynasty China*, pp.349~379.

De Gaulle, Charles. 1960. *The Edge of the sword*. trans. by Getald Hopkins. New York: Criterion Books.

De Weerdt, Hilde. 2010. "Neo-Confucian Philosophy and Genre: The Philosophical Writings of Chen Chun and Zhen Dexiu." *In Dao Companion to Neo-Confucian Philosophy*, Springer Netherlands. pp.223~248.

Dees, R. 1987. "Bruni, Aristotle, and the Mixed Regime in On the Constitution of the Florentines." *Medievalia et Humanistica, ns, 15*, pp.1~24.

Eaton, K. 2000. "Parliamentarism versus presidentialism in the policy arena." *Comparative Politics*, pp.355~376.

Elgie, R. 1999. "The politics of semi-presidentialism." *Semi-presidentialism in Europe*, 13.

______. 2005. "From Linz to Tsebelis: three waves of presidential/ parliamentary studies?" *Democratization*, 12(1), pp.106~122.

Etzioni, Amitai. 1993. *The Spirit of Community: Rights, Responsibilities, and the Communitarian Agenda*. Crown Publishers Inc.

______. 1995. *New Communitarian Thinking: Persons, Virtue, Institutions, and Communities*. University of Virginia Press.

______. 1996. *The New Golden Rule: Community Morality in a Democratic Society*. Basic Books.

______. 2000. *The Third Way to a Good Society*. Demos.

______. 2004. *The Common Good*. Polity Press.

Ferguson, W. K. 1958. "The Interpretation of Italian Humanism: The Contribution of Hans Baron." *Journal of the History of Ideas*, 19(1), pp.14~25.

Fontana, Biancamaria. 1994. *The invention of the modern republic*. Cambridge University Press.

Foote, Geoffrey. 2006. *The Republican Transformation of Modern British Politics*. Palgrave macmillan.

Fuente, Angel de la. 2003. *Human Capital in a Global and Knowledge-based Economy, Part II: Assessment at the EU Country Level*. CSIC.

Giddens, Anthony and Patrick Diamond(eds.). 2005. *The New Egalitarianism*. Polity Press.

Giddens, Anthony. 1995. *Beyond Left and Right: The Future of Radical Politics*. Stanford University Press.

______. 1998. *The Third Way: The Renewal of Social Democracy*. Polity Press.

______. 2003. *The Progressive Manifesto: New Ideas for the Centre-Left*. Polity Press.

Gilbert, F. 1939. "Machiavelli and Guicciardini." *Journal of the Warburg Institute*, 2(3), pp.263~266.

______. 1949. "Bernardo Rucellai and the Orti Oricellari: A Study on the Origin of Modern Political Thought." *Journal of the Warburg and Courtauld Institute*,

12, pp.101~131.

______. 1957. "Florentine Political Assumptions in the Period of Savonarola and Soderini." *Journal of the Warburg and Courtauld Institutes*, 20(3/4), pp.187~214.

______. 1967. "The Date of the Composition of Contarini's and Giannotti's Books on Venice." *Studies in the Renaissance*, 14, pp.172~184.

______. 1986. "Jacob Burckhardt's Student Years: The Road to Cultural History." *Journal of the History of Ideas*, 47(2), pp.249~274.

Gilbert, Neil and Amitai Etzioni. 2004. *Transformation of the Welfare State: The Silent Surrender of Public Responsibility*. Oxford University Press.

Gouwens, K. 1998. "Perceiving the Past: Renaissance Humanism after the 'Cognitive Turn'." *The American Historical Review*, 103(1), pp.55~82.

Green, T. H. 1881. *Liberal legislation and freedom of contract: A lecture*. Slatter and Rose.

Hankins, James. 1991. "The Myth of the Platonic Academy of Florence." *Renaissance Quarterly*, 44(3), pp.429~475.

______. 1995. "The 'Baron Thesis' after Forty Years and Some Recent Studies of Leonardo Bruni." *Journal of the History of Ideas*, 56(2), pp.309~338.

Hardt, Michael and Antonio Negri. 2001. *Empire*. Harvard University Press.

Harrington, James. 1997. *The commonwealth of Oceana*, 1. Library of Alexandria.

Harvey, David. 2005. *A Brief History of Neoliberalism*. Oxford University Press.

Hayek, Friedrich A. 1960. *The Constitution of Liberty*. University of Chicago Press.

______. 1976. *Law Legislation and Liberty: Vol. II: The Mirage of Social Justice*. Routledge & Kegan Paul.

______. 1979. *Law Legislation and Liberty: Vol. III: The Political Order of A Free People*. Routledge & Kegan Paul.

______. 1982. *Law, Legislation and Liberty I, II, III(one volume edition)*. Routledge & Kegan Paul.

______. 1994. *The Road to Serfdom(Fiftieth Anniversary Edition)*. University of Chicago Press.

Honohan, Iseult and Jeremy Jennings. 2006. *Republicanism in Theory and Practice*. Routledge.

Jung - Boon, Yoon. 1992. "The Theoretic System and Characteristics of Ta-hsueh yen-i pu." *Hanxue Yanjiu(Chinese Studies)*, 10(1).

Jurdjevic, Mark. 1999. "Civic Humanism and the Rise of the Medici." *Renaissance Quarterly*, 52(4), pp.994~1020.

Kalyvas, A. and I. Katznelson. 2008. *Liberal beginnings: making a republic for the moderns*. Cambridge University Press.

Lane, Frederic C. 1973, *Venice, A Maritime Republic*, Johns Hopkins University Press.

Lee, C. Y. 1984. *Ch'iu Chun(1421-1495) and His Views on Government and History*. Australian National University.

_____. 2007. *Confucianism in Action: Qiu-Jun's views on Good Government as Reflected in his Daxue Yanyi Bu*.

Legge, James. 1960. *The Chinese Classics*, Hong Kong: Hong Kong University.

Lijphart, A. 1995. "The virtues of parliamentarism: but which kind of parliamentarism?" Chehabi, H. E. and Stepan, A., *Politics, Society and Democracy. Comparative Studies*, pp.363~373.

_____. 2012. *Patterns of democracy: Government forms and performance in thirty-six countries*. Yale University Press.

Linz, Juan J. 1990a. "The perils of presidentialism." *Journal of Democracy*, 1(1), pp.51~69.

_____. 1990b. "The virtues of parliamentarism." *Journal of Democracy*, 1(4), pp.84~91.

_____. 2005. "Presidential or parliamentary democracy: does it make a difference?"

Lipset, Seymour M. and Stein Rokkan. 1967. "Cleavage Structures, Party Systems and Voter Alignments: An Introduction." Seymour M. Lipset and Stein Rokkan(eds.). Party Systems and Voter Alignments: Cross-National Perspectives. New York: Macmillan. pp.1~64.

Lombardo, P. A. 1982. "Vita Activa versus Vita Contemplativa in Petrarch and Salutati."

Italica, 59(2), pp.83~92.

Mainwaring, S. 1993. "Presidentialism, Multipartism, and Democracy The Difficult Combination." *Comparative political studies*, 26(2), pp. 198~228.

______. 1997. *Presidentialism and democracy in Latin America.* Cambridge University Press.

Mainwaring, S. and Shugart, M. S. 1997. "Juan Linz, presidentialism, and democracy: a critical appraisal." *Comparative Politics*, pp.449~471.

Martines, L. 1988. *Power and imagination: city-states in Renaissance Italy.* Taylor & Francis.

McCormick, J. P. 2003. "Machiavelli against Republicanism: On the Cambridge School's 'Guicciardinian Moments'." *Political Theory*, 31(5), pp.615~643.

Miliband, David(ed.). 1994. *Reinventing the Left.* Polity Press.

Moulakis, A. 1986. "Leonardo Bruni's Constitution of Florence." *Rinascimento*, 26, p.141.

Nadon, C. 1996. "Aristotle and the Republican Paradigm: A Reconsideration of Pocock's 'Machiavellian Moment'." *The Review of Politics*, 58(4), pp.677~698.

Najemy, J. M. 2000. "Civic humanism and Florentine politics." *IDEAS IN CONTEXT*, 57(1), pp.75~104.

Norman, Daniels. 1996. *Justice and Justification Reflective Equilibrium in Theory and Practice*. Cambridge University Press.

Nozick, Robert. 1974. *Anarchy, State, and Utopia.* Basic Books.

Pearce, Nick and Will Paxton(eds.). 2005. *Social Justice: Building a Fairer Britain.* IPPR.

Peters, B. G. 2011. *Institutional theory in political science: the new institutionalism.* Bloomsbury Publishing USA.

Pettit, P. 1997. *Republicanism: a theory of freedom and government.* OUP Oxford.

Pierson, Paul(ed.). 2001. *The New Politics of the Welfare State.* Oxford University Press.

Pocock, J. G. A. 1975. *The Machiavellian Moment: Florentine Political Thought and the Atlantic Republican Tradition.* New Jersey: Princeton University Press.

______. 1980. *Three British Revolutions: 1641, 1688, 1776*. Princeton University Press.

______. 1987. *The ancient constitution and the feudal law: A study of English historical thought in the seventeenth century*, 276. Cambridge University Press.

______. 1992. *The Commonwealth of Oceana and A System of Politics*. Cambridge University Press.

______. 2009. *The Machiavellian moment: Florentine political thought and the Atlantic republican tradition*. Princeton University Press.

Quadagno, Jill. 1996. *Color of Welfare: How Racism Undermined the War on Poverty*. Oxford University Press.

Rawls, John. 1999. *A Theory of Justice-Revised Edition*. Belknap, Harvard University Press.

______. 2005. *Political liberalism*. Columbia University Press.

Rosenau, J. N. and E. O. Czempiel(eds.). 1992. *Governance without government: order and change in world politics*, 20. Cambridge: Cambridge University Press.

Roth, Timothy P. 2007. *Morality, Political Economy and American Constitutionalism*. Edward Elgar.

Rubinstein, N(ed.). 1968. *Florentine studies: politics and society in Renaissance Florence*. Northwestern University Press.

______. 1982. "Political theories in the Renaissance." *The Renaissance: Essays in Interpretation*, pp.153~200.

Sandel, M. J. 1998a. *Democracy's discontent: America in search of a public philosophy*. Harvard university press.

______. 1998b. *Liberalism and the Limits of Justice*. Cambridge University Press.

Seigel, J. E. 1966. "'Civic Humanism' or Ciceronian Rhetoric? The Culture of Petrarch and Bruni." *Past & Present*, 34, pp.3~48.

Sellers, M. N. 1994. *American Republicanism: Roman Ideology in the United States Constitution*. Macmillan.

Shugart, M. S. 1999. "Presidentialism, parliamentarism, and the provision of collective goods in less-developed countries." *Constitutional Political Economy*, 10(1), pp.53~88.

______. 2005. "Semi-presidential systems: Dual executive and mixed authority patterns." *French Politics*, 3(3), pp.323~351.

Shugart, M. S. and J. M. Carey. 1992. *Presidents and assemblies: Constitutional design and electoral dynamics*. Cambridge University Press.

Shugart, M. S. and Haggard, S. 2001. "Institutions and public policy in presidential systems." *Presidents, parliaments, and policy*, pp. 64~102.

Skidmore, P. and K. Bound. 2008. *The everyday democracy index*. Demos.

Skinner, Quentin. 1992. "On justice, the common good and the priority of liberty." *Dimensions of Radical Democracy*, pp.211~224.

Smith, Adam. 1977. *An Inquiry into the Nature and Causes of the Wealth of Nations*. Edwin Cannan(ed.). University of Chicago Press.

Stears, M. 2011. "Everyday democracy: Taking centre-left politics beyond state and market." *Institute for Public Policy Research*. London: Institute for Public Policy Research.

Strom, K. 2000. "Delegation and accountability in parliamentary democracies." *European journal of political research*, 37(3), pp. 261~290.

Sullivan, V. B. 1992. "Machiavelli's Momentary 'Machiavellian Moment': A Reconsideration of Pocock's Treatment of the Discourses." *Political Theory*, 20(2), pp.309~318.

______. 2004. *Machiavelli, Hobbes, and the Formation of a Liberal Republicanism in England*. Cambridge University Press.

Swank, Duane. 2002. *Global Capital, Political Institutions, and Policy Change in Developed Welfare States*. Cambridge University Press.

Tillman, H. C. 1992. "A New Direction in Confucian Scholarship: Approaches to Examining the Differences between Neo-Confucianism and Taohsüeh." *Philosophy East and West*, 42(3), pp.455~474.

______. 1994. "The Uses of Neo-Confucianism, Revisited: A Reply to Professor de

Bary." *Philosophy East and West*, 44(1), pp.135~142.

Tsebelis, G. 1995. "Decision making in political systems: Veto players in presidentialism, parliamentarism, multicameralism and multipartyism." *British journal of political science*, 25(03), pp.289~325.

_____. 2002. *Veto players: How political institutions work*. Princeton University Press.

Urbinati, N. 2002. *Mill on democracy: from the Athenian polis to representative government*. University of Chicago Press.

Vasoli, C. 1977. "The Machiavellian Moment: A Grand Ideological Synthesis." *The Journal of Modern History*, 49(4), pp.661~670.

Venturi, F. 1970. *Utopia and Reform in the Enlightenment*.

Weinstock, Daniel and Christian Nadeau. 2004. *Republicanism: History, Theory and Practice*. Frank Cass Publishers.

Witt, R. 1996. "Introduction: Hans Baron's Renaissance Humanism." *The American Historical Review*, 101(1), pp.107~109.

Wood, Gordon S. 1969. *The Creation of The American Republic, 1776~1787*. Norton.

Woodside, A. 2009. *Lost modernities: China, Vietnam, Korea, and the hazards of world history*. Harvard University Press.

Yoran, H. 2007. "Florentine Civic Humanism and the Emergence of Modern Ideology." *History and Theory*, 46(3), pp.326~344.

Zolo, D. 2013. *Cosmopolis: prospects for world government*. John Wiley & Sons.

찾아보기

지은이

임채원

서울대학교 국가리더십연구센터 선임연구원이다. 의회와 행정부 관계, 동아시아적 국가리더십, 국가별 비교어젠다를 연구하고 있다. 서울대학교 한국행정연구소 연구원, 국회 의회발전연구회 책임연구원, 국회의장 국회개혁자문위원회 위원을 거쳤다. 유럽연합(EU), 미국, 영국 등 20여 개국과 공동으로 비교어젠다프로젝트(Comparative Agendas Project)를 진행하는 중이다. 『우리 복지국가의 역사적 변화와 전망』(공저, 2015), 『공화주의적 국정운영』(2008), 『사회투자국가: 미래한국의 새로운 길』(2007), 『신자유주의를 넘어서 사회투자국가로』(2006), 『보수의 빈곤과 정책담론』(2005) 등 다수의 저서가 있다.

시민적 공화주의

시민대집회와 광화문 일기

지은이 **임채원** | 펴낸이 **김종수** | 펴낸곳 **한울엠플러스**

편집책임 **최진희** | 편집 **조일현**

초판 1쇄 인쇄 **2017년 5월 25일** | 초판 1쇄 발행 **2017년 5월 31일**

주소 **10881 경기도 파주시 광인사길 153 한울시소빌딩 3층**

전화 **031-955-0655** | 팩스 **031-955-0656**

홈페이지 **www.hanulmplus.kr** | 등록번호 **제406-2015-000143호**

Printed in Korea.

ISBN 978-89-460-6342-6 93340

※ 책값은 겉표지에 표시되어 있습니다.